全国导游基础知识应试

一本全

范志萍 | 主编 FANZHIPING ZHUBIAN

QUANGUO
DAOYOU RENYUAN
ZIGE KAOSHI
FUDAO CONGSHU
QUANGUO DAOYOU
JICHU ZHISHI
YINGSHI
YIBENQUAN

全国导游人员资格考试辅导丛书

山西出版传媒集团　山西经济出版社

图书在版编目（ＣＩＰ）数据

全国导游基础知识应试一本全/范志萍主编. — 太原：山西经济出版社，2016.4

（全国导游人员资格考试辅导丛书）

ISBN 978-7-5577-0016-4

Ⅰ.①全… Ⅱ.①范… Ⅲ.①导游–资格考试–自学参考资料 Ⅳ.① F590.63

中国版本图书馆CIP数据核字（2016）第076898号

全国导游基础知识应试一本全

主　　编：	范志萍
出 版 人：	孙志勇
策　　划：	董利斌
责任编辑：	解荣慧
装帧设计：	赵　娜
内文排版：	华胜文化
出 版 者：	山西出版传媒集团·山西经济出版社
社　　址：	太原市建设南路21号
邮　　编：	030012
电　　话：	0351—4922133（发行中心）
	0351—4922085（综合办）
E－mail：	scb@sxjjcb.com（市场部）
	zbs@sxjjcb.com（总编室）
网　　址：	www.sxjjcb.com
经 销 者：	山西出版传媒集团·山西经济出版社
承 印 者：	山西三联印刷厂
开　　本：	787mm×1092mm　　1/16
印　　张：	22
字　　数：	300千字
版　　次：	2016年8月　第1版
印　　次：	2016年8月　第1次印刷
书　　号：	ISBN 978-7-5577-0016-4
定　　价：	36.00元

全国导游人员资格考试辅导丛书

编审委员会

主　任：贾雪梅

副主任：范志萍

编　委：（按姓氏笔画排序）

力霁频　王军雷　王志雄　王　昕　王晓岗

刘丽红　成宏峰　张　焱　李本振　侯玉婵

侯　娜　赵治龙　郭　伟　程　佳　裴　炜

魏莉霞

《全国导游基础知识应试一本全》

主　编：范志萍

编　写：范志萍　裴　炜　王军雷　贾雪梅　力霁频

序言

被誉为"三晋旅游人才的摇篮"的太原旅游职业学院，建校 30 年来，为山西省旅游业培养了大量优秀的导游人才。多年来，为适应全国导游人员资格考试的需求，学院旅游管理系导游专业教师在课堂教学及考前辅导培训方面投入了巨大的精力，倾注了大量的心血，使我院学生在历年的全国导游人员资格考试中均取得了优异成绩。

"幸福越与人共享，它的价值越增加"，2013 年我们将多年积累的教学成果编辑整理成册，并在山西经济出版社的大力支持下顺利出版了《全国导游人员资格考试辅导丛书（山西考区）》，该辅导丛书一经出版面世好评如潮。2015 年 8 月，国家旅游局颁布的《关于完善"导游人员从业资格证书核发"行政审批事项有关工作的通知》，明确从 2016 年起，实行全国统一的导游人员资格考试。本着对广大考生认真负责的态度，编写团队的老师对《2016 年全国导游人员资格考试大纲》（旅办发〔2016〕14 号）进行认真解读，凭借多年的教学积累和应考经验，对 2013 版《全国导游人员资格考试辅导丛书（山西考区）》重新进行细致的修订。本套丛书继续本着实用性、科学性、权威性、高效性的原则，为考生能在最短的时间、以最有效的复习方式顺利通过考试提供帮助。

本丛书一套 5 册，其中《全国导游基础知识应试一本全》

的主编为范志萍，编写者为范志萍、裴炜、王军雷、贾雪梅、力霁频；《山西导游基础知识应试一本全》的主编为裴炜，编写者为裴炜、范志萍、王军雷、张焱；《导游业务应试一本全》的主编为王昕，编写者为王昕、郭伟、王晓岗、李本振；《旅游政策与法律法规应试一本全》的主编为刘丽红，编写者为刘丽红、成宏峰、程佳、侯娜、赵治龙、王志雄；《山西实用导游词一本全》的主编为王晓岗、裴炜，副主编为魏莉霞，编写者为王晓岗、裴炜、魏莉霞、侯玉婵、范志萍、贾雪梅、赵治龙。

在此，对《全国导游人员资格考试辅导丛书》再版给予鼎力支持的山西经济出版社副总编董利斌、全体编辑人员和多年来支持信任我们的广大读者表示衷心感谢！也恳请诸位对我们编写中的不足给予批评指正并提出宝贵意见，为此我们深表谢意！

祝大家一切顺利！

《全国导游人员资格考试辅导丛书》编委会

2016年6月

▍使用说明

三年前，为满足广大参加全国导游人员资格考试的考生的需求，太原旅游职业学院旅游管理系的专业教师精心编写了《全国导游人员资格考试辅导丛书（山西考区）》。这套丛书是老师们通过结合自己多年辅导学生参加全国导游人员资格考试的经验，悉心专研教材，认真研究全国各省的考试真题，精心梳理出考点；并整合、编写了大量的章节试题、仿真模拟题及导游词，来帮助考生顺利应考。经过三年来近万名考生的使用，获得了良好的声誉。

2016 年 1 月，国家旅游局公布了《关于公布〈2016 年全国导游人员资格考试大纲〉的通知》（旅办发〔2016〕14 号），对 2016 年全国导游人员资格考试进行了全面部署。与以往相比，2016 年的全国导游人员资格考试发生了一些变化，考试科目包括"政策与法律法规""导游业务""全国导游基础知识""地方导游基础知识"和"导游服务能力"。考试形式分笔试和现场考试两种。笔试科目实行机考，各地使用国家旅游局统一的计算机考试系统进行考试。新大纲中，笔试科目的考试题型分单项选择题和多项选择题两种，单项选择题 60 题（30 分），多项选择题 70 题（70 分），总计 100 分。据此，老师们在原来的基础上，重新整理编写了各科"一本全"。

《全国导游基础知识应试一本全》以最新版的考试大纲为

依据，参考了旅游教育出版社、中国旅游教育出版社等出版的《全国导游基础知识》教材，权威可靠，可作为全国各地考生迎战全国导游人员资格考试的参考用书。本书在编写中力求做到既能反映导游考试的特点，又能便于广大考生复习。在形式上，本书沿袭了往年《导游资格考试一本全》的体例，分为三编。第一编为"章节知识要点汇集"，将考试大纲细化，来帮助考生对书本的知识进行系统的梳理和归纳。第二编为"章节模拟题集锦"，老师们精心编写了大量的章节习题，针对性极强，可供考生课后进行同步练习。第三编提供了四套仿真模拟题，助考生在考前进行全面的自测、模拟、热身，以达到应试的效果。

在本系列辅导教材的编写过程中，教师们付出了全部的热情和精力，但是疏漏和不当之处难免会出现，恳请广大考生、专家学者、培训工作者批评指正。

《全国导游基础知识应试一本全》编者

2016 年 6 月

目录

第一编　章节知识要点汇集

第1章 旅游活动与旅游业

第一节 旅游活动及其分类

1. 旅游的概念：人们为休闲、商务或其他目的，短期（不超过一年）离开自己的惯常环境，前往他乡的旅行以及在该地的停留访问活动。

2. 惯常环境：包括居住地附近的地方和人们经常去的地方。

3. 旅游与旅行的区别。

（1）旅游必须离开惯常环境，而旅行不一定。

（2）活动的主体是否在访问地通过活动来获取报酬，旅游的主体不以此为目的。

4. 旅游活动的基本特征：旅行和逗留的合成性、异地性、暂时性、非移民性和非就业性。

5. 旅游活动内容构成要素。

（1）基本要素：行、游、住、食、购、娱。

（2）拓展要素：商、养、学、闲、情、奇。

6. 旅游活动体系构成要素。

（1）主体：旅游者。成为现实的旅游者必须具备的三个基本条件：旅游动机、足够的可自由支配收入和足够的闲暇时间。

（2）客体：旅游资源。自然界和人类社会凡是对游客产生吸引力的各种事物和因素。

（3）中介体：旅游业。为游客提供各种便利性旅游服务的旅游业。包括交通客运业、旅行社业和饭店住宿业等。

7. 旅游活动的类型。

（1）按地理范围划分：国际旅游、国内旅游。

①国际旅游：是指跨越国界的旅游活动。分为入境旅游和出境旅游、区间旅游和区内旅游（世界六大旅游区：欧洲、美洲、东亚与太平洋、非洲、中东和南亚）。

②国内旅游：一个国家的居民离开其常住地，到本国境内其他地区开展的旅游活动。

国内旅游从一个国家角度可分为境内旅游（国内旅游和入境旅游）和国民旅游（国内旅游和出境旅游）。

③国内旅游和国际旅游的关系：国内旅游是一国旅游业发展的基础，国际旅游是国内旅游的延伸和发展。二者的差别除了是否跨越国界外，表现在文化语言、是否办理准入手续和旅游消费性质上（国内旅游消费只是促进国内财富在本国境内不同地区间的重新分配，而国际旅游消费则会导致国家间财富的转移）。

（2）按旅行距离划分：远程旅游、近程旅游。

①远程旅游：远距离国际旅游活动，尤其是1000千米以外。

②近程旅游：又称短程旅游，通常是240千米以内。

③远程旅游和近程旅游的发展规律：先近程后远程。近程旅游先发展的原因：旅游费用较少，文化传统和生活习俗接近，交通比较便利，出游时间易于灵活掌握。

（3）按组织形式划分：团体旅游、散客旅游。

	团体旅游	散客旅游
参与人数	欧美国家至少15人，我国至少10人	个人或9人以下
优点	降低生产成本、游客安全感较强、价格相对便宜	自主性强、行动自由
缺点	自由度低	劳心费神、安全感差、费用相对较高

（4）按旅游目的划分：消遣性旅游、事务性旅游。

①消遣性旅游：观光旅游、度假旅游、文化旅游、宗教旅游、探险旅游、专业旅游。

②事务性旅游：公务旅游、商务旅游、会议旅游、家庭和个人事务旅游。

8.旅游活动的特点：普及性、综合性、季节性、地理集中性。

第二节　旅游活动的主体和客体

1. 旅行者：指在两个或两个以上地点进行旅行的人。包括游客、非游客。

2. 游客：包括旅游者和一日游游客。

（1）旅游者：又称过夜游客，是指任何一个到他（她）惯常环境以外的地方去旅行，其停留时间在 24 小时以上、一年以内，主要目的不是通过所从事的活动从访问地获取报酬的人。

（2）一日游游客：不在访问地或访问国住宿设施内过夜的游客。

3. 国际游客和国内游客。

国际游客	国际旅游者（入境旅游者）	在访问国住宿设施中至少住宿一个晚上的外国人。（我国包括：外国人、华侨、港澳台同胞）
	国际一日游游客（入境一日游游客）	不在访问国住宿设施中过夜的外国人。（我国包括：乘坐游船、火车、汽车来华旅游，且在车船上过夜的外国人、华侨、港澳台同胞以及乘务人员，但不包括在境外〔内〕居住而在境内〔外〕工作、当天往返的港澳台同胞及周边国家的边民）
国内游客	国内旅游者	国内居民离开常住地到国内其他地区的旅游住宿设施内至少停留一夜，不超过12个月的国内游客，包括我国境内常住一年以上的外国和港澳台同胞。但不包括到各地巡视工作的部级以上领导、驻外地办事机构的临时工作人员、调遣的武装人员、到外地学习的学生、到基层锻炼的干部、到境内其他地区定居的人员和无固定居住地的无业游民
	国内一日游游客	国内居民离开惯常居住地10千米以上，出游时间6小时以上、不足24小时，不在旅游住宿设施内过夜的国内游客

说明：括号内的内容为我国的概念名称及要求。

4. 旅游资源的本质特征：对游客具有吸引力。

5. 决定旅游资源吸引力的因素：旅游资源自身品质、坐落地点。

6. 旅游资源吸引力的衡量指标：来访游客的数量，即接待游客人次。

7. 旅游资源的功能：指旅游资源对人类社会所具有的效用和价值。

（1）对游客：观赏消闲、娱乐健身和增知益神。观赏消闲是最基本的功能。

（2）对旅游目的地国家或地区：取得经济效益、社会效益和环境效益。

8. 旅游资源的类型。

分类标准	类型	
内容属性	自然旅游资源	地文景观、水域风光、生物景观、天象与气候景观
	人文旅游资源	遗址遗迹、建筑与设施、旅游商品、人文活动
	社会旅游资源	经济建设成就、科技发展成就、社会发展成就、居民生活方式、居民好客态度
再生性	可再生旅游资源	
	不可再生旅游资源	
利用状态	现实旅游资源	
	潜在旅游资源	
管理级别	世界级旅游资源	
	国家级旅游资源	
	省级旅游资源	
	市（县）级旅游资源	

第三节 旅游业的构成与我国旅游业的发展

1. 旅游业的概念：凭借旅游资源和设施，专门或者主要从事招徕、接待游客，为其提供交通、游览、住宿、餐饮、购物、文娱等服务的行业。

2. 旅游业的特征：综合性、劳动密集型的服务性、脆弱性。

3. 旅游业的构成。

（1）从为游客提供产品和服务的角度：旅游业由旅行社业、交通客运业、住宿业（旅游业的三大支柱产业）三部分构成。

（2）从旅游目的地市场营销的角度：旅游业由旅行社业、交通客运业、住宿业、游览场所经营部门、各级旅游管理组织五大部分构成。

4.中国旅游业的发展时期及主要特点。

发展时期		主要特点
缓慢发展时期（1949—1978年）		以政治接待为主
全面快速发展时期（1978年至今）	旅游需求与旅游供给的不协调发展阶段（1978—1995年）	境外来华旅游需求迅速增长，旅游供给严重短缺
	旅游业全方位发展阶段（1996年至今）	旅游供给与旅游需求协调发展

第四节　旅游市场与国际旅游组织

1.旅游市场的概念。

（1）经济学角度：旅游市场是旅游产品供求双方交换关系的总和，反映的是由旅游产品供求所引发的各种经济现象和经济关系。

（2）市场营销角度：旅游市场是指旅游产品的现实购买者和潜在购买者，即旅游产品的需求市场或客源市场。

2.从经济学角度来说，旅游市场的构成要素。

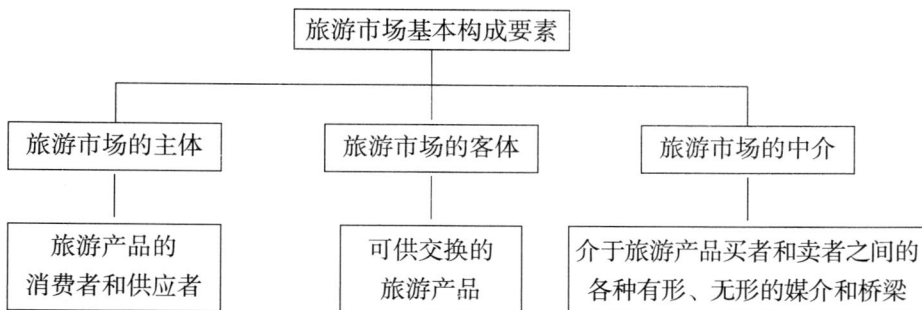

```
          ┌──────────────────────┐
          │   旅游市场基本构成要素   │
          └──────────────────────┘
      ┌──────────────┼──────────────┐
┌───────────┐  ┌───────────┐  ┌───────────┐
│ 旅游市场的主体 │  │ 旅游市场的客体 │  │ 旅游市场的中介 │
└───────────┘  └───────────┘  └───────────┘
      │              │              │
┌───────────┐  ┌───────────┐  ┌─────────────────────┐
│  旅游产品的   │  │  可供交换的   │  │ 介于旅游产品买者和卖者之间的 │
│ 消费者和供应者 │  │  旅游产品    │  │  各种有形、无形的媒介和桥梁  │
└───────────┘  └───────────┘  └─────────────────────┘
```

3. 我国三大旅游市场。

（1）入境旅游市场。

我国入境旅游市场	
人员构成	外国人、海外华侨、港澳台同胞（最大的入境客源市场）
特点	（1）客源构成：港澳台游客占绝大部分；外国游客中亚洲占多数，韩国、日本、俄罗斯、美国是位于前列的主要客源国 （2）入境游客数量近年略有下降，但发展速度仍然较快 （3）入境方式：外国游客多以飞机入境，港澳台多以徒步和乘汽车入境 （4）入境目的：多以观光休闲、商务会议为主要目的

（2）国内旅游市场。

我国国内旅游市场	
特点	（1）规模宏大，发展速度快 （2）散客旅游所占比重大 （3）旅游消费水平低，但消费能力增长快

（3）出境旅游市场。

我国出境旅游市场		
组成部分	出国旅游、边境旅游、港澳台旅游	
特点	（1）规模不断扩大 （3）东北亚和东南亚为主要目的地	（2）因私人次大于因公人次 （4）消费增长速度较快

4. 中国旅游业的标志：马踏飞燕。

5. "中国旅游日"：每年的5月19日，非法定节假日。该节日起源于2001年5月19日，浙江宁海人麻绍勤以宁海徐霞客旅游俱乐部的名义，向社会发出设立"中国旅游日"的倡议，建议将《徐霞客游记》首篇《游天台山日记》开篇之日（5月19日）定为中国旅游日。2011年3月30日，国务院常务会议通过决议，自2011年起，每年5月19日为"中国旅游日"。

6. "世界旅游日"：1970年9月27日，国际官方旅游联盟在墨西哥城举行的特别代表大会上通过了世界旅游组织章程。为纪念这个日子，1979年9月世界旅游组织第三次代表大会正式把 9 月 27 日定为世界旅游日，1980 年开始实行。

7. 世界旅游组织基本情况。

组织名称	性质地位	成立时间	总部地点	我国加入时间
世界旅游组织（UNWTO）	政府间国际组织，是旅游领域的领导性国际组织	最早由1925年于荷兰海牙成立的国际官方旅游组织联盟发展而来，2003年11月成为联合国的专门机构	西班牙的马德里	1983年10月（1975年5月承认中华人民共和国为中国唯一合法代表）
太平洋亚洲旅游协会（PATA）	民间性、行业性、地区性、非政府间的国际旅游组织	1952年1月	美国的旧金山	1993年3月
世界旅行社协会联合会（UFTAA）	世界最大的民间性国际旅游组织	1966年	比利时的布鲁塞尔	1995年8月
世界旅游城市联合会	非政府、非营利性国际组织，全球第一个以城市为主体的国际旅游组织	2012年9月15日	中国的北京	2012年9月

第2章 中国历史文化

第一节 中国历史概述

1. 世界四大文明古国：古代巴比伦、古代埃及、古代印度、古代中国。中国有文字可考的文明史长达 3000 多年。

2. 中国古代经历了三个发展时期。

（1）原始社会：距今 170 万年前至公元前 2070 年。

（2）奴隶社会：公元前 2070 年至公元前 476 年。

（3）封建社会：公元前 475 年至 1840 年鸦片战争前。

3. 中国的封建社会可分解为 5 个阶段。

（1）战国、秦、汉是封建社会形成和初步发展阶段。

（2）三国、两晋、南北朝是封建国家分裂和民族大融合阶段。

（3）隋、唐是封建社会繁荣阶段。

（4）五代十国、辽、宋、夏、金、元是封建经济继续发展和民族融合进一步加强阶段。

（5）明、清（鸦片战争前）是封建制度逐渐衰落和统一多民族国家巩固阶段。

4. 中国近代史。

时间	1840—1949年	
性质	半殖民地半封建社会逐渐形成到瓦解的历史	
四个时期	清王朝晚期、中华民国临时政府时期、北洋军阀时期、国民政府时期	
两个阶段	旧民主主义革命阶段	1840年鸦片战争到1919年五四运动前
	新民主主义革命阶段	1919年五四运动到1949年中华人民共和国成立

5. 原始社会时期：距今 170 万年前至公元前 2070 年。

（1）中国远古人类。

名称	时间	特点
建始人化石	200万年前	中国境内目前已知最早的古人类化石
云南元谋人	170万年前	中国境内最早的人类
北京人	70万—20万年前	已能直立行走、打制石器、使用天然火、吃熟食
山顶洞人	1.8万年前	会磨制和钻孔技术，人工取火，逐步进入氏族公社阶段

（2）氏族公社阶段。

氏族公社	社会生活状态	代表遗址	发展成就
母系氏族（距今约六七千年）	有了原始农业和畜牧业；会制作彩陶和建造简单的房屋，过定居生活	黄河流域：陕西西安半坡	种植粟（小米）
		长江流域：浙江余姚河姆渡文化	种植水稻，中国是世界上最早种植水稻的国家
父系氏族（距今约四五千年）	后期出现了私有财产，贫富分化	山东大汶口氏族	有了黑陶和白陶，有了骨和象牙的雕刻品

（3）古史传说时期。

传说人物	英雄事迹
盘古	古代传说中开天辟地的神
女娲	远古传说中捏土造人的神，女娲补天
黄帝、炎帝	曾联合打败了南方的蚩尤，形成了"华夏族"；所以中国人自称为"炎黄子孙"，并尊奉黄帝和炎帝为华夏族的祖先
尧、舜、禹	通过部落联盟民主推选（即"禅让"的方式）担任首领的
禹	中国远古时期的治水英雄；禹采用"疏水"方法，治水成功

6. 夏、商、西周时期。

朝代	建立时间	历史事件
夏	公元前2070	启建立，是中国历史上第一个王朝
商	公元前1600年	汤建都亳；盘庚迁殷（河南安阳），故称"殷商"；司母戊大方鼎是我国考古界发现最大的青铜器；出现了成熟定型的"甲骨文"，中国开始了有文字可考的历史
西周	公元前1046年	周武王伐纣，都镐京；政治上实行分封制，农业经济上实行国家土地所有制；公元前841年，周公和召公共同执政，即"共和行政"；公元前771年，犬戎杀周幽王（烽火戏诸侯）

7. 春秋战国时期。

（1）历史概况。

时期		时间	得名	主要诸侯国	历史事件
东周（公元前770年周平王东迁洛邑）	春秋	公元前770—公元前476年	鲁国的编年体《春秋》	春秋五霸：①齐桓公、宋襄公、晋文公、秦穆公、楚庄王；②齐桓公、晋文公、楚庄王、吴王阖闾、越王勾践	卧薪尝胆
	战国	公元前475—公元前221年	列国混战不休的政治	战国七雄：齐、魏、赵、韩、秦、楚、燕	魏国李悝变法、楚国吴起变法、秦国商鞅变法

（2）经济。

类别	发展表现
生产技术	发明了生铁冶炼技术
农业	①使用铁制农具；②牛耕得到推广；③注重兴修水利工程，秦国蜀郡守李冰的都江堰、水工郑国的郑国渠
手工业	①青铜制造上出现了称为"金银错"的镶嵌工艺；②煮盐业兴旺，以齐燕的海盐和魏的池盐最有名；③丝织品十分精美
商业	①齐国临淄、赵国邯郸、魏国大梁、楚国郢都等是商业中心；②市场活跃，北方的马匹、南方的象牙、东方的鱼盐、西方的皮革应有尽有

8. 秦汉时期。

（1）历史概况。

朝代	建立时间	主要事件
秦朝	公元前221年	嬴政，都城咸阳，第一个统一的中央集权制封建国家
		①政治上，创"皇帝"称号，实行郡县制；②经济上，统一货币、统一文字、统一度量衡、统一车轨；③思想上，"焚书坑儒"；④军事上，派蒙恬北击匈奴，修长城；在南方征服百越，修筑灵渠
西汉	公元前202年	刘邦，定都长安；"文景之治"；汉武帝颁布"推恩令"；思想上"罢黜百家，独尊儒术"，兴办太学；军事上派卫青、霍去病抗击匈奴，修建长城
东汉	25年	刘秀，定都洛阳；"光武中兴"

（2）经济。

商业	西汉将铸币和盐铁买卖权收归中央，统一使用"五铢钱"
农业	①牛耕、马耕和铁农具得到普遍推广；②出现了耦耕、犁耕和播种的耧车；③汉武帝时修筑六辅渠、白渠并治理黄河
手工业	①冶铁中使用煤做燃料；②制铜工艺水平提高；③纺织上使用提花机，使锦绣、绢纱等丝织品都精美

（3）对外关系。

西汉	张骞两次出使西域，开通了丝绸之路
东汉	班超出使西域；166年大秦（古罗马）王安敦派使臣从海路来中国，是中国同欧洲国家直接友好往来的最早记录
汉代	我国已与朝鲜、日本有了文化上的交流

9.三国、两晋、南北朝时期。

（1）历史概况。

三国鼎立

国名	建立者	建立时间	都城	灭亡
魏	曹丕	220年	洛阳	265年，司马炎废魏帝
蜀或蜀汉	刘备	221年	成都	263年，被魏所灭
吴	孙权	222年	建业	280年，被西晋统一

两晋政权

国名	建立者	建立时间	都城	灭亡
西晋	司马炎	265年	洛阳	317年，被匈奴灭
东晋	司马睿	317年	建康（今南京）	420年，被宋灭

南北朝对峙

北朝	北魏	东魏—北齐
		西魏—北周
南朝	宋—齐—梁—陈	

（2）经济。

朝代		经济发展表现
北朝	孝文帝改革	官员实行俸禄制；土地实行均田制；迁都洛阳，穿汉服，改汉姓，接受汉族先进文化
		促进北方各民族封建化的过程，促进了民族融合
南朝	北方人民的南迁带来了大量劳动力，也带来了中原先进的生产技术	
	农业	北方的小麦推广到南方；江南的稻田开始使用绿肥；牛耕、粪肥在江南得到推广；江南经济开始赶超中原
	手工业	发明了灌钢法，兵器和农具的制造更廉价和耐用；丝织业在江南发展迅速

10. 隋唐时期。

（1）历史概况。

朝代	历史事件
隋朝 （581—617年）	581年隋文帝杨坚，都长安；589年灭陈统一全国；建立"三省六部制"，实行均田，减轻徭役，大兴科举，"开皇之治"
	隋炀帝暴政，隋朝崩溃
唐朝 （618—907年）	李渊举兵反隋，618年建唐朝，都长安
	唐太宗李世民，"贞观之治"
	武则天，中国历史唯一一位女皇
	唐玄宗李隆基初期创造了唐朝全盛的"开元盛世"，后期爆发了"安史之乱"，唐由盛而衰
	王仙芝、黄巢起义；907年，朱温废唐，建后梁

（2）经济。

朝代			主要经济成就
隋朝	开凿大运河		
唐朝	经济、生活		以粟和水稻为主；服装以丝、麻为原料；陶瓷器皿成为日用品；人们出门喜爱骑马，女子喜欢春天相约骑马游春
	农业		有了曲辕犁、筒车等先进的农具和灌溉工具；懂得利用时令每年增添一次耕作，粮食产量大大提高
	手工业	丝织业	以宋州、亳州的绢，益、扬、定三州的绫锦最著名
		陶瓷业	邢州白瓷"类玉""类冰"，越州青瓷"类雪"；唐三彩
		造纸业	宣州、益州的纸十分畅销

（3）对外关系。

与新罗往来	来长安的外国留学生，新罗人（朝鲜）最多
与日本往来	日本的遣唐使来中国十几次，中国许多文化传入日本；鉴真和尚6次东渡终于到了日本
与印度往来	玄奘去印度取经18年，完成《大唐西域记》
与波斯往来	中国的丝绸、瓷器、纸张通过波斯销往西方，中亚、波斯的香料、药品、珠宝传入中国
与大食往来	中国的造纸术、纺织术、制瓷术经大食（阿拉伯）传到非洲和欧洲

11. 五代十国、辽、宋、夏、金、元时期。

（1）五代十国历史概况。

时间	简称	地区	政权	实质
907—960年	五代	黄河流域	后梁、后唐、后晋、后汉、后周	唐末藩镇割据的继续与扩大
	十国	南方	吴、南唐、吴越、楚、闽、南汉、荆南、前蜀、后蜀	
		山西	北汉	

（2）两宋历史概况。

朝代	建立时间	建立者	都城	统治措施	灭亡
北宋	960年	赵匡胤	东京（开封）	①赵匡胤，陈桥兵变；"杯酒释兵权"，扩大禁军，派文官管理地方，巩固皇权②平定后周，消灭割据，结束分裂③宋神宗用王安石变法，失败	1127年靖康之变，被金所灭
南宋	1127年	赵构	临安（杭州）	①与金对峙，抗金英雄岳飞②南宋末，抗元英雄文天祥	1276年，元灭南宋

（3）北宋与辽、西夏、金的关系。

政权	建立民族	建国时间	与宋关系	灭亡
辽	契丹人	916年	"澶渊之盟"后，宋辽维持了百年和平	1125年，被金和北宋所灭
西夏	党项族	1038年	西夏向宋称臣，宋给西夏岁币	1227年，被蒙古所灭
金	女真族	1115年	1127年，灭北宋后与南宋长期对峙	1234年，被蒙古和南宋所灭

（4）蒙古与元朝历史概况。

时间	主要事件	特征
1206年	铁木真建立蒙古政权，尊称"成吉思汗"	元朝的疆域超过任何朝代；忽必烈实行"行省制"，对后世影响深远；西藏在元朝正式成为元的一个行政区
1271年	忽必烈定国号为元，1272年迁都于大都（北京）	
1276年	灭南宋，统一全国	
元末	红巾军起义，元朝灭亡	

（5）经济。

类别		经济发展表现
区域发展		江南、两广得到进一步开发
农业		（1）从越南引进占城稻得到推广，水稻成为最重要的农作物，产量居首 （2）棉花种植范围扩大到两广、福建和长江流域
手工业	纺织业	（1）丝织品花色增多，蜀绣号称天下第一 （2）元代，棉布成为江南人的主要衣料；松江成为棉纺织业中心，生产的"乌泥泾被"畅销 （3）元代的黄道婆向黎族人学习纺织技术，并改进了纺织工具
	造船业	宋代发达，使用了指南针（指南针在南宋时经阿拉伯传入欧洲，为欧洲人进行环球航行和发现美洲大陆提供了重要条件）
	制瓷业	北宋的定窑（白瓷）、钧窑（彩瓷）、哥窑（裂纹图案的瓷）和景德镇产出的名瓷
	采矿业	金银铜铁矿产的开采量居世界第一
对外贸易往来		（1）北宋泉州、广州、明州（今宁波）不仅造船业发达，也是重要的外贸口岸 （2）秦汉的海上丝绸之路在宋代得以繁荣 （3）元代，意大利旅行家马可·波罗的《马可·波罗游记》激起了欧洲人对东方的向往
商业		宋代发达，出现了夜市、早市、娱乐场所"瓦子"；出现了世界上最早的纸币"交子"

12. 明、清。

（1）历史概况。

朝代	历史事件		
明朝（1368—1644年）	1368年，朱元璋，都应天府（今南京）		
	明初	政治上：废丞相、留六部、设厂卫、推八股、兴文字狱、严惩贪官 经济上：休养生息、鼓励垦荒、减免赋役、驻军屯田 军事上：1368—1500年，18次大修长城	
	朱棣	1399—1402年，发动"靖难之役"后登基；1421年，迁都北京；让解缙编《永乐大典》；派郑和下西洋	
	中后期戚继光抗倭		
	1644年，李自成攻入北京，崇祯帝自缢于万岁山（景山）		
清朝（1644—1912年）	建立	1616年，努尔哈赤建后金	
		1635年，皇太极改女真为满洲族；1636年皇太极称帝，改国号为清	
		1644年，福临正式定都于燕京（今北京）	
	康乾盛世	康熙	除鳌拜、平三藩之乱、收复台湾、驱逐沙俄、平定准噶尔部叛乱、确立中央册封班禅和达赖的制度
		雍正	与康熙、乾隆被称为清朝最辉煌的三帝
		乾隆	中国历史上寿命最长的皇帝；确定了中国最终的版图
	衰败	两次鸦片战争、中法战争、甲午中日战争、八国联军侵华战争的战败及不平等条约的签订	
	改革	兴起"自强""求富"洋务运动，失败	
	灭亡	1911年孙中山领导辛亥革命，1912年成立中华民国。1912年2月12日，隆裕皇太后代签退位诏书	

（2）经济。

农业	明代，江南出现了双季稻，岭南出现了三季稻；农业生产水平超过前代；出现"湖广熟，天下足"的谚语	
手工业	纺织业	苏州、杭州丝织业发达；松江仍是棉纺织业中心；山西潞绸、四川蜀锦闻名天下
	陶瓷业	景德镇制瓷业居全国之首，青花瓷最有名
	冶铁	冶铁采用焦炭为燃料，采矿用火药爆破法；河北的遵化、广东的佛山为南北方的冶铁中心
商业	继续活跃，出现了30多个大型商业城市；最有名气的是苏州、杭州两地	

第二节　中国科技文化

1. 中国古代科技发展的五个阶段。

（1）原始社会是中国传统科技文化的萌芽时期。

（2）先秦是中国传统科学技术的奠基时期。

（3）秦、汉、南北朝是中国传统科学技术的形成时期。

（4）隋、唐、宋、元是中国传统科学技术的发展时期。

（5）明、清是中国传统科学技术由兴盛到衰落时期。

2. 中国古代天文历法成就。

时期		天文历法成就
春秋		《春秋》有公元前613年哈雷彗星的记录，比欧洲早600多年
		基本确定19年7闰的原则，比西方早160年
战国		《甘石星经》是世界上最早的天文学著作
西汉		汉武帝时，制定出中国第一部较完整的历书《太初历》
		被世界公认的关于太阳黑子的最早记录
东汉	张衡	对月食做了最早的科学解释；发明了地动仪，比欧洲早1700多年；制造了浑天仪
唐朝	僧一行	制定了《大衍历》，是当时最精密的历法；用科学方法实测地球子午线长度
北宋	沈括	总结了"十二气历"，有利于农事安排
元朝		元初中央设太史局编制新历法
	郭守敬	创制了简仪和高表等近20件天文仪器，主持了全国范围的天文测量；主持编定《授时历》，比现行公历早300年
明朝	徐光启	吸收西洋历法成果编成《崇祯历书》
		安装了中国第一架天文望远镜，名为"筩"（意思为"筒"）
	朱载堉	得出计算回归年长度值的公式；我国历史上第一个精确计算出北京地理位置的人

3. 中国古代天文历法著作。

书名	内容和价值
《夏小正》	现在保留下来最古老的典籍之一
《二十四史》的《律历志》	这是研究中国历法的宝贵的资料库，如汉代《三统历》《乾象历》，隋唐时期《皇极历》《大衍历》，元代《授时历》，明代的《崇祯历书》等
《大衍历》	僧一行作；准确地反映了太阳运行的规律，表明中国古代历法体系的成熟
《授时历》	郭守敬作；以365.2425日为一岁，精度与公历（指《格里高利历》）相当，却比西方早300多年
《崇祯历书》	徐光启主编；这是中国古代的天文学体系开始向近代天文学转变
《时宪历》	清代根据《崇祯历书》编写，直到清末

4. 中国古代数学成就。

时期	古代数学成就
先秦	新石器时期的陶器上的几何图案，是几何知识的萌芽
	先秦典籍中"隶首作数""结绳记事""刻木记事"的记载，说明人们认识了数，并创了记数的符号
	殷商甲骨文中已有13个记数单字
	"规""矩""准""绳"是我们祖先最早使用的数学工具
	《周髀算经》提出了勾股定理
春秋	春秋末年，掌握了完备的十进位值制计数法，普遍采用筹算的计算方法
	谙熟九九乘法表（九因歌），整数四则运算，乘方、开方等运算，可以对零、负数和分数做出表示与计算
	中国的筹算促成了印度—阿拉伯数字体系
	出现了世界上最早的星表之一
	测定了比较准确的回归年长度
东汉	《九章算术》是当时世界上最先进的应用数学，标志着中国古代数学形成了完整的体系；《九章算术》是中国古代第一部数学专著，系统总结了战国、秦、汉时期的数学成就；是一本综合性的历史著作，是当时世界上最简练有效的应用数学
魏晋到唐初	魏晋刘徽，运用极限理论，提出了计算圆周率的正确方法
	南朝祖冲之，在世界上第一次把圆周率数值精确到小数点后7位，这一成果比欧洲早了近1000年；他的专著《缀术》对数学发展有杰出贡献

唐中叶到宋元	北宋沈括《梦溪笔谈》，首创隙积术，开高阶等差级数求和问题的先河，提出会圆术，首次提出求弓形弧长的近似公式
明朝	珠算产生并得到普及；珠算著作中最著名的是程大位的《算法统宗》
	朱载堉首创利用珠算进行开平方，研究出数列等式，在世界上最早解答了已知等比数列的首项、末项和项数，解决了不同进位制的小数换算
	利玛窦与徐光启等一起翻译《几何原本》
清朝	康熙命人编纂《数理精蕴》53卷，全面系统地介绍了当时的西方数学知识
	梅文鼎整理阐发了中国古代的历算学，也研究西洋科学；著作《中西数学通》，达到当时中国数学研究的最高水平
	明安图著《割圆密率捷法》，是中国用解析方法研究圆周率的第一人
	李善兰，独立发明对数微积分，并在组合恒等式上提出了李善兰恒等式；1872年发表《考数根法》，是中国质数论方面最早的著作

5. 中国古代数学著作。

算经十书	《周髀算经》《九章算术》《孙子算经》《五曹算经》《夏侯阳算经》《张丘建算经》《海岛算经》《五经算术》《缀术》《缉古算机》
《周髀算经》	成书于公元前2世纪，中国流传下来最古老的既谈天体又谈数学的天文历算著作，有些史料早于成书；大禹治水用的数学知识，成为现存文献中最早提到使用勾股定理的例子
勾股定理	在世界数学史上，一般认为最早发现者是公元前5世纪古希腊数学家毕达哥拉斯
	《周髀算经》所记载的公元前11世纪左右，周公与商高关于勾股定理的问答，证明我国数学家发现、应用勾股定理要比外国早

6. 中国古代物理学成就。

时间	代表	成就
战国	《墨经》	（1）载有大量的物理学知识，包括杠杆原理和浮力理论的叙述，还有声学和光学的记载；（2）关于光影关系、小孔成像等内容，被现代科学家成为"《墨经》光学八条"
明代	方以智	《物理小识》
	万户	进行世界最早的火箭升空试验
	孙云球	制造放大镜、显微镜等几十种光学仪器，并著《镜史》

7. 中国古代医药学成就。

时间	代表	成就
战国	扁鹊	被后世奉为"脉学之宗"；采用四诊法，切脉是主要成就
西汉	《黄帝内经》	战国问世，西汉编定；是我国现存最早的一部医书
东汉	《神农本草经》	中国第一部完整的药学著作
东汉	华佗	"神医"；"麻沸散"；"五禽戏"
东汉	张仲景	"医圣"；著《伤寒杂病论》
西晋	王叔和	著《脉经》，是我国现存第一部脉学专著
东晋	葛洪	《肘后备急方》，具有实用价值的医书
唐朝	孙思邈	"药王"；著《千金方》
唐朝	元丹贡布	吐蕃名医；著《四部医典》
唐朝	《唐本草》	是世界上最早的、由国家颁行的药典
明朝	在世界上最早种痘预防天花	
明朝	李时珍	《本草纲目》，被誉为"东方医药巨典"

8. 中国古代地理学成就。

时间	代表	成就
西晋	裴秀	绘制出《禹贡地域图》，还提出了绘制地图的原则
北魏	郦道元	《水经注》，是一部历史、地理、文学价值都极高的综合性地理著作
明朝	《坤舆万国全图》	最早的世界地图，是国内现存最早的、第一幅出现美洲的世界地图
明朝	徐霞客	《徐霞客游记》，对石灰岩溶蚀地貌的记述，早于欧洲约两个世纪
清代	康熙时制成的《皇舆全览图》，是亚洲当时地图中最好的一幅，且比当时所有的欧洲地图都更好、更精确	

9. 中国古代建筑学成就。

时间	主要成就
先秦时期	夏、商、西周的都城
先秦时期	秦汉大规模的水利工程，如都江堰、郑国渠；秦汉长城
隋唐时期	隋朝宇文恺主持修建了大兴城，唐朝在此基础上扩建为长安城
隋唐时期	隋朝李春设计建造的赵州桥，是世界上最早的敞肩石拱桥
隋唐时期	唐朝长安城是当时世界上最大、最壮观的城市；大明宫含元殿是长安城中最辉煌壮丽的建筑

宋元时期	北宋	泉州洛阳桥，我国历史上第一座海港大石桥
		李诚的《营造法式》成为世界上最早、最完备的建筑学著作
	南宋建的泉州安平桥，是中国古代保存至今最长的桥	
	辽代河北蓟县独乐寺、山西应县木塔，是我国著名的古代木结构建筑	
	金代卢沟桥	
	元大都建筑宏伟，有完整的排水系统	
明清时期	明朝最有名的木工蒯祥，被称为"蒯鲁班"；代表建筑是明北京城	
	明朝大规模兴建万里长城，为第三次大的高峰	
	清朝皇家园林的兴建，如承德避暑山庄，北京的三山五园	

10. 中国古代农学成就。

类别	主要成就
农业之神	神农氏（又称炎帝）
精耕细作	对中国传统农业精华的一种概括，是传统农业的一个综合技术体系
《夏小正》	是中国现存最早的一部农事历书
四大农书	《齐民要术》北魏贾思勰著，是中国现存最古老的农书，堪称一部农业巨著
	《农桑辑要》元代官修农书，是我国现存最早的官修农书
	《东鲁王氏农书》又名《王祯农书》，元代王祯著，是我国第一部从全国范围内对整个农业进行系统研究的农学著作
	《农政全书》明代徐光启编著，中国古代优秀的农学著作

11. 中国古代手工业成就。

书名	主要内容和价值
《考工记》	是中国战国时期记述官营手工业各工种规范和制造工艺的文献；是中国目前所见最早的手工业技术文献
《梦溪笔谈》	北宋科学家、政治家沈括所著；是一部涉及古代中国自然科学、工艺技术及社会历史现象的综合性笔记体著作；被英国科学史家李约瑟誉为"中国科学史上的里程碑"；具有世界影响
《天工开物》	明代科学家宋应星编写，世界上第一部关于农业和手工业生产的综合性著作，中国古代一部综合性的科学技术著作，外国学者称它为"中国17世纪的工艺百科全书"

12. 中国古代史学成就。

古代史学成就	
先秦时期：产生期	最早的官文书《尚书》和《诗经》中《雅》《颂》，反映了周室东迁前各个历史阶段的社会情况和有关封国、征伐、农事等活动
	西周末年至春秋时期，"国史"发展起来
	春秋末年孔子修《春秋》，是中国史学上第一部编年体史书
秦汉时期：确立期	西汉司马迁编著的《史记》，是中国古代第一部通史
	东汉班固著《汉书》，是我国第一部断代史
魏晋南北朝隋唐时期：发展期	刘知几著《史通》，是世界上第一部系统的史学评论著作
	杜佑著《通典》，是世界上最早的典制体通史
五代宋元时期：继续发展期	北宋司马光著《资治通鉴》，是编年体通史
明清时期：嬗变期	李贽《藏书》《焚书》，顾炎武《日知录》，王夫之《读通鉴论》《宋论》，黄宗羲《明夷待访录》

13. 中国古代四大发明。

造纸术	西汉出现絮纸、麻纸
	东汉蔡伦改进造纸术，他发明的纸被称为"蔡侯纸"，是现代纸的渊源；我国成为世界上最早发明造纸的国家
	中国的造纸术通过阿拉伯传到欧洲，持续领先欧洲近2000年；直到1797年，法国人尼古拉斯·路易斯·罗伯特发明了机器造纸的方法
指南针	指南针的发明由三部曲组成：司南、磁针和罗盘，都是中国发明的
	中国古代，指南针起先应用于祭祀、礼仪、军事和占卜与看风水时确定方位
	11世纪末或12世纪初，指南针用于中国船舶导航
	明成祖时郑和下西洋使得绘制海图和罗盘运用的技术大大进步
	指南针应用于航海，是全天候的导航工具，开创了航海史的新纪元
火药	火药是中国古代人们炼丹、制药的实践结果，至今已有1000多年的历史
	火药的配方是硫黄、硝石和炭混合
	中国发明火药并首先运用于制造烟火，后运用于军事，并发明了世界第一根火箭
	宋代军事上运用大炮和火枪已经相当成熟，中国科技遥遥领先于世界

印刷术	先秦的印章、石刻和碑石拓印技术给印刷术提供了直接的经验性的启示	
	雕版印刷术	唐朝发明
		1966年在西安市发现的佛教梵文陀罗尼经咒单页，是目前最早的雕版印刷品
		唐咸通九年（868年）王玠的《金刚经》，是现存最早的标有年代的雕版印刷品，现藏于英国伦敦博物馆
	活字印刷术	北宋毕昇发明活字印刷术，比德国人约翰内斯·古腾堡早约400年
		元代王祯成功创制木活字，发明转轮排字
		明代中期铜活字在江苏南京、无锡、苏州等地得到较多的应用
		中国活字印刷术的发明是印刷史上一次伟大的技术革命

第三节　中国哲学与文学

1. 中国古代哲学的流变经历了周代子学、两汉经学、魏晋玄学、隋唐佛学、宋明理学和清代朴学，中国哲学的兴衰反映了中国社会的兴衰，也造就了民族精神的个性与内涵。

2. 中国古代哲学发展概述。

西周	武王弟周公制礼作乐，"以人为本"的思想成为中国古代哲学的萌芽
先秦	孔子首创私学，推崇周公礼乐，提出"仁义"治国，开创儒家学派
	百家异说，《汉志》所录先秦189家，造就了中国哲学的第一个高峰
	汉代用"九流十家"总结先秦诸子学术
东汉末年	以玄谈的方式，为名教给出新的论证，探讨儒、道的内在相关性以及本末地位，引发了名教与自然、本末有无、言意之辨等多个学术辩题，理论创造空前活跃
唐宋之际	外来文化与本土文化、官方文化与民间文化碰撞
	唐朝代表：韩愈、李翱
	宋朝理学家开创了理学的新时代，代表：宋初三先生（孙复、石介、胡瑗）、北宋五子（周敦颐、邵雍、张载、程颢、程颐）

明清之际	深刻批判反省传统文化，使中国哲学达到新的理论高度和反思深度
	代表：王夫之、顾炎武、黄宗羲、方以智
近代	"强国保种""救亡图存"成为第一时务，为此引入西学，会通中西，形成了一种影响至今的不中不西、亦中亦西的新文化

3. 诸子百家中主要派别。

学派	创始人	代表人物及著作	发展历程	思想主张
儒家	孔子	孔子、孟子（"亚圣"）、荀子、董仲舒、二程（程颢、程颐）、朱熹《四书章句集注》、王守仁、王阳明	先秦时，与诸子地位平等；秦"焚书坑儒"受重创；汉武帝后成为官方学说；南宋后，理学成为占主导地位的官方学说	①核心是仁、义、礼、智、信、恕、忠、孝；②崇尚"礼乐""仁义""和而不同""忠恕""中庸之道""德治""仁政"；③强调教育的功能，主张重教化、轻刑罚；④主张有教无类
道家	老子	老子《道德经》、庄子《庄子》	春秋时，老子形成了"无为无不为"的道德理论，标志着道家思想的成型	以"道"为核心，认为天道无为，主张道法自然，提出无为而治等政治、军事策略；具有朴素的辩证法思想；主张清静、淡泊
墨家	墨翟	墨翟《墨子》《胡非子》	①战国产生；②因其独有的政治属性，同时又遭汉武帝时"罢黜百家，独尊儒术"政策不断遭到打压，衰败	主张"兼爱""非攻"；推崇节俭、反对铺张浪费（节用）；重视继承前人的文化财富（明鬼），掌握自然规律（天志）
法家	李悝	李悝《法经》（是中国第一部较系统的封建成文法典）、商鞅、韩非《韩非子》		以法制为核心，战国时平民的政治代言人；提出"以法治国"的主张，成为中央集权者的主要统治手段，对现代法治影响深远
兵家		春秋孙武《孙子兵法》、司马穰苴，战国孙膑《孙膑兵法》、吴起、魏缭、赵奢、白起，汉初张良、韩信		先秦、汉初研究军事理论，从事军事活动；含有丰富的朴素唯物论和辩证法思想

4. 古典文学基础知识。

（1）中国文学的分类：古典文学、现代文学、当代文学。

（2）"文学"一词最早见于《论语·先进篇》。孔子将弟子分为四类：德行、言语、政事、文学，后世称为"孔门四科"。广义文学指学问，狭义文学可看成南朝刘宋文帝所立的四学：儒学、玄学、史学、文学。

（3）中国古典文学分为诗和文，文又分为韵文和散文，中国的抒情诗和散文（称为古文）在世界上都是最早而较发达的。

5. 古代诗歌。

朝代	文学体裁	代表性作品及作者
春秋	诗歌	《诗经》（是最早的一部诗歌总集）；《国风》（现实主义）
战国	楚辞	《离骚》（屈原，浪漫主义）
汉代	赋	司马相如《子虚赋》、《上林赋》，张衡《二京赋》，班固《两都赋》
	乐府诗	《孔雀东南飞》《陌上桑》《木兰诗》（《木兰辞》）
唐代	诗	"诗杰"王勃、"诗仙"李白、"诗圣"杜甫、"诗佛"王维、"诗魔"白居易、"诗豪"刘禹锡
五代	词	《花间集》（赵崇祚），韦庄、温庭筠、冯延巳、李煜
宋代	词	苏轼、辛弃疾、欧阳修、柳永、李清照
元代	散曲	南宋出现，元代得到迅速发展

6. 古代散文。

朝代	主要代表作	
上古	《尚书》，中国文学史上第一部记叙文和议论文的集子，初具文学特质	
战国	历史散文	《左传》《国语》《战国策》
	诸子散文	《孟子》《庄子》《荀子》《韩非子》为代表；《论语》《孟子》《老子》《庄子》在中国文学史上影响最大
汉朝	西汉司马迁《史记》，纪传部分是中国传记文学的典范	
魏晋南北朝	骈文兴盛，代表《文心雕龙》（刘勰）	
唐宋	唐朝韩愈、柳宗元提倡古文，反对空洞的骈文，散文才恢复其生机	
明清	小品文是纯文学散文的一种重要样式，吸收唐代散文的精髓，融入魏晋南北朝笔记文的谐趣和隽永，有独特的艺术魅力	

7. 小说和戏曲。

类别	主要代表作
戏曲	元代关汉卿《窦娥冤》、王实甫《西厢记》，明代汤显祖《牡丹亭》，清代洪昇《长生殿》、孔尚任《桃花扇》
小说	罗贯中《三国演义》、施耐庵《水浒传》、吴承恩《西游记》、蒲松龄《聊斋志异》、吴敬梓《儒林外史》、兰陵笑笑生《金瓶梅》
	曹雪芹《红楼梦》是纪念碑式作品，把中国文学推向新的高峰
	中国古典长篇小说四大名著：《三国演义》《水浒传》《西游记》《红楼梦》

第四节　中国书画艺术

1. 中国书法艺术的发展。

代表性成就	
春秋战国	唐代发现的战国《石鼓文》，被认为是我国早期书法艺术的代表
秦朝	创立小篆；李斯的书法"画如铁石，字若飞动"，代表了秦代书法艺术的水平
汉代	盛行隶书；隶书讲究"蚕头雁尾""一波三折"
魏晋南北朝	楷书、行书、草书走向定型化；魏钟繇创造了楷书；行书源于后汉刘德升；草书始于汉代；楷书从唐代到明清始终作为官府文书和科举考试的正式字体
	从汉到魏，书法艺术主要应用于碑文的书写；魏晋之际，书法开始转入写帖，促进了书法艺术的发展

杰出书法家	东晋	王羲之擅长写楷书、行书和草书，被后人尊为"书圣"
	唐代	欧阳询、张旭、颜真卿、柳公权、怀素、虞世南、褚遂良
	宋代	宋四家：蔡襄、苏轼、黄庭坚、米芾
	元代	赵孟頫《洛神赋》

2. 中国书法著名的字体。

类别	发展	特点	代表
隶书	起源于秦代，东汉达到顶峰，有"汉隶唐楷"之说	结构扁平，讲究"蚕头雁尾"	
草书	始于汉初，分为章草、今草、狂草	结构简省，书写便捷，彰显个性	张旭《千字文》、怀素《自叙帖》，"张癫素狂"；"草圣"张旭
楷书	它的出现标志着汉字的方块化已经定型，汉字的字体演变已经成熟	规整、严谨、大气	"楷书之祖"钟繇；"楷书四大家"：欧阳询、颜真卿、柳公权、赵孟頫
行书	产生于东汉末年	介于草、楷之间	王羲之《兰亭集序》；北宋：苏轼、黄庭坚、米芾、蔡襄
魏碑	南北朝时北朝的碑刻书法作品；因北魏立国时间最长，作品最精，遂以魏碑统称	上承汉隶，下开唐楷，兼有隶楷的神韵，表现出由隶书向典型的楷书发展过程中的一些过渡因素	

3. 中国画的发展。

时期	内容及代表		
仰韶文化	陶器上有简单的刻画图案		
春秋战国	出现了帛画		
汉代	人物画发展起来		
魏晋南北朝	出现了大量佛教壁画，文人画也发展起来；三国时的曹不兴是第一个画佛像的画家		
	东晋顾恺之有"才绝""画绝""痴绝"之称；代表作《女史箴图》《洛神赋图》		
唐宋	山水画、花鸟画作为独立画科蓬勃发展		
	唐朝	阎立本，擅长政治人物画；代表作《步辇图》《太宗真容》《历代帝王图》	
		吴道子，"百代画圣""吴带当风"；代表作《送子天王图》	
		王维，"诗中有画，画中有诗""文人画的始祖"	
	宋朝	张择端，《清明上河图》是我国美术史上不朽的作品	
		宋徽宗，创"瘦金体"；代表作有《芙蓉锦鸡》《池塘晚秋》等画作	

元朝	出现了水墨山水画
	黄公望《富春山居》、倪瓒《雨后空林》
明朝	沈周、文徵明、唐寅、仇英
清朝	朱耷、石涛、郑板桥

4. 中国画的分类。

类别	内容
绘画方法	分为工笔画（细笔）、写意画（粗笔）、半工笔半写意画
题材	人物画、山水画、花鸟画

5. 中国画的艺术特点。

形神兼备，以形写神；立意在先，构图灵活；虚实结合，浓淡相宜；诗、书、画、印相结合。

第五节　中国历史文化常识

1. 国号名称的主要由来。

国号名称由来	朝代
根据创建者所在部族、部落联盟名定国号	商、周、秦
根据创建者原有的封号或爵位定国号	晋、隋、唐、魏
根据创建者的发迹地定国号	汉、宋
根据政权所在地定国号	蜀、吴
根据创建者发迹地的特产定国号	辽
根据寓意吉祥的字意定国号	元
根据谶语定国号	齐
根据创建者的姓氏定国号	陈
为克前朝而定国号	"金"以克"辽"；"金"改"清"以克明
根据社会上流行口号定国号	明

2. 帝王称谓。

身份	称谓		
帝王	正式称谓	奴隶社会	称"后""王""天子"
			"后""王"源于原始社会；夏、商、周三代称"王"，周衰落后，诸侯小国的君主们也称"王"
			"天子"出现于西周
		封建社会	秦统一后，始有"皇帝"；可简称单字"皇"或"帝"
	自称		先秦时，人皆可用"朕""寡人"；秦始皇时规定只能皇帝自用
	臣子尊称		"陛下"、"殿下"（对太子、亲王等的称谓）
皇族、皇戚	"太皇太后"、"太后"、"皇后"（夏商时称"妃"，周始称"后"，秦始皇时称"皇后"）、"嫔妃"（美人、贵人、才人、昭仪、婕妤、贵嫔、贵妃等）；"皇太子""太子"；"皇太弟""皇太孙"；"公主""驸马"		

3. 君位继承制度。

（1）父死子承：嫡长子继承制、秘密立储制。

（2）兄终弟及。

4. 帝王的称号。

称谓	含义	例子
谥号	古代对死去的帝王、贵族、大臣按其生平事迹评定后，给予的褒贬或同情的称号；始于西周	属于褒扬的：文、武、景、惠、烈、昭、穆、英、成、康 属于贬义的：厉、炀、灵、幽 属于同情的：哀、怀、愍、悼
庙号	帝王死后，其继承者立庙奉祀，追尊"某祖""某宗"的名号；一般开国或有特殊功勋者为祖，其他为宗	明、清多祖,明代二祖（明太祖，明成祖），清代三祖（清太祖、清世祖、清圣祖）；清高宗、唐太宗等
尊号	对帝后在生前或死后奉上的尊崇、颂扬性称号；有时也称"徽号"	如太上皇、皇太后、高皇帝等
全称	庙号、尊号、谥号的合称	
陵号	帝王陵寝的名号	明长陵（朱棣）、明定陵（明神宗朱翊钧）、清裕陵（乾隆）等
年号	某皇帝在位之年的名号，从汉武帝开始有。以后新君继位或遇大事，都要改变年号，叫"改元"	明清基本一帝一号，如康熙、万历、同治、光绪等

5. 中央官制。

朝代	主要官制
秦汉	三公九卿
隋唐	三省六部制
宋朝	宰相掌行政，枢密使掌军务，三司使掌财政
元代	中书省为最高行政机构，首领为中书令，多由太子兼任
明朝	废丞相，设大学士，作为皇帝顾问；成祖时组内阁；仁宗后，内阁掌握了宰相的权力
清朝	初期，最高决策机构为议政王大臣会议，后设内阁；雍正时设军机处

6. 勋（勋官）。

为授予功勋者的官号，但无实权。如上柱国、柱国、上护军、护军、上轻车都尉、轻车都尉、上骑都尉、都尉等十二等级。明代又分文勋、武勋。勋官之制始于南北朝，清代被废。

7. 爵：古代贵族封号的等级。

周朝	分为公、侯、伯、子、男五等
汉代	汉承周制，历代沿袭，凡受封者皆有食邑
明代	宗室封爵分为八等，指亲王、郡王、镇国将军、辅国将军、奉国将军、镇国中尉、辅国中尉和奉国中尉；其他贵族按公、侯、伯、子、男等级封爵
清代	宗室爵位（顺治六年〔1649年〕后，分为十二级，只授予爱新觉罗的子孙，分别是：和硕亲王、多罗郡王、多罗贝勒、固山贝子、奉恩镇国公、奉恩辅国公、不入八分镇国公、不入八分辅国公、镇国将军、辅国将军、奉国将军、奉恩将军）、异姓功臣爵位、蒙古爵位

8. 品级：古代官员的级别。

周朝	官员级别分为九命
魏晋	官员分为九品，一品最高，九品最低
北朝	每品分为正、从两级，后官员品级定为九品十八级
清	如清朝的知县是正七品，知府是从四品；未入九品的称"流外"，清代称其为"未入流"；"未入流"者经过专业考试才可"入流"

9. 补子：指古代官员所穿官服的前胸和后背上用金丝和彩丝绣成的标志其品级的图饰。所以，官服又称"补服""补褂"。

时期		内容
清朝	文官绣鸟	一品仙鹤、二品锦鸡、三品孔雀、四品云雀、五品白鹇、六品鹭鸶、七品和八品鹌鹑、九品练雀
	武官绣兽	一品麒麟、二品狮、三品豹、四品虎、五品熊、六品彪、七品和八品犀牛、九品海马

10. 天干地支。

（1）天干：甲、乙、丙、丁、戊、己、庚、辛、壬、癸。

（2）地支：子、丑、寅、卯、辰、巳、午、未、申、酉、戌、亥。

（3）干支相配：十天干和十二地支按固定的顺序依次搭配，组成60组，通称"六十甲子"。

（4）天干、地支在中国古代成为记录时间顺序的符号，古人用它来纪年、纪月、纪日、纪时。

11. 时辰。

一昼夜为一日，一日分为十二个时间段称为时辰。一个时辰为两个小时。

子时	丑时	寅时	卯时	辰时	巳时	午时	未时	申时	酉时	戌时	亥时
23—1时	1—3时	3—5时	5—7时	7—9时	9—11时	11—13时	13—15时	15—17时	17—19时	19—21时	21—23时

12. 生肖。

生肖也称十二属相，起源于战国，东汉时已有明确记载。以十二地支配十二种动物构成：子鼠、丑牛、寅虎、卯兔、辰龙、巳蛇、午马、未羊、申猴、酉鸡、戌狗、亥猪。

13. 古代天文。

天文学地位	我国天文学是世界上起步最早、发展最快的国家之一，也是我国古代最发达的四门自然科学（天文学、农学、医学、数学）之一
天文学起源	公元前2000多年的尧帝时代，设有专职的天文官
天文学成就	记载了世界上最完整、最丰富的天象资料，为天象的研究奠定了基础
	创造性地设计和制造了多种观察天象的仪器。如土圭（最古老的天文仪器）、浑天仪（东汉张衡造），公元前240年彗星的记载是世界上最早的哈雷彗星资料
	通过观察掌握准确的天象资料，来确定四季、编制历法，为生活和生产服务

14. 古代恒星星区。

（1）三垣：北方天空的三个星座。即太微垣（天上的政府机关所在地）、紫微垣（居中，是天帝居住之处）、天市垣（天上的市场）。

（2）四象：黄道分为四个星区，将每个星区中的星宿串联起来，想象成四种动物的形象，即为四象。分别是：东苍龙，西白虎，南朱雀，北玄武（龟蛇形）。

（3）七曜（七耀）：日、月、金、木、水、火、土，或指北斗七星。

（4）二十八宿：月亮绕黄道一周共 28 舍（28 天区），为二十八宿的由来。二十八宿分属四象。

东方七宿	角、亢、氐、房、心、尾、箕
西方七宿	奎、娄、胃、昴、毕、觜、参
南方七宿	井、鬼、柳、星、张、翼、轸
北方七宿	斗、牛、女、虚、危、室、壁

（5）北斗：在北天排列成勺形的七颗亮星，即北斗星；西方天文学称为大熊星座。北斗星在夜间可帮助人辨别方向。

15. 年、月、日、辰及其记录方法。

（1）年：原始含义为庄稼收获一次。以地球绕太阳公转一周为一年，古人测出大约 365.25 天为一太阳年，并用干支纪年。

（2）季：一年分为四季，古代用孟、仲、季来表示一季中月的顺序。

孟春（一月）	仲春（二月）	季春（三月）
孟夏（四月）	仲夏（五月）	季夏（六月）
孟秋（七月）	仲秋（八月）	季秋（九月）
孟冬（十月）	仲冬（十一月）	季冬（十二月）

（3）月：月亮圆缺一次的周期称"月"。一年共 12 个月，大月 30 天，小月 29 天。每月初一称"朔"，每月十五叫"望"。每月有上弦日（初七或初八），下弦日（二十二或二十三）。每月 30 天分三旬，分别是上旬、中旬、下旬。通常离立春最近的那个"朔日"（春节）所在的月为正月。

（4）日：一昼夜交替为一日。

（5）节气：起源于黄河流域，成为几千年农业活动的依据。一年分为 24 个节气。

二十四节气分别为：

立春、雨水、惊蛰、春分、清明、谷雨、

立夏、小满、芒种、夏至、小暑、大暑、

立秋、处暑、白露、秋分、寒露、霜降、

立冬、小雪、大雪、冬至、小寒、大寒。

16. 阴阳、五行、八卦。

（1）阴阳：向日为阳，背日为阴。后引申到自然界相互对立、相互消长的现象、事物和联系中。

（2）五行相生、相克。

五行相生：木生火、火生土、土生金、金生水、水生木。

五行相克：水克火、火克金、金克木、木克土、土克水。

（3）五行配五色、五方、五脏、五季对应情况。

五行	五色	五方	五脏	五季
土	黄	中	脾	季夏（土王）
金	白	西	肺	秋
木	青	东	肝	春
火	红	南	心	夏
水	黑	北	肾	冬

（4）八卦。

①八卦分先天八卦和后天八卦两种。先天八卦传为远古伏羲氏所创，后天八卦传为周文王所创。周文王时推演出 64 卦。

②八卦是八种符号，象征着八种基本自然现象。

乾 ☰ —— 天　　坤 ☷ —— 地　　震 ☳ —— 雷　　巽 ☴ —— 风

坎 ☵ —— 水　　离 ☲ —— 火　　艮 ☶ —— 山　　兑 ☱ —— 泽

17. 科举制度。

（1）因采用分科取士的方法，故名科举，是中国历史上最具开创性和平等性的官吏人才选拔制度。科举制度从隋朝大业元年（605 年）开始，到清光绪三十一年（1905 年）废止，沿用了 1300 多年。

（2）明清正式的科举考试的程序。

名称	别称	考生	主考	考中者	第一名称谓
童试	院试、郡试、道试	童生	本县、本府	生员（秀才）	
乡试（三年一次）	秋闱	秀才	省城	举人	解元
会试（三年一次）	春闱	举人及监生	京城（礼部）	贡士	会元
殿试	廷试	贡士	皇帝京城殿廷	进士	一甲（鼎甲），三名，赐"进士及第"，即状元、榜眼、探花
					二甲，若干名，赐"进士出身"
					三甲，若干名，赐"同进士出身"

（3）科举盛名：连中三元、独占鳌头、蟾宫折桂、金榜题名。

18. 十三经、四书五经、三纲五常。

四书	《大学》《中庸》《论语》《孟子》	宋代所定
五经	《诗》《书》《礼》《易》《春秋》	汉武帝时定
三纲	"君为臣纲""父为子纲""夫为妻纲"	三纲和五常合称"纲常"
五常	仁、义、礼、智、信	
十三经	《诗经》《尚书》《周易》《周礼》《仪礼》《礼记》《春秋公羊传》《春秋穀梁传》《穀梁传》《春秋左氏传》《孝经》《论语》《尔雅》《孟子》	十三部儒家经典，经汉、唐、宋形成
三礼	《周礼》《仪礼》《礼记》	
春秋三传	《公羊传》《穀梁传》《左传》	

19. 中医。

（1）中医相传始于神农氏尝百草。《周礼》中已有最早的医学分类。中医学以阴阳五行作为理论基础,通过四诊法,归纳出症型,以辨证论治原则制定治法,使用多种治疗方法,使人体达到阴阳调和而康复。

（2）中医诊疗方法：望、闻、问、切四诊法（扁鹊）。

（3）中医治疗方法和手段。

治疗手段	汗、吐、下、和、温、清、补、消	
治疗方法	针灸、推拿、刮痧、拔罐、方剂和成药	
中成药	以中草药为原料，加工成的中药制品	东汉华佗麻沸散，是世界上最早的医疗麻醉药
		16世纪，我国发明了"人痘接种法"
中医名著	《黄帝内经》《神农本草经》《伤寒杂病论》《千金方》《本草纲目》	
十大中医	扁鹊（战国）、华佗（东汉）、张仲景（东汉）、皇甫谧（魏晋）、葛洪（西晋）、孙思邈（唐）、钱乙（北宋）、朱震亨（元）、李时珍（明）、叶天士（清）	

（4）中医中药，与国画、京剧并称为中国的三大国粹。

（5）著名中药材：人参、三七、冬虫夏草、鹿茸。

（6）著名中成药：山西定坤丹、大活络丹、漳州片仔癀、安宫牛黄丸、云南白药、六神丸。

第3章　中国旅游景观

第一节　中国旅游地理概况

1. 自然地理环境。

我国位于欧亚大陆东部，太平洋西海岸，面积 960 万平方千米。地势西高东低，大致呈阶梯状分布。山地、高原和丘陵约占陆地面积的 67%，盆地和平原约占陆地面积的 33%。珠穆朗玛峰海拔 8844.43 米，为世界第一高峰。

2. 人文地理环境。

我国有 23 个省、5 个自治区、4 个直辖市和 2 个特别行政区。截至 2015 年，全国重点文物保护单位已达 4295 处，这是历史遗存的精华，是中华民族的宝贵财富，也是人类共同的财富。

3. 中国旅游景观的类型。

（1）自然旅游景观。

自然旅游景观是由自然地理环境各要素组成的，如地貌、水体、动植物、气象气候、天象等，常被称为旅游的第一环境。自然地理环境所具有的地带性、复杂性和多样性的特点，也反映在自然景观的各个方面，使其在分布上具有地带性和地域性的特点，在景观组合上具有复杂多样的特性。

（2）人文旅游景观。

大致可分为历史文物古迹、古代与现代建筑、民族民俗、宗教建筑及遗存、文化艺术等。它们具有很强的历史性和时代性，民族风格和地方特色。

第二节　地貌旅游景观

1. 花岗岩地貌。

（1）定义：是十分广泛的酸性侵入岩，岩体造型丰富，质坚形朴，常形成山地的核心。

（2）分类及景观特征。

分类	景观特征	实例
花岗岩高山	主峰明显，群峰簇拥，峭拔危立，雄伟险峻	山东泰山、崂山，安徽黄山、九华山，陕西华山，江西三清山等
花岗岩山丘	岩石表面受到球状风化，形成巨大的"石蛋"造型，起伏和缓，浑圆多姿	福建的鼓浪屿、浙江普陀山、海南岛的天涯海角等

（3）代表景观。

名山	位置	特征	主峰	人文景观	自然景观	价值（美誉）
东岳泰山	山东泰安市	雄伟	玉皇顶1545米	岱庙（封禅大典）、石刻（碑碣、摩崖、楹联等）	四大名景：云海玉盘、黄河金带、旭日东升、晚霞夕照	"登泰山而小天下"；五岳独尊、五岳之首
西岳华山	陕西华阴市	奇险	南峰2154.9米	玉泉院、西岳庙（陕西故宫）	长空栈道、鹞子翻身、千尺幢、百尺峡、老君犁沟、苍龙岭	五岳最高者；"华山天下险""奇险天下第一山"
南岳衡山	湖南衡山县	秀丽	祝融峰1300.2米	南岳庙、黄庭观、祝圣寺；邺侯书院、文定书院、集贤书院	四绝：祝融峰之高、藏经殿之秀、方广寺之深、水帘洞之奇	"寿岳"、五岳独秀
北岳恒山	山西浑源县	幽静	天峰岭2016.1米	三教殿（奇、悬、巧；儒佛道三教合一；"天下巨观"）	历代兵家必争之地	
中岳嵩山	河南登封市	峻极	峻极峰1491.7米	北魏嵩岳寺塔、汉代嵩山三阙、元代观星台、少林寺、中岳庙、嵩阳书院	登封朵岩（中国最古老的岩系）	"峻极于天"

黄山	安徽黄山市		莲花峰1864.8米			四绝：奇松、怪石、云海、温泉	"五岳归来不看山，黄山归来不看岳"
三清山	江西上饶市		玉京峰1819.9米	三清宫（中国古代道教建筑的露天博物馆）	山岳奇观		道教名山
千山	辽宁鞍山市		仙人台708米	寺观遍布	999座，千朵莲花山		"无峰不奇，无石不峭，无寺不古"

2.丹霞地貌。

（1）定义：在红色沙砾岩地区发育而成的。因最早发现于广东省仁化县的丹霞山而得名。

（2）景观特征：丹山碧水，精巧玲珑。

（3）代表景观。

福建武夷山	"碧水丹山""奇秀甲东南""三三秀水清如玉，六六奇峰翠插天"
其他景观	广东仁化丹霞山、江西龙虎山、安徽齐云山（"一石插天，直入云汉，谓之齐云"）、湖南崀山、贵州赤水、甘肃张掖、福建冠豸山、广东金鸡岭等

3.岩溶地貌。

（1）定义：岩溶地貌又称喀斯特地貌，是指地下水和地表水对以碳酸岩为代表的可溶性岩石进行破坏和改造而形成的地貌。

（2）类型。

地表喀斯特	峰丛、峰林、石林、孤峰、峡谷、天坑、天生桥、地表钙华堆积、桌山等
地下喀斯特	溶洞：石笋、石钟乳、石柱、石瀑布、石帘、石花等

（3）代表景观。

代表景观	价值	美誉
广西桂林山水	世界上规模最大、风景最优美的岩溶风景区	"桂林山水甲天下""平地涌千峰""碧莲玉笋世界""阳川百里尽是画，碧莲笋里住人家""江作青罗带，山如碧玉簪"
四川黄龙	地表钙华是最大的特色	四绝：彩池、雪山、峡谷、森林；"圣地仙境，人间瑶池"

四川九寨沟	以高原钙华湖群、钙华瀑群和钙华滩流等水景为主体	六绝：翠海、叠瀑、彩林、雪峰、藏情、蓝冰；"黄山归来不看山，九寨归来不看水"
中国南方喀斯特 路南石林	2007年，列入《世界遗产名录》	一处典型的岩溶峰林景区，"造型地貌博物馆"
贵州荔波		岩溶生态环境的完美统一和神奇特色
重庆武隆		集山、水、洞、泉、林、峡于一体
其他代表	贵州织金洞、重庆金佛山、重庆奉节天坑——地缝景观、湖南张家界黄龙洞、北京石花洞、广东肇庆星湖等	

4. 流纹岩地貌。

（1）定义：火山喷发出的岩浆、火山灰等在流动冷却过程中形成的流纹状构造。

（2）景观特征：奇峰异洞、峭壁幽谷、步移景迁。

（3）代表景观。

浙江雁荡山	"海上名山，寰中绝胜""东南第一山"；雁荡三绝：灵峰、灵岩、大龙湫；两大特别景观：灵峰夜景、灵岩飞渡
其他景观	浙江神仙居、仙都峰，杭州西湖宝石山等

5. 石英砂岩峰林地貌。

（1）定义：在夹有薄层砂质页岩的石英砂岩地层中，由于地球内外营力的作用而形成的密度和规模很大，千姿百态的地貌。

（2）代表景观。

湖南张家界	武陵源景区包括：张家界、索溪峪、天子山、杨家界；"奇峰三千，秀水八百"；五绝：奇峰、幽谷、秀水、深林、溶洞

6. 海岸地貌。

（1）定义：海岸地带受波浪、潮汐、海流以及生物等作用而形成的地貌。

（2）代表景观：台湾野柳、海南东寨港红树林、山东成山头、河北昌黎黄金海岸等。

7. 荒漠地貌。

（1）定义：形成于环境恶劣的极端干旱地区，风力作用是塑造其形态的最主要的地质营力。

（2）代表景观：新疆乌尔禾、甘肃鸣沙山、宁夏沙坡头等。

8.冰川地貌。

（1）定义：冰川侵蚀和堆积作用而形成的地貌景观。

（2）代表景观：四川贡嘎山的海螺沟冰川、新疆阿尔泰山的喀纳斯冰川湖、云南丽江的玉龙雪山冰川等。

9.其他自然因素形成的地貌景观。

名山	主峰	成因	著名景点	特点、美誉
江西庐山	大汉阳峰1474米	地垒式断块山	美庐别墅、庐山会议遗址、花径、仙人洞、含鄱口、三叠泉、五老峰等	气候凉爽；"匡庐奇秀甲天下"
新疆天山	托木尔峰7443米		博格达峰、托木尔峰、天山天池、汗腾格里冰川等	世界上最大的独立纬向山系
吉林长白山	白云峰2691米	多次火山喷发而成	天池、瀑布、温泉、峡谷、地下森林、火山熔岩体、高山大花园、地下河、原始森林、云雾、冰雪等	"关东第一山"
云南苍山		欧亚板块和印度板块碰撞隆起的杰作	苍山雪	"天然地质天书"
台湾阿里山	大塔山2663米		五奇：高山铁路、森林、云海、日出、晚霞；"阿里山神木"（周公桧）	

第三节　水体旅游景观

1.我国海岸线总长度约为3.2万千米，其中大陆海岸线北起中朝边境的鸭绿江口，南至中越边境的北仑河口，全长1.8万千米；岛屿海岸线1.4万千米；沿海岛屿约6500个。

2.蓝天、阳光、沙滩、海水（4S，即Sky、Sun、Sand、Sea）被称为最具吸引力的旅游资源。

3.海岸地貌的主要类型：泥沙质海岸（钱塘江口以北）、基岩海岸（钱塘江口以南）、平原海岸(珠江口)、生物海岸(北回归线以南的部分地区,分为珊瑚礁海岸和红树林海岸)。

4. 著名海滨风景区。

著名海滨	成因	主要景观	特点、美誉
大连海滨—旅顺口海滨	海蚀地貌	海滨浴场、旅顺港、金石滩、老铁山、蛇岛（0.8平方千米）	
北戴河海滨	海蚀地貌	联峰山、望海楼	
青岛海滨		海滨浴场、栈桥和回澜阁、小青岛（琴岛）	"青山、碧海、绿树、红瓦"
舟山群岛		普陀山、朱家尖、岱山	中国第一大群岛
厦门海滨		南普陀寺、鼓浪屿、日光岩、菽庄花园	"海上花园""城在海上、海在城中""鹭岛"
三亚海滨		珊瑚景观、"天涯"、"海角"、"南天一柱"、海滨浴场	"椰风海韵"，亚龙湾海滨"东方夏威夷"
台湾野柳	海蚀风化和地壳运动	蕈状石、"女王头"（象征）	
台湾垦丁	以珊瑚礁为主	沙滩、贝壳、崩崖、沙瀑、钟乳石洞等	

5. 长江。

（1）正源为沱沱河，发源于青藏高原唐古拉山的主峰各拉丹东雪山，流经青海、四川、西藏、云南、重庆、湖北、湖南、江西、安徽、江苏和上海11个省级行政区，注入东海，全长6300多千米。中国第一长河，世界第三长河。

（2）长江三峡西起重庆奉节白帝城，东到湖北宜昌的南津关，全长200余千米，由瞿塘峡、巫峡、西陵峡三段峡谷和宽谷相间组成。

名称	长度	特点	景点
瞿塘峡	8千米	雄	夔门
巫峡	45千米	秀	巫山十二峰、神女峰
西陵峡	75千米	险	三峡工程、青滩、泄滩、崆岭

6. 黄河。

（1）发源于青海省巴颜喀拉山，全长5464千米。流经青海、四川、甘肃、宁夏、内蒙古、陕西、山西、河南、山东9省、区，注入渤海。被誉为"中华民族的母亲河"。

（2）黄河是世界上含沙量最大的河流。晋陕大峡谷长725千米，是我国最美的峡谷之一。壶口瀑布有"黄河之水天上来"之势。黄河下游是举世闻名的"地上悬河"。

7. 三江并流：金沙江、澜沧江和怒江这三条发源于青藏高原的大江在云南省境内自北向南并行奔流170多千米，穿越在崇山峻岭之间，形成世界上罕见的"江水并流而不交汇"的奇特自然地理景观。

8. 京杭大运河。

（1）世界上里程最长、工程最大、最古老的运河，全长约1794千米。

（2）京杭大运河北起北京，南至杭州，流经北京、天津、河北、山东、江苏、浙江六省、市，沟通了海河、黄河、淮河、长江、钱塘江五大水系。

（3）历史：大运河始凿于春秋时期；隋朝大运河以洛阳为中心，北达涿郡，南至余杭；元朝翻修时弃洛阳而取直至北京。

9. 钱塘江：全长688千米，是浙江省第一大河。钱塘江潮被誉为"天下第一潮"，是世界一大自然奇观。成因：天体引力、地球自转的离心力、杭州湾呈喇叭口。

10. 珠江：西江为主源，全长2214千米，居全国第四位。

11. 黑龙江：中俄界河，在中国境内长2965千米。

12. 富春江：钱塘江上游一段，常被作为我国锦绣河山的代表。

13. 湖泊的分类。

类型	成因	代表性湖泊
潟湖	由于泥沙沉积使得浅水海湾与海洋分割而成	西湖、太湖
构造湖	由地壳运动产生断裂凹陷经储水而成	滇池、洱海、日月潭
火山口湖	由火山喷口休眠后积水而成	长白山天池
堰塞湖	由火山喷出的岩浆、地震引起的山崩或泥石流引起的滑坡体壅塞河床而成	五大连池、镜泊湖
岩溶湖	由碳酸盐类地层经流水的长期溶蚀形成岩溶洼地，积水而成	贵州的草海
冰川湖	由冰川刨蚀形成的凹地积水而成	新疆喀纳斯湖
风成湖	沙漠中低于潜水面的丘间洼地，经其四周沙丘渗流汇集而成	敦煌的月牙泉
河成湖	由于河流自行裁弯取直后分割而成	鄱阳湖、洞庭湖、洪泽湖
人工湖	由人工修筑的蓄水区域	千岛湖

14. 五大淡水湖：鄱阳湖、洞庭湖、太湖、洪泽湖、巢湖；我国最大的咸水湖是青海省的青海湖；最大的干盐湖是察尔汗盐湖，被称为"万丈盐湖"。

15. 中国著名湖泊景观。

名称	所在省份	要点
青海湖	青海	我国第一大内陆湖，最大的咸水湖，鸟岛（0.11平方千米）
鄱阳湖	江西	我国第一大淡水湖，"白鹤世界""珍禽王国"
洞庭湖	湖南	我国第二大淡水湖，岳阳楼
西湖	浙江杭州	中国唯一一个湖泊类文化遗产；"人间天堂"
泸沽湖	川滇界湖	"高原明珠"，摩梭人
滇池	云南昆明	云贵高原上最大的湖泊
洱海	云南大理	云南省第二大淡水湖，洱海月，"银苍玉耳"
镜泊湖	黑龙江	中国最大的火山堰塞湖，吊水楼瀑布
五大连池	黑龙江	一处著名的火山景观和以矿泉为特色的疗养胜地；"天然火山博物馆""打开的火山教科书"
喀纳斯湖	新疆	"变色湖"，是我国唯一的南西伯利亚区系动植物分布区
纳木错	西藏	"天湖"，是世界上海拔最高的大型湖泊，中国第二大咸水湖
长白山天池	吉林	中朝界湖，是中国最大的火山口湖，也是中国最深的湖泊
日月潭	台湾	台湾最大的天然湖，"山中有水水中山，山自凌空水自闲"

16. 我国著名的瀑布。

名称	位置	特点、美誉
黄果树瀑布	贵州省镇宁白水河	"中华第一瀑"
壶口瀑布	山西省吉县黄河	我国水流量最大的瀑布
九龙瀑布	云南省罗平县九龙河	"九龙十瀑，南国一绝"
诺日朗瀑布	四川省九寨沟	我国最宽的瀑布，罕见的"森林瀑布"
蛟龙瀑布	台湾省嘉义县	台湾最高的瀑布，也是中国落差最大的瀑布
德天瀑布	广西大新县	为亚洲第一大跨国瀑布

17. 温泉：云南安宁温泉、西安华清池温泉、黄山温泉、台湾北投和草山温泉、广东从化温泉、北京小汤山温泉、南京汤山温泉、辽宁汤岗子温泉、广西陆川温泉、重庆南

温泉和北温泉等。"温泉城"福州。

18. 冷泉：历史上有"天下第一泉"之称的四大名泉是镇江中冷泉（唐—刘伯刍）、庐山谷帘泉（唐—陆羽）、北京玉泉（清—乾隆帝）、济南趵突泉（清—乾隆帝）。无锡惠山泉、杭州虎跑泉、苏州观音泉、镇江金山泉，也均在名泉之列。"泉城"济南"家家泉水，户户垂杨"。

19. 奇特泉：云南大理蝴蝶泉、安徽寿县的喊泉、四川广元含羞泉、广西桂平喷乳泉、台湾台南水火泉等。

第四节　气象、气候和天象旅游景观

1. 气候是一个地区多年天气状况的综合。康乐气候是指人体感觉舒适的气候条件，一般指气温在 10℃—22℃ 之间。气候学上用候均温来划分四季。候均温低于 10℃ 为冬季，高于 22℃ 为夏季，10℃—22℃ 之间为春秋季，是旅游的黄金季节。

2. 云雾、云海景观：黄山云海、庐山云海、峨眉云海、衡山云海。

3. 雾凇：俗称"树挂"，吉林省吉林市出现的最多。

4. 雨凇：峨眉山的雨凇最多，庐山雨凇被誉为"玻璃世界"。

5. 冰雪景观：西湖"断桥残雪"、东北"林海雪原"、关中"太白积雪"、长沙"江天暮雪"，"冰城"哈尔滨。

6. 烟雨景观：江南烟雨、巴山夜雨。

7. 佛光景观：峨眉山佛光（"峨眉宝光""金顶祥光"），庐山、泰山、黄山、五台山的佛光。

8. 蜃景景观：也称海市或海市蜃楼，分上现蜃景（多出现在海滨地区）和下现蜃景（多出现在沙漠地区），山东蓬莱蜃景出现次数最多。

9. 日出、日落景观：泰山日观峰、峨眉山金顶、北戴河鹰角亭；西湖"雷峰夕照"、泰山"晚霞夕照"、庐山天池亭。

10. 月色景观：西湖"平湖秋月""三潭印月"，岳阳"洞庭秋月"，避暑山庄"梨花伴月"，无锡"二泉映月"。

11. 极光景观：黑龙江漠河、新疆阿尔泰。

12. 日食、月食景观：日食只发生于朔日，月食只发生于望日。

第五节 动植物旅游景观

1. 植物旅游景观：北京的香山红叶、杭州满陇桂雨、蜀南竹海。

2. 孑遗树种：水杉、银杉、珙桐、银杏等被称为"化石植物"。

3. 植物的象征意义：松、竹、梅为岁寒三友；竹子象征清雅高洁；梅象征忠烈；红豆象征思慕和依恋；荷花象征出淤泥而不染；柳枝有送别之意；梅、兰、竹、菊并称花中四君子；牡丹有"国色天香"之誉。

4. 长期以来形成了一些树木和花卉的最佳观赏地，如黄山观松，北京香山观红叶，洛阳、菏泽赏牡丹，杭州桃花坞赏桃花，无锡的梅园和杭州孤山赏梅花。

5. 动物旅游景观：四川卧龙（"熊猫之乡"）、黑龙江扎龙（丹顶鹤）、青海湖鸟岛、西双版纳野象谷（亚洲野象）、大连老虎滩极地海洋馆（极地馆、珊瑚馆）、青岛极地海洋世界、香港海洋公园。

第六节 中国的世界遗产及其他

1. 联合国教科文组织于 1972 年 11 月 16 日在巴黎通过了《保护世界文化和自然遗产公约》（简称《世界遗产公约》）。截至 2015 年 7 月，全世界共有 1031 个项目列入《世界遗产名录》。

2. 世界遗产的分类：文化遗产、自然遗产、文化与自然遗产、文化景观。此外，又增加了一些延伸项目，如"非物质文化遗产""世界记忆遗产"（也叫"世界记忆工程"或"世界记忆名录"）"线性文化遗产""全球重要农业文化遗产""湿地遗产"等。

3. 我国于 1985 年 12 月 12 日加入该公约，截至 2015 年，我国共有 48 个项目列入《世界遗产名录》，位居世界第二位，仅次于意大利（50 项）。其中文化遗产 30 项、自然遗产 10 项、自然与文化遗产 4 项、文化景观 4 项。

4. 中国是世界上拥有世界遗产类别最齐全的国家之一，也是世界自然与文化遗产数量最多的国家（与澳大利亚并列，均为 4 项），北京是世界上拥有遗产项目数量最多的城市（7 项），苏州是中国至今唯一承办过世界遗产委员会的城市（2004 年第 28 届）。

5.2003 年 10 月，联合国教科文组织在第 32 届大会上通过了《保护非物质文化遗产国际公约》。截至 2013 年，我国共有昆曲、古琴艺术、珠算等 30 个项目列入《人类非物质文化遗产代表作名录》，成为拥有项目最多的国家。

6. 我国的世界遗产。

类型	遗产
文化遗产（30个）	长城 、明清皇宫（北京故宫、沈阳故宫）、周口店"北京人"遗址、承德避暑山庄及周围寺庙、平遥古城、天坛、颐和园 、苏州古典园林 、丽江古城 、秦始皇陵及兵马俑坑 、大足石刻、武当山古建筑群、敦煌莫高窟、布达拉宫（大昭寺、罗布林卡）、龙门石窟、曲阜孔庙孔林孔府 、明清皇家陵寝 、都江堰及青城山 、皖南古村落（西递、宏村）、云冈石窟 、澳门历史城区、安阳殷墟、中国高句丽王城王陵及贵族墓葬 、福建土楼 、开平碉楼与古村落、登封"天地之中"历史建筑群、元上都遗址 、中国大运河、丝绸之路、土司遗址
自然遗产（10个）	新疆天山、九寨沟、黄龙 、武陵源、四川大熊猫栖息地 、三江并流 、中国南方喀斯特、江西三清山、澄江化石地、中国丹霞地貌
文化与自然双重遗产（4个）	泰山、黄山、峨眉山及乐山大佛、武夷山
文化景观（4个）	庐山、五台山、杭州西湖、红河哈尼梯田
人类非物质文化遗产代表作（30个）	昆曲、古琴艺术、新疆维吾尔木卡姆艺术、蒙古族长调民歌（与蒙古国共同申报）、中国传统蚕桑丝织技艺、福建南音、南京云锦织造技艺、新疆玛纳斯、甘肃花儿、西安鼓乐、朝鲜族农乐舞、中国书法、中国篆刻、中国剪纸、中国传统木结构营造技艺、宣纸传统制作技艺、贵州侗族大歌、广东粤剧、《格萨尔》史诗、浙江龙泉青瓷传统烧制技艺、青海热贡艺术、藏戏、端午节、妈祖信俗、中国雕版印刷技艺、蒙古族呼麦、中医针灸、京剧、 中国皮影、珠算
急需保护的非物质文化遗产（7个）	羌年庆祝习俗、黎族传统纺染织绣技艺、中国木拱桥传统营造技艺、维吾尔族麦西来普、帆船水密舱壁制作、木版活字印刷术、赫哲族伊玛堪说唱

世界记忆遗产（10个）	传统音乐录音档案、清代内阁秘本档·有关17世纪在华西洋传教士活动的档案、清代科举大金榜、东巴古籍文献、中国清代"样式雷"建筑图档案、《本草纲目》、《黄帝内经》、侨批档案——海外华侨银信、元代西藏官方档案、南京大屠杀档案
全球重要农业文化遗产（11个）	浙江青田稻鱼共生系统、江西万年稻作文化系统、云南哈尼稻作梯田系统、贵州从江侗乡稻鱼鸭系统、云南普洱古茶园与茶文化、内蒙古敖汉旱作农业系统、浙江绍兴会稽山古香榧群、河北宣化城市传统葡萄园、江苏兴化垛田传统农业系统、福州茉莉花与茶文化系统、陕西佳县古枣园系统

7. 历史文化名城：自1982年国务院公布了24座城市为我国第一批历史文化名城以来，截至2015年6月，国务院已审批的历史文化名城有125座。

8. 风景名胜区：我国审批风景名胜区的工作自1982年开始，截至目前，国务院已先后八批审定和公布了225处国家级重点风景名胜区。中国的风景名胜区分为九大类型：山岳类型，湖泊类型，河川类型，瀑布类型，海岛、海滨类型，森林类型，岩溶类型，火山类型，人文风景类型。

9. 国家级旅游度假区：首批有17家（江苏省汤山温泉旅游度假区、江苏省天目湖旅游度假区、江苏省阳澄湖半岛旅游度假区、吉林省长白山旅游度假区、浙江省东钱湖旅游度假区、浙江省太湖旅游度假区、浙江省湘湖旅游度假区、山东省凤凰岛旅游度假区、山东省海阳旅游度假区、河南省尧山温泉旅游度假区、湖北省武当太极湖旅游度假区、湖南省灰汤温泉旅游度假区、广东省东部华侨城旅游度假区、重庆市仙女山旅游度假区、四川省邛海旅游度假区、云南省阳宗海旅游度假区、云南省西双版纳旅游度假区）。

10. 世界地质公园：2015年我国已有33处地质公园纳入世界地质公园网络。

批准时间	名称
2004年	安徽黄山世界地质公园、江西庐山世界地质公园、河南云台山世界地质公园、云南石林世界地质公园、广东丹霞山世界地质公园、湖南张家界武陵源世界地质公园、黑龙江五大连池世界地质公园、河南嵩山世界地质公园
2005年	浙江雁荡山世界地质公园、福建泰宁世界地质公园、内蒙古克什克腾世界地质公园、四川兴文世界地质公园
2006年	山东泰山世界地质公园，河南王屋山—黛眉山世界地质公园，广东、海南雷琼世界地质公园，北京、河北房山世界地质公园，黑龙江镜泊湖世界地质公园，河南伏牛山世界地质公园

2008年	江西龙虎山世界地质公园、四川自贡世界地质公园
2009年	陕西秦岭终南山世界地质公园、内蒙古阿拉善世界地质公园
2010年	广西乐业—凤山世界地质公园、福建宁德世界地质公园
2011年	安徽天柱山世界地质公园、香港世界地质公园
2012年	江西三清山世界地质公园
2013年	北京延庆世界地质公园、湖北神农架地质公园
2014年	青海昆仑山世界地质公园、云南大理苍山世界地质公园
2015年	中国敦煌地质公园、贵州织金洞地质公园

11. 自然保护区。

（1）我国1956年建立第一个自然保护区（广东肇庆鼎湖山自然保护区）以来，截至2013年已建立各级各类自然保护区2588处。

（2）自然保护区的四大类型。

类型	保护内容	代表性自然保护区
综合型	保护完整的自然生态环境	长白山、阿尔金山、肇庆鼎湖山、锡林郭勒草原、梵净山、西双版纳
生物型	保护珍稀动植物	卧龙大熊猫保护区，金佛山银杉保护区，庞泉沟褐马鸡保护区，海南东寨港红树林保护区，广西花坪银杉保护区，安徽宣城、南陵、泾县等地的扬子鳄保护区等
自然风景型	保护优美或较原始的自然景观	庐山、九寨沟、武陵源、武夷山等
自然历史遗迹型	保护各类有价值的自然或历史遗迹地	蓟县上元古界地质剖面、五大连池火山地貌、天津滨海贝壳堤古海岸遗迹以及各地木化石群等

（3）我国加入世界自然保护区网的15个自然保护区：长白山、卧龙、鼎湖山、武夷山、梵净山、江苏盐城滩涂、内蒙古锡林郭勒草原、新疆博格达峰、湖北神农架、西双版纳、天目山、茂兰、九寨沟、丰林、南麂列岛。

12. 中国的AAAAA级旅游景区：自2007年国家旅游局公布首批AAAAA级旅游景区起，截至2016年3月，国家旅游局共评定了212家国家AAAAA级旅游风景区（略）。

第4章　中国的民族与民俗

第一节　中国民族民俗概述

1. 狭义的民族：人们在一定历史发展阶段所形成的具有共同语言、共同地域、共同经济生活以及表现于共同民族文化特点上的共同心理素质的稳定的共同体，如汉族、壮族等。

2. 广义的民族：包括处于不同社会发展阶段的各种人们的共同体，如古代民族、现代民族；或者用以指一个国家或一个地区的各民族，如中华民族是中国境内 56 个民族的总称。

3. 我国人口最多的少数民族是壮族，人口最少的少数民族是珞巴族。

4. 中国民族的地理分布：大杂居、小聚居、相互交错居住。中国人口呈东南密、西北疏的格局。汉族多聚居在黄河、长江、珠江三大流域的中下游和东北草原，少数民族多住在人口稀疏的边疆地区，但两者之间并无明显界限。

5. 除汉族、回族使用汉语外，其余 54 个民族都有各自的语言，大体上分属汉藏、阿尔泰、南亚、南岛和印欧五大语系，共有 10 个语族 16 个语支 60 多种语言。

6. 文字可分为拼音文字和非拼音文字两大类。

7. 民俗，就是民间的风俗。民俗的四大特性：社会性和集体性、类型性和模式性、稳定性和变异性、传承性和播布性。

第二节　汉族

1. 汉族是以"华夏"为核心，在秦汉时形成了统一的、稳定的民族，又经秦汉以来 2000 余年的繁衍生息，并不断吸收其他民族的血统与文化，得以发展成为拥有灿烂的古代文明、众多人口的民族。

2.汉族的传统节日。

名称	时间	主要活动
春节（新年、正旦、朔旦、元旦）	腊月二十三到正月十五	操办年货、做新衣、掸尘、祭灶、吃团圆饭、守岁、贴春联、挂年画、拜年、放爆竹、吃年糕、吃饺子、吃元宵、舞狮、扭秧歌、玩花灯等
清明节（鬼节、冥节、踏青节）	公历4月5日前后	扫墓、插柳、踏青、射柳、放风筝、荡秋千等
端午节（端阳节、天中节、女儿节、五月节）	农历五月初五	赛龙舟、吃粽子、挂钟馗像、挂香袋、饮雄黄酒、插菖蒲、采药等
中秋节（团圆节、仲秋节、八月节）	农历八月十五	祭月、赏月、吃月饼、吃团圆饭、舞龙灯等
重阳节（重九节、晒秋节、老人节）	农历九月初九	郊游赏景、登高远眺、观赏菊花、饮菊花酒、吃重阳花糕、插茱萸等

第三节　中国北方部分少数民族

1.朝鲜族。

东北三省,吉林占60%以上,高寒水稻,农乐舞,酷爱体育（跳板、荡秋千）、注意卫生、讲究礼貌、尊老爱幼,以木搭架、三大间、满屋炕,米饭、汤、泡菜、冷面、打糕、松饼,"白衣民族"、短衣长裙、船形胶鞋,婚礼隆重、"男主外、女主内",婴儿周岁生日节、回甲节、回婚节,禁忌（尊敬长者）。

2.蒙古族。

内蒙古自治区,蒙古语,阿尔泰语系,游牧民族,藏传佛教,安代舞,长调与呼麦,《蒙古秘史》《蒙古黄金史》《蒙古源流》《江格尔》,饮食分粮食、奶食（白食）、肉食（红食）三大类,手抓羊肉、清水煮全羊,服饰由首饰、长袍、腰带、靴子4部分组成,蒙古包、穹庐顶,勒勒车（"草原之舟"）,野葬（天葬）、火葬、土葬（无坟丘）,那达慕大会（赛马、摔跤、射箭）、敖包祭祀、白节,尚白崇九,禁忌（进蒙古包的习俗,爱护守门的狗和猎犬）。

3. 回族。

散居全国、分布最广的少数民族，聚居地有宁夏、北京牛街、宁夏的纳家户，重刀武术、甘肃的"花儿"，善于经营珠宝玉石、运输和服务业，伊斯兰教，礼拜帽（号帽）、披肩盖头，对肉食的选择严格、忌食猪肉，风味小吃、油煎食品（油香、馓子）、盖碗茶，清真寺，婚礼多在"主麻"日举行，速葬、薄葬、土葬，开斋节、古尔邦节、圣纪节，禁忌严格（与伊斯兰教信仰有关）。

4. 维吾尔族。

新疆维吾尔自治区，阿尔泰语系突厥语族，伊斯兰教，坎儿井、绿洲灌溉农业，"十二木卡姆"，"独他尔""巴拉曼"，手鼓"达甫"、顶碗舞、大鼓舞、赛乃姆，《阿凡提的故事》，达瓦孜，"巴扎"，屋顶平坦（开天窗、挂壁毯），伴食瓜果、馕、抓饭，四棱小花帽、发辫、宽袖连衣裙，肉孜节、古尔邦节，土葬、速葬，禁忌（与伊斯兰教信仰有关）。

5. 满族（旧称女真族）。

东北三省和河北省，辽宁最多，满语，阿尔泰语系，萨满教、藏传佛教，"口袋房，曼子炕"，旗袍，喜黏食、善养猪、满洲席、吃饺子、手扒肉、萨其马、嗜烟酒，土葬，颁金节、走百病、添仓节、开山节，禁忌（敬狗、以西为上、索罗杆）。

第四节　中国西南部分少数民族

1. 藏族。

青藏高原，藏语属汉藏语系，牧业（牦牛、藏绵羊），藏传佛教、原始苯教，藏戏、热贡艺术、《格萨尔王传》，锅庄舞、碉房、帐篷，酥油茶、奶茶、甜茶、青稞酒、弹酒礼、糌粑、牛羊肉，藏式金花帽、藏袍、藏靴，牛皮船，塔葬、火葬、天葬（鸟葬）、水葬、土葬，献哈达，绕佛，藏历年、酥油花灯节、雪顿节、采花节、望果节、赛马节，敬酒敬茶习俗，禁忌（与藏传佛教有关、饮食、性别）。

2. 彝族。

四川凉山，彝语属汉藏语系，多神崇拜、祭司称毕摩，《阿诗玛》，云南白药，木结构住宅、低矮、无窗、碉楼，喜吃托托肉、饮转转酒、忌吃蒜，长百褶裙、"天菩萨"、"英雄结"、黑色披风，彝族年、火把节，抢婚，禁忌（敬"神树"，做客）。

3. 苗族。

贵州，苗族语言属汉藏语系，独特的银饰工艺品、蜡染、织锦、刺绣等享誉国内外，情歌、酒歌、盘歌、芦笙舞、芦笙，信仰万物有灵或多神鬼，吊脚楼，喜食酸辣味、饮酒、糯食（糯米粑粑、蒸糯米饭），"分鸡心"，"银衣"、形如牛角的银质头饰，男女恋爱婚姻自由（游方、跳月），芦笙节、龙船节、赶秋坡、苗年，禁忌（饮食）。

4. 纳西族。

云南丽江、玉龙纳西族自治县和泸沽湖畔，纳西语属汉藏语系，东巴教、喇嘛教，东巴经，东巴文化（丽江古城、《创世纪》、东巴音乐、东巴舞蹈、东巴画、丽江古乐、丽江壁画），社会发展的不平衡性，土木瓦结构、"三房一照壁"、木楞房，火腿粑粑、琵琶猪、酸鱼、鱼干，服饰以黑为贵、黑羊皮七星披肩（披星戴月），梳粗大辫子为美，丽江（一夫一妻制）、泸沽湖畔（阿注婚或走婚），土葬、火葬，三朵节，禁忌（"门神""代口神""神树"）。

5. 白族。

云南大理白族自治州，白语属汉藏语系，佛教、奉祀"本主"（保护神），大理古城、崇圣寺三塔、剑川石钟山石窟、鸡足山建筑，《创世纪》《望夫云》《美人石》，霸王鞭、八角鼓舞，平坝区为瓦房（"一正两耳""三房一照壁""四合五天井"）、山区为茅草房、高寒地区为垛木房，善于腌制火腿、腊肉、香肠，弓鱼、猪肝鲊、油鸡枞、螺蛳酱等，酿造白酒，饵块、饵丝、蜜饯、雕梅、苍山雪炖甜梅、砂锅弓鱼、"三道茶"，尚白、绣花鞋，三月街、绕三灵、耍海节、春节，禁忌（敬酒、火塘）。

6. 傣族。

云南，傣族语言属汉藏语系、傣文，上座部佛教，普洱茶，孔雀舞、赞哈、象脚鼓舞，竹楼（干栏式），以大米为主食，喜酸味及烘烤水产食品、嗜酒、嚼槟榔，昆虫为原料、青苔入菜，男子文身、女子筒裙，吹葫芦笙串姑娘、串寨子、丢包、镶牙套、染齿、文身的习俗，泼水节、关门节、开门节，禁忌（与小乘佛教有关）。

第五节　中国南方部分少数民族

1. 土家族。

湘、鄂、渝、黔四省交界的丛山之中，土家语属汉藏语系，土家织锦（"西兰卡普"），唱山歌（情歌、哭嫁歌、摆手歌、劳动歌、盘歌），舞蹈（摆手舞、八宝铜铃舞、茅古斯），傩戏，迷信鬼神、崇拜土王、尊奉土老师、相信兆头，多食苞谷、稻米，爱好喝酒，习惯做腊肉、甜酒、团馓、糍粑，"辣椒当盐"，房屋呈虎坐形、吊脚楼，自纺自织的土布、青布包头，"以山歌为媒""哭嫁"，火葬、土葬，赶年、六月六，禁忌（饮食、性别）。

2. 壮族。

广西壮族自治区，中国人口最多的少数民族，从事农业，壮语属汉藏语系、壮文，崇拜祖先、信仰多神，花山原始崖壁画、铜鼓之乡，壮歌、壮锦、刺绣、竹芒编，干栏式，米酒、粉糕、腌制的酸食、生鱼片，喜嚼槟榔，喜黑色、喜戴银首饰，男子多穿唐装，歌圩节，禁忌（饮食）。

3. 黎族。

海南岛，黎语为汉藏语系，崇拜祖先、自然，竹竿舞、打柴舞、鼻箫、独木器，黄道婆，黎锦、黎单，船形屋（铺地型、高架型）、金字塔形，饮食简朴、竹筒烧饭、嚼槟榔，男子的吊襜、女子的无褶筒裙、"儋耳"、"雕题"，放寮、不落夫家，三月三（浮内浮）、禁忌（睡觉、文身）。

4. 主要少数民族节日。

民族	节日	时间	主要活动	来源
蒙古族	那达慕	夏秋季节	赛马、射箭、摔跤	源于古代的祭敖包
朝鲜族	回甲节			诞生60周年纪念日
	回婚节			结婚60周年纪念日
壮族	歌圩节	春秋两季	对歌、抛绣球、碰红蛋、踢毽子、抢花炮、寻找意中人	与刘三姐有关
土家族	赶年	腊月二十九、腊月二十八		为了抗击外来侵略，提前吃年饭出发迎战
苗族	芦笙节	农历正月十六至二十、九月二十七至二十九	跳芦笙舞、斗牛、赛马、文艺表演、青年男女对歌	
黎族	三月三（浮内浮）	农历三月初三	预祝山兰和打猎丰收的节日、青年男女自由交往	

藏族	雪顿节	藏历七月初一	演藏戏、吃酸奶子、看戏饮酒、唱歌跳舞、摆摊设棚	最初是一种纯宗教活动
	望果节	秋收前夕	转圈游行、祈求好收成、角斗、斗剑、耍梭镖、唱歌跳舞	预祝丰收的传统节日
彝族	火把节	农历六月二十四前后，节期3—7天	祭神、祭田公地母、制作火把、燃火把、唱歌跳舞、巡行	
白族	三月街（观音街、观音市）	农历三月十五起，为期5—7天	祭祀观音、物资交流、赛马	相传唐永徽年间，观音菩萨于三月十五开辟大理地区，或说这一天在此讲经升天
纳西族	三朵节	二月初八和八月第一个羊日	祭拜三朵、文娱活动	三朵是纳西族的保护神
傣族	泼水节（浴佛节）	公历4月中旬，为期3—5天	诵经、互相泼水、赛龙舟、丢包、放高升、点孔明灯、唱歌跳舞	源于印度，最初是为洗去为人间谋福利而用计杀死魔王的七位妇女身上的污血而进行的

5. 少数民族中的世界级、国家级非物质文化遗产名录。

民族	世界级文化遗产或人类非物质文化遗产	国家级非物质文化遗产
朝鲜族	农乐舞	跳板、秋千
蒙古族	《蒙古秘史》，长调民歌、呼麦	马头琴音乐、摔跤、祭敖包、那达慕
回族	甘肃的花儿	重刀武术
维吾尔族	"十二木卡姆"	
藏族	藏戏、"热贡艺术"、《格萨尔王传》	锅庄舞、藏戏、唐卡、藏医药、雪顿节
彝族		《阿诗玛》、火把节

苗族		芦笙舞、苗绣、蜡染技艺、吊脚楼营造技艺
纳西族	丽江古城	
白族		扎染技艺、绕三灵
傣族		孔雀舞、泼水节
土家族		土家织锦、摆手舞
壮族		刘三姐歌谣、壮族织锦技艺、歌圩、铜鼓习俗
黎族		打柴舞、纺染织绣技艺、"三月三"节日

第5章　中国的宗教文化

第一节　中国宗教概述

1.汉族宗教信仰的两个显著特点。

（1）采取兼容并蓄的态度。

（2）任何外来宗教都必须地方化、民族化，才能存在和发展。

2.其他55个少数民族宗教信仰状况。

伊斯兰教	回族、维吾尔族、哈萨克族、柯尔克孜族、塔吉克族、乌孜别克族、塔塔尔族、东乡族、撒拉族、保安族（西北10个）
藏传佛教	藏族、蒙古族、裕固族（3个）
大乘佛教	白族、壮族、布依族、侗族、畲族、纳西族、彝族、羌族、满族、朝鲜族（10个）
上座部佛教	傣族、德昂族、阿昌族、布朗族、佤族（5个）
东正教	俄罗斯族、鄂温克族（2个）

第二节　佛教

1.创立时间：公元前6世纪。地点：古印度。创始人：乔答摩·悉达多（释迦牟尼）。

2.佛祖四大圣迹：出生地蓝毗尼花园，成道地菩提伽耶，初转法轮地鹿野苑，涅槃地拘尸那迦。

3.佛教在印度的发展，分为4个时期3个600年。

（1）原始佛教时期及部派佛教时期（公元前6世纪—公元1世纪中叶）：前200年为原始佛教阶段；后400年为部派佛教阶段，分裂为上座部佛教和大众部佛教。

（2）大乘佛教时期（公元 1 世纪中叶—公元 7 世纪）。

大乘佛教与小乘佛教的区别。

分类	信仰范围	修行果位	修行目的
大乘佛教	十方世界都有佛	罗汉、菩萨、佛三级	成佛
小乘佛教	只有一个佛	罗汉	自我解脱

（3）密乘佛教时期（公元 7—公元 12 世纪）：密教是大乘佛教、印度教和民间信仰诸神相结合的产物。

4. 佛教在世界范围的传播路线。

传播路线	主要国家及地区	语系	派系
北传佛教	中国、朝鲜、日本、越南	汉语，汉语系佛教	大乘佛教
南传佛教	斯里兰卡、缅甸、泰国、老挝、柬埔寨等南亚、东南亚国家及云南傣族等地区	巴利语，巴利语系佛教	小乘佛教
藏传佛教	不丹、尼泊尔、蒙古和俄罗斯的布里亚特，中国的藏族、蒙古族、裕固族、纳西族等民族地区	藏语，藏语系佛教	喇嘛教

5. 中国的佛教包容了北传佛教、南传佛教和藏传佛教三大体系，全面继承了印度三个时期的佛教。佛教诞生在印度，发展在中国。

6. 汉族地区的佛教。

（1）佛教传入中国：西汉哀帝元寿元年（公元前 2 年），"伊存授经"。

（2）译经阶段：两汉之际、魏晋、南北朝时期，翻译了大量的佛教经典。

（3）创造阶段和鼎盛时期：隋、唐。

八大宗派：三论宗、天台宗、华严宗（贤首宗）、法相宗（慈恩宗）、律宗、净土宗、禅宗、密宗（真言宗）。

（4）融合阶段：宋、元、明、清。主要流行禅宗和净土宗。

①净土宗：最简便的法门，在民间影响最大。方式：口念"南无阿弥陀佛"；宗旨：往生西方极乐世界。

②禅宗：我国支派最多的佛教宗派，也是中国佛教史上流传最久远、对中国的文化思想影响最广泛的宗派。主旨：以觉悟众生心性的本源（佛性）。

初祖：菩提达摩（少林寺）。五祖：弘忍（东山法门），禅宗的实际创始人。六祖：南宗慧能，发展为临济宗、沩仰宗、曹洞宗、云门宗、法眼宗 5 家，合称禅门五宗；北宗神秀衰落。

（5）近代：禅净双修。几乎都是禅宗丛林,而禅寺中绝大多数属临济宗,少量属曹洞宗。

7. 云南上座部佛教。

（1）传入路线。

| 西双版纳 | 受泰国佛教影响较大 | 兴起于隋、唐,宋代得到大发展,元、明、清是鼎盛时期 |
| 德宏 | 受缅甸佛教影响较大 | 大约于16世纪中叶由缅甸传入 |

（2）特色。

①保持如法如律、精进修学的早期佛教传统。

②崇拜佛牙、佛塔、菩提树等释迦牟尼的纪念物。

③重视禅定和早期佛教的一些戒律。

④对傣族、布朗族、德昂族、阿昌族等的文化、政治生活和习俗都有深刻影响,傣族和布朗族的每个男子在10—18岁入寺为僧,没当过和尚的男子会被人瞧不起。

8. 藏传佛教。

（1）发展。

①前弘期（公元7世纪中叶—公元9世纪中叶）：形成时期。

②朗达玛废佛：841年。

③后弘期（公元10世纪末叶—公元15世纪初）：大繁荣时期。

（2）藏传佛教四大特色：咒术性、对喇嘛异常的尊崇、活佛转世思想、宗教与政治的结合。活佛转世制度为藏传佛教特有。在清代顺治、康熙年间,清政府先后正式册封宗喀巴的再传弟子为达赖喇嘛和班禅额尔德尼,从此正式形成两大活佛转世制度。

（3）藏传佛教四大教派：宁玛派（红教）、萨迦派（花教）、噶举派（白教）、格鲁派（黄教）。格鲁派是公元15世纪初宗喀巴创立的教派,为藏区执掌政权的教派,势力最大。

（4）西藏五大教派：藏传佛教四派加上苯教（黑教）。

9. 佛教的教义。

	四谛	苦、集、灭、道
集谛	"五阴聚合"说	五阴：色、受、想、行、识
	"十二因缘"说	涉及过去、现在、未来三世的因果链条；"业"分为身业、口业、意业三类
	"业报轮回"说	六道：天道、人道、阿修罗道、畜生道、饿鬼道、地狱道

道帝	六度（六波罗蜜）	布施、持戒、忍辱、精进、禅定、智慧
	八正道	正见、正思维、正语、正业、正命、正精进、正念、正定
	三法印	诸法无我、诸行无常、涅槃寂静
	佛教界宗旨	诸恶莫做、众善奉行、庄严国土、利乐有情

10. 佛教经典："三藏经"或"大藏经"。

（1）经藏：释迦牟尼说法的言论汇集。

（2）律藏：佛教戒律和规章制度的汇集。

（3）论藏：释迦牟尼后来大弟子对其理论、思想的阐述汇集。

11. 佛教标记。

（1）卐：佛教旗帜和佛像胸间的吉祥标志，表示吉祥万德。

（2）法轮：因为佛之法论如车轮辗转可摧破众生烦恼。

12. 佛教供奉的对象分为四级：佛、菩萨、罗汉、护法天神。

13. 佛：即达到"三觉"（自觉、觉他、觉行）。

14. 三身佛。

释迦牟尼佛		毗卢遮那佛		卢舍那佛

或

卢舍那佛		毗卢遮那佛		释迦牟尼佛

（1）法身佛毗卢遮那佛：代表佛教真理凝聚所成的佛身。

（2）报身佛卢舍那佛：指以法身为因，经过修习得到佛果、享有佛国（净土）之身。

（3）应身佛释迦牟尼佛：指佛为超度众生，来到众生之中，随缘应机而呈现的各种化身，特指释迦牟尼之生身。

15. 三方佛（横三世佛）及其胁侍。

西方极乐世界 阿弥陀佛	中央娑婆世界 释迦牟尼佛	东方净琉璃世界 药师佛
大势至菩萨 观世音菩萨	普贤菩萨 文殊菩萨	月光菩萨 日光菩萨
西方三圣	释迦三圣	东方三圣

16. 三时佛（竖三世佛）。

| 未来佛弥勒佛 | 现在佛释迦牟尼佛 | 过去佛燃灯佛或迦叶佛 |

弥勒佛三种形象：佛像（未来佛）、菩萨像（天冠弥勒）、化身像（大肚弥勒）。

17. 华严三圣：华严宗经典《华严经》特别推崇法身佛毗卢遮那佛，他是华藏世界的主宰。

| 普贤菩萨 | 毗卢遮那佛 | 文殊菩萨 |

18. 菩萨指自觉、觉他者。寺院中常见的菩萨有以下几种。

（1）三大士：文殊菩萨、普贤菩萨、观世音菩萨。

（2）四大士：文殊菩萨、普贤菩萨、观世音菩萨、地藏菩萨。

（3）五大士：文殊菩萨、普贤菩萨、观世音菩萨、地藏菩萨、大势至菩萨。

19. 四大士的比较。

菩萨名称	别号	手持法器	坐骑	道场
文殊菩萨	大智菩萨	宝剑（或宝卷）	狮子	山西五台山
普贤菩萨	大行菩萨	如意棒	六牙大象	四川峨眉山
观世音菩萨	大悲菩萨	净瓶、杨柳枝	朝天犼	浙江普陀山
地藏菩萨	大愿菩萨	锡杖（或如意珠）	猗听	安徽九华山

20. 观世音菩萨的不同名称。

（1）观世音菩萨：为避讳唐太宗李世民的讳，故称"观音"。

（2）女身观音：南朝以后产生。

（3）千手千眼观音：有两种。

① 40 只手，每只手上有 1 只眼睛，每只手和眼睛有 25 种功能，相乘（40 只手眼 ×25 种功能）成为千手千眼。

② 1 面有 250 只手，4 面则 1000 只手，每只手上有 1 只眼睛，为实际的千手千眼（250 只手眼 ×4 面）。

（4）海岛观音：胁侍为善财童子和龙女。

21. 大势至菩萨：《观无量寿经》载，大势至"以智慧光普照一切，令离三涂，得无上力，是故号此菩萨名大势至"。道场在江苏狼山。

22. 罗汉，即自觉者，称已灭尽一切烦恼，应受天人供养者。

（1）十六罗汉：释迦牟尼令十六罗汉常住人间，普济众生。

（2）十八罗汉的来历：唐五代时张玄、贯休两位和尚添画两个罗汉，说法不一：宾度罗跋啰惰阇和庆友，迦叶和军屠钵叹，庆友和玄奘，达摩多罗和布袋和尚，降龙和伏虎，摩耶夫人和弥勒。

（3）五百罗汉的来历：佛教第一次、第四次结集时都有 500 人。

（4）济公：俗名李心远，是深受中国老百姓喜爱的罗汉。

23. 护法天神：本是古印度神话中惩恶护善的人物，是护持佛法的天神。

24. 四大天王比较。

名称	身色	手持法器	表法意义
东方持国天王（东胜神洲）	白色	琵琶（做事合乎中道，恰到好处）	尽心竭力主持国家事务
南方增长天王（南赡部洲）	青色	慧剑（斩断烦恼）	天天进步
西方广目天王（西牛贺洲）	红色	缠龙或蛇（变化无常）	多看
北方多闻天王（北俱卢洲）	绿色	宝伞（遮挡种种污秽）、神鼠	多听

25. 韦驮。

（1）原是南方增长天王手下的神将。护持佛法，三洲感应。

（2）形象：汉化韦驮为身穿甲胄的少年武将形象，手持法器金刚杵，或双手合十将杵搁于肘间，或以杵拄地。

（3）位置：置于天王殿大肚弥勒像背后，脸朝大雄宝殿。

26. 二王尊（二仁王）：密迹金刚、那罗延天，民间俗称"哼哈二将"。

27. 伽蓝神关羽：左胁侍关平，右胁侍周仓。

28. 汉地佛寺的布局。

（1）伽蓝七堂：山门、佛殿、法堂、僧堂、厨库、浴室、西净（厕所）。

（2）寺庙殿堂布局示意图。

```
┌─────────────────────────────┐
│西    ┌─────────┐       东 │
│配    │ 藏经楼 │       配 │
│殿    └─────────┘       殿 │
│      ┌───────┐           │
│      │ 法堂 │           │
│      └───────┘           │
│    ┌───────────┐         │
│    │ 大雄宝殿 │         │
│    └───────────┘         │
│      ┌─────────┐         │
│      │ 天王殿 │         │
│      └─────────┘         │
│  ┌───────┐ ┌───────┐   │
│  │ 鼓楼 │ │ 钟楼 │   │
│  └───────┘ └───────┘   │
└──────────┬────┬─────────┘
        ┌───────┐
        │ 山门 │
        └───────┘
```

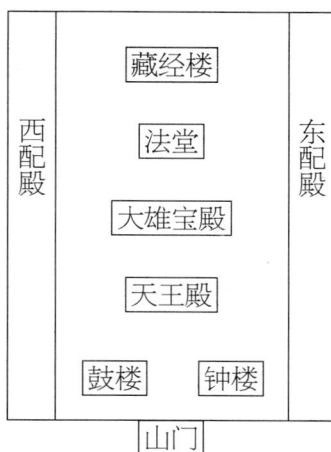

（3）寺院殿堂供奉的神像。

山门	二王尊
钟楼	地藏菩萨，左胁侍道明，右胁侍闵公
鼓楼	关羽，左胁侍关平，右胁侍周仓
天王殿	正中大肚弥勒佛，两侧为四大天王，背后为韦驮
大雄宝殿	正中供奉一佛、三佛、五佛、七佛等不同形式，释迦牟尼佛像背面一般为海岛观音壁塑图，两侧为十六罗汉或十八罗汉
东西配殿	三圣殿、祖师殿、伽蓝殿
法堂	演说佛法皈戒集会之处
罗汉堂	自唐代起，一些大型寺院修建起五百罗汉堂
方丈室	佛寺住持（方丈）居住、说法与接客之所
藏经楼	供奉佛教经典之所

29. 常用称谓。

（1）普通称谓。

四众弟子	比丘、比丘尼、优婆塞、优婆夷
出家四众	比丘、比丘尼、沙弥、沙弥尼
出家五众	比丘、比丘尼、沙弥、沙弥尼、式叉摩那（学戒尼）
七众	比丘、比丘尼、沙弥、沙弥尼、式叉摩那（学戒尼）、优婆塞、优婆夷

（2）较高水平的僧人：法师、经师、论师、律师、三藏法师、大师、高僧。

（3）以职务相称，如住持（方丈）、监院（当家和尚）等。

30. 常用礼仪：合掌、绕佛、五体投地。

31. 常见的佛事：水陆法会、众姓道场、增福延寿道场、焰口施食、忏法。

32. 佛教四大名山。

名称	道场	历史	特色	主要寺庙
山西五台山	文殊菩萨	北魏创建，现存40余座寺庙	唯一兼有汉地佛教和藏传佛教道场的佛教圣地；青庙与黄庙并存，显教与密教竞传	五大禅林：显通寺、塔院寺、菩萨顶寺、殊像寺、罗睺寺。台外的南禅寺；南禅寺和佛光寺为唐代建筑
浙江普陀山	观音菩萨	五代开始，现有寺院70余座	以禅宗为主；近代中国佛教最大的国际性道场	三大寺：普济寺、法雨寺、慧济寺
四川峨眉山	普贤菩萨	东汉开始创建道观，唐宋以后成为佛教名山，现存寺庙和风景区10余处	以禅宗为主；峨眉山三大奇观：日出、云海、佛光	报国寺、伏虎寺、万年寺、普光殿
安徽九华山	地藏菩萨	传说唐代金乔觉曾栖止九华山，现有寺庙80余座	以禅宗为主	四大丛林：祇园寺、百岁宫、东崖寺、甘露寺；化城寺、月身宝殿
明代有"金五台，银普陀，铜峨眉，铁九华"之说				

33. 我国佛教石刻的 3 个高潮时期。

高潮	朝代	代表
第一个	北朝	云岗石窟和龙门石窟中的北魏窟
第二个	盛唐	龙门石窟中的唐代龛窟
第三个	两宋	大足石刻中的宋代造像

34. 著名佛教石窟和摩崖造像。

名称	历史及规模	价值、特色	代表、象征
甘肃敦煌莫高窟	北凉、北魏至元代各代壁画（4.5万平方米）和彩塑（2000多躯）	《世界遗产名录》；是世界上现有规模最大的佛教艺术宝库；以唐代壁画著称于世	
山西大同云冈石窟	北魏时期造像5.1万余尊	《世界遗产名录》；以造像粗犷古朴、气魄雄伟、内容丰富多彩著称	昙曜五窟；第20窟是象征
河南洛阳龙门石窟	北魏至隋、唐、北宋石造像9.7万余尊	《世界遗产名录》；向民族化、世俗化发展	以盛唐石造像为代表；奉先寺最著名；卢舍那佛是象征
重庆大足石刻	晚唐、五代、两宋摩崖造像5万多尊，分布40多处，以北山和宝顶山最为集中	完全汉化、世俗化	以两宋石造像为代表
新疆克孜尔千佛洞	开建于公元3世纪，唐代吐蕃时期废弃	为古代龟兹佛教艺术的典型代表，是新疆地区规模最大、保存最好的佛教石窟群	以壁画著称于世，"戈壁明珠"
甘肃天水麦积山石窟	北魏至清代	以数以千计的敷彩泥塑造像著称于世，有塑像馆之誉	
四川乐山大佛	唐代	是我国也是世界上最大的石刻造像，高70.7米	

35. 汉地佛教八宗祖庭。

八大宗派	祖庭
三论宗	江苏南京栖霞寺（与天台国清寺、山东灵岩寺、湖北玉泉寺合称"天下四大丛林"）
天台宗	浙江天台山国清寺、湖北当阳玉泉寺
华严宗（贤首宗）	陕西西安华严寺、西安户县草堂寺
法相宗（慈恩宗）	陕西西安大慈恩寺、西安长安区兴教寺
律宗（南山宗）	陕西西安道宣律师塔、江苏扬州大明寺、江苏句容隆昌寺（"律宗第一名山"）
密宗（真言宗）	陕西西安大兴善寺、青龙寺
净土宗（莲宗）	江西庐山东林寺、山西玄中寺、西安香积寺
禅宗	河南少林寺、湖北黄梅县五祖寺、广东韶关南华禅寺

36. 法门寺：唐代皇家密宗内道场。

（1）两项具有世界意义的重要发现：释迦牟尼佛指舍利、举世仅存的唐密佛骨舍利供养曼荼罗（坛场）。

（2）仅存于世的释迦牟尼 3 枚真身舍利：法门寺佛指舍利、灵光寺佛牙舍利、斯里兰卡康提市佛牙寺的佛牙舍利。

37. 白马寺：中国第一座佛教寺院、历来有"释源"之誉。佛教初传中国的两大历史事件：永平求法、伊存授经。

38. 藏传佛教格鲁派（黄教）六大寺。

拉萨三大寺	甘丹寺	宗喀巴兴建；格鲁派第一座寺院和祖庭；以宗喀巴肉身灵塔最为著名
	哲蚌寺	藏传佛教规模最大的寺院；也是中国最大的寺院
	色拉寺	
日喀则的扎什伦布寺		为后藏佛教中心，历世班禅驻锡之地
甘肃的拉卜楞寺		为我国西北地区藏、蒙等民族的宗教中心
青海的塔尔寺		宗喀巴的诞生地；为我国西北地区藏、蒙等民族的宗教中心；艺术三绝：酥油花、堆绣、绘画

39. 五当召：内蒙古地区现有唯一完整的藏传佛教寺院。

40. 雍和宫：北京地区藏传佛教活动中心，我国内地城市中最大的一座藏传佛教寺院。原为清代雍亲王胤禛的府邸，乾隆九年（1744 年）正式改为喇嘛寺。三绝：五百罗汉山、檀木大佛、金丝楠木佛龛。

41. 云南上座部佛教著名寺塔：西双版纳悬佛寺、曼阁佛寺、曼飞龙佛塔、景真八角亭、广允缅寺。

第三节 道教

1. 道教的创立：五斗米道与太平道的比较。

名称	五斗米道（天师道）	太平道
时间	东汉顺帝时期（126—144年）	东汉灵帝时期（172—178年）
地点	四川鹤鸣山	河北巨鹿
创始人	张（道）陵	张角
得名	交五斗米	《太平经》

2.魏晋南北朝时期的代表人物：葛洪、寇谦之、陆修静、陶弘景。

3.全真道与正一道。

派别	全真道	正一道
创立时间	金初	元代
创始人	王重阳	张与材
活动中心	北京白云观	江西龙虎山
奉持经典	《道德经》《般若波罗蜜多心经》《孝经》	《正一经》
特征	修身养性	行符箓（画符念咒，驱鬼降妖，祈福禳灾）
戒规戒律	严格，道士出家住宫观，不得娶妻生子	不严格，道士可以娶妻生子，不出家，不住宫观
活动范围	全国大部分	江南和台湾省

4.道教的教义。

（1）道：是生化宇宙的原动力，造化之根，是先天地而存在的。

（2）"气化宇宙"的学说："道生一，一生二，二生三，三生万物。"

（3）自然无为："人法地，地法天，天法道，道法自然"，"道常无为而无不为"。

（4）柔弱不争。

（5）清静寡欲："清净为天下正。"

（6）仙道贵生，返璞归真：主张"性命双修"。

5.道教的法术:服食与外丹、内丹术、符箓与咒语、禹步和手诀、占验术、五八九等。

6.经典和标记。

（1）《道藏》是道教经籍的总集；第一部《道藏》编于唐代；北宋编纂《大宋天宫宝藏》；明代有《正统道藏》和《万历续道藏》。

（2）标记为太极八卦图。

7.道教供奉的主要对象分为三级：先天尊神、神仙、护法神将。

8.三清:道教最高层神团,即玉清元始天尊、上清灵宝天尊、太清道德天尊(太上老君)。

9.四御：辅佐三清的四位天帝。

名称	职责
玉皇大帝	为总执天道之神
中天紫微北极大帝	协助玉皇大帝执掌天地经纬、日月星辰、四时气候
勾陈上宫天皇大帝	协助玉皇大帝执掌南北两极和天地人三才，统御众星，并主持人间兵革之事
承天效法后土皇地祇	女神，执掌阴阳生育、万物之美与大地山河之秀，人称"大地母亲"

10. 三官（三元大帝）。

名称	职责	生日
天官	赐福	上元日，正月十五
地官	赦罪	中元日，七月十五
水官	解厄	下元日，十月十五

11. 福、禄、寿三星：天官、员外郎、南极仙翁。

12. 神仙。

名称	要点	代表景点
真武大帝	呈龟蛇形象，宋代被人格化；元朝被封为北方最高神；明朱棣时期达到鼎盛；水神，具有防止火灾的威力	湖北武当山（祖庭）、广东佛山祖庙、云南昆明太和宫、广西容县经略台真武阁
文昌帝君	俗称文曲星；原形为张亚子；玉皇大帝命他掌管人世功名利禄，成为文昌帝君，备受读书人的崇拜	四川七曲山文昌宫（祖庙）、贵州贵阳文昌阁
魁星	指北斗七星的前四星；备受封建社会读书人崇拜；"魁星点斗，独占鳌头"，被视为应试者获中之征	
八仙	汉钟离、张果老、吕洞宾、铁拐李、何仙姑、蓝采和、韩湘子、曹国舅	山东蓬莱是八仙过海故事的发生地
天妃娘娘（妈祖）	原名林默，海上保护神；在宋、元、明、清得到了历代皇帝的褒封	中国三大妈祖庙：福建湄州岛的妈祖庙（祖庭）、天津天后宫、台湾北港朝天宫

13. 护法神将。

（1）关羽：唯一受儒、佛、道三教共同尊崇的偶像（儒家"武圣人"，佛家"伽蓝神"，道家"关圣帝君");山西运城关帝庙是祖庭;河南洛阳关林为埋葬头颅之处。

（2）王灵官（地位相当于佛教的韦驮）。

14. 道观的主要殿堂。

殿堂	供奉神像
山门殿	青龙、白虎，相当于佛寺的二王尊
灵官殿	王灵官，相当于佛寺的天王殿
三清殿	玉清元始天尊、上清灵宝天尊、太清道德天尊，相当于佛寺大雄宝殿
玉皇殿	玉皇大帝或四御
三官殿	天官、地官、水官

15. **主要称谓**：男教徒称道士，女教徒称道姑或女冠，道观负责人可称为方丈（住持）和监院，教外人士对道士、道姑一般可统称为道长。

16. **道教仪式为斋醮**：即供斋醮神，是道教常见的一种法事，有日常的持诵和忏法。

17. 五岳。

名称	地理位置	主庙、供奉	教派
东岳泰山	山东泰安	东岳庙，东岳大帝（泰山神，主治人生死及人生贵贱，为冥府众鬼之主帅）	始终是道教占优势
中岳嵩山	河南登封	中岳庙，中岳大帝（嵩山神，主治土地山川陵台）	三教荟萃
西岳华山	陕西华阴	西岳庙，西岳大帝（华山神，执掌五金陶铸坑冶）	道观独占
南岳衡山	湖南衡山	南岳庙，南岳大帝（衡山神，主星辰分野）	三教荟萃
北岳恒山	山西浑源	北岳庙，北岳大帝（恒山神，主治江河湖海）	

18. 我国四大古建筑群：泰山岱庙、北京故宫、曲阜三孔、承德避暑山庄。

19. 道教发祥地。

名称	历史	主要道观	其他
四川青城山	张（道）陵在此传五斗米道	常道观、祖师殿、上清宫	
陕西终南山	尹喜建草楼观，老子口授《道德经》	草楼观"道观之祖"、重阳宫	全真道三大祖庭：北京白云观、山西永乐宫、陕西重阳宫

20. 符箓派三名山。

名称	派别	著名道士	主要宫观
江西龙虎山	正一道	张（道）陵修道炼丹之所	天师府、上清宫
江西閤皂山	灵宝派		仅存遗迹
江苏茅山	上清派	茅盈、茅固、茅衷三兄弟修道成仙之所	元符万年宫、九霄万福宫

21. 丹鼎派名山。

名称	位置	主要道观	其他
葛仙岭和抱朴道院	浙江杭州	葛洪结庐炼丹处	葛洪著有《抱朴子》
罗浮山和冲虚古观	广东博罗县	葛洪晚年结庐炼丹、羽化升仙处	罗浮山被视为岭南道教圣地

22. 道教神仙祖庭。

名称	供奉	主要建筑	其他
湖北武当山	真武大帝	紫霄宫、金殿	划归全真道
重庆平都山	酆都大帝	阴间天子殿、钟馗殿、奈何桥、孟婆茶楼	鬼国都城
四川七曲山文昌宫	文昌帝君		全国第一座文昌庙
福建湄洲岛妈祖庙	妈祖		国内外妈祖庙的祖庭
山西芮城永乐宫	吕洞宾		以元代道教壁画著称于世

23. 其他道教名山大观。

名称	要点
北京白云观	全真道第一丛林；龙门派祖庭；全真道三大祖庭之一；丘处机遗骨存放处；中国道教协会所在地
山东崂山	全真道随山派祖庭；全真道第二丛林
成都青羊宫	始建于唐朝，成都最大、最古老的道观；为老子圣迹
苏州玄妙观	正一道的主要道观；三清殿是江南现存最大的宋代木构建筑
沈阳太清宫	我国东北地区最大的道观；为龙门派十方丛林之一
广州三元宫	纪念鲍姑；岭南香火最盛、信众最多的道观
武汉长春观	相传是长春真人丘处机的修道处
台北指南宫	台湾道教的大本营

第四节　基督教

1. 创立时间：公元 1 世纪。地点：巴勒斯坦。创始人：耶稣（救世主）。

2. 西方人忌讳数字"13"，并将星期五视为凶日。

3. 基督教在历史上两次大的分裂，形成三大教派。

分裂情况	时间	原因	分裂结果
第一次分裂	公元11世纪中叶	争夺教权	西部的天主教；东部的正教（东正教）
第二次分裂	公元16世纪	宗教改革	新教（抗罗宗）

4. 四传中国之说。

一传中国	唐贞观之治时期，时称景教；唐武宗灭佛时遭到厄运
二传中国	元朝复兴，蒙古人称为"也里可温"；元朝灭亡，迅速消失
三传中国	明朝中叶，意大利传教士利玛窦在中国传教取得成功；后发生"中国礼仪之争"，康熙宣布禁教、驱逐传教士
四传中国	鸦片战争后，在不平等条约保护下，强行传教取得成功

5. 教义：上帝创世说、原罪救赎说、天堂地狱说。

6. 经典与标记。

（1）经典：《圣经》，由《旧约全书》和《新约全书》组成。

（2）标志：十字架。

7. 信奉的对象：为"上帝"或"神""天主"。上帝只有一个，但包括圣父、圣子、圣灵（圣神）三个位格。

8. 三大教派的称谓。

教派	称谓
天主教	教皇（教宗）、大主教、主教、神父（司铎）、修士、修女
新教	主教、牧师、修士、修女
东正教	牧首、都主教、大主教、主教（神父）、修士、修女

9. 主要节日。

（1）复活节：每年在 3 月 21 日至 4 月 25 日之间，春分月圆后第一个星期日，纪念耶稣钉死在十字架后第三日的"复活"。

（2）圣诞节：每年的 12 月 25 日，纪念耶稣诞辰。

10. 著名的天主教教堂和遗迹。

教堂	特色	风格
北京南堂	北京现存最古老的天主教堂；明代意大利传教士利玛窦所建；现为中国天主教北京主教座堂	巴洛克式建筑
北京北堂（西什库天主教堂）	北京地区最大的天主教堂	哥特式建筑
北京利玛窦墓	两侧分别有汤若望和南怀仁的墓及碑	
天津老西开教堂	天津最大的天主教堂；天津天主教会中心	法国罗曼式建筑
上海徐家汇天主堂	上海地区最大的教堂，也是远东地区最大的教堂之一；现为天主教上海教区主教座堂	法国哥特式建筑
上海佘山圣母大教堂	有"五月佘山朝圣"的宗教活动	外部是以罗马风格为主的折中式，内部为哥特式
广州圣心大教堂	高58.5米，是国内最大的哥特式建筑	法国哥特式建筑

11. 著名的新教教堂。

教堂	特色
上海国际礼拜堂	上海地区最大的新教教堂；德国哥特式建筑
上海沐恩堂	为典型的"社交堂"；美国学院哥特式风格
上海圣三一堂	英国在华建造的最大教堂；哥特式钟塔由司考特爵士设计
上海景灵堂	与宋氏家族有关联；现为上海沪东地区新教徒活动中心

12. 著名东正教教堂。

教堂	特色
哈尔滨圣索菲亚教堂	哈尔滨现存最大的东正教堂；俄罗斯拜占庭建筑
上海圣母大教堂（襄阳北路）	俄罗斯拜占庭建筑
上海圣母大教堂（新乐路）	俄罗斯拜占庭式建筑
上海皋兰路分堂	俄罗斯拜占庭式建筑

第五节 伊斯兰教

1. 创立时间：公元 7 世纪。地点：阿拉伯半岛。创始人：穆罕默德。

2. 穆罕默德生平简介（宗教家、思想家、政治家、军事家）。

（1）穆罕默德生于阿拉伯半岛麦加，40 岁时开始传教。

（2）公元 622 年，穆罕默德迁往麦地那，建立了政教合一的宗教公社。这一年被作为伊斯兰教历（中国称回历）元年。

（3）公元 630 年，穆罕默德亲率穆斯林大军攻克麦加城，并以麦地那为中心，统一了阿拉伯半岛，建立了政教合一的国家。

（4）公元 632 年 6 月 8 日，穆罕默德于麦地那归真，葬于该城清真寺。

3. 伊斯兰教在唐永徽二年（651 年）传入中国，有两条路线。

丝绸之路（陆路）	从大食（今阿拉伯），经波斯（今伊朗），过天山南北，穿过河西走廊，进入中原
香料之路（海路）	从大食（今阿拉伯），经印度洋，到天竺（今印度），经马六甲海峡，到东南沿海的广州和泉州等地，传入中国

4. 教派。

（1）逊尼派：人数最多的一派，中国的穆斯林大多数属于逊尼派。

（2）什叶派：人数较少，主要分布在伊朗、伊拉克、叙利亚、巴基斯坦、印度、也门等地。新疆的塔吉克民族信仰什叶派。

（3）苏菲派：伊斯兰教内部的神秘主义派别。我国新疆南疆地区称依禅派。

5. 教义。

（1）六大信仰：信安拉、信使者、信天使、信经典、信前定、信后世。

（2）五功：念功、礼功、斋功、课功、朝功。

（3）善行：穆斯林必须遵循的道德规范。

6. 经典和标记。

（1）经典：《古兰经》和《圣训》（《哈迪斯》）。

（2）标记：新月。

7. 最主要的信奉对象：安拉。伊斯兰教不设偶像。

8. 三大节日。

节日名称	时间	特色
开斋节（肉孜节）	教历10月1日	斋月的最后一天寻看新月，见月的次日即可开斋
宰牲节（古尔邦节）	教历12月10日	在中国，是穆斯林最大的节日
圣纪节（圣忌日）	教历3月12日	穆罕默德诞生和归真的日子

9. 主要习俗：进礼拜殿前必须做大、小净和脱鞋。饮食极注重洁净。妇女须戴面纱、盖头，不露头发。敬茶、端饭、握手均用右手。

10. 称谓。

（1）伊玛目：逊尼派用以称穆斯林的领袖；什叶派用以称其所拥戴的政教领袖；一般称清真寺的教长。

（2）阿訇：指主持清真寺教务的人。

（3）毛拉：对伊斯兰教学者的尊称。

（4）哈吉：对参加过麦加朝圣的穆斯林的尊称。

11. 清真寺的布局风格。

中国传统风格	分几进四合院，有明显中轴线，大殿、经堂、浴室、望月楼、宣礼楼；礼拜正殿和殿内壁龛必须背向麦加，以示跪拜朝向
阿拉伯风格	没有明显的中轴线，风格简洁、明快、开敞，色彩多白色；正殿也背向麦加

12. 中国著名清真寺。

名称	别称	特色
泉州清净寺	圣友寺、麒麟寺	中国现存最古老的典型阿拉伯式清真寺
广州怀圣寺	狮子寺、光塔寺	高36.6米的仿阿拉伯式的邦克塔"光塔"
杭州真教寺	凤凰寺	以现存的元代大殿著称于世
扬州仙鹤寺		相传为南宋时主穆罕默德十六世孙普哈丁传教时兴建
北京牛街清真寺	礼拜寺	北京地区规模最大、历史最悠久的清真大寺，也是北方最古老的清真寺之一
西安化觉寺	清修寺、东大寺	是我国现存规模最大、保存最完整的清真寺
喀什艾提尕尔清真寺		新疆地区最大的清真寺，也是新疆伊斯兰教最高学府所在地

13. 中国伊斯兰教四大古寺：泉州清净寺、广州怀圣寺、杭州真教寺、扬州仙鹤寺。

第6章 中国的古代建筑

第一节 中国古代建筑概述

1. 中国古代建筑的历史沿革。

阶段	朝代	特点	实例
形成时期	原始社会	天然崖洞、构木为巢、穴居、浅穴居，干栏式	
	商、西周、春秋	夯土技术，营造城市，木构架为主要结构方式，瓦的出现与使用	
	战国	城市规模扩大，高台建筑，出现了砖和彩画	
	秦、汉	木构架技术日趋完善，出现了石造建筑物	
发展时期	魏晋南北朝	砖瓦；金属材料装饰；木结构技术提高；石结构技术取得巨大进步；大量兴建佛教建筑	河南登封嵩岳寺塔
成熟时期	隋、唐	建筑材料：砖的应用逐步增多；琉璃烧制更进步 建筑技术：木构架的做法定型化，出现了都料匠 建筑特点：屋顶坡度平缓，出檐深远，斗拱比例较大，柱子较粗壮，多用板门和直棂窗，风格庄重朴实	大兴城、大运河、安济桥、山西五台山南禅寺和佛光寺的部分建筑
大转变时期	宋代	规模较唐代小，更为秀丽、绚烂而富于变化，出现各种形式复杂的殿阁楼台 建筑特点：屋顶的坡度增大，出檐不如前代深远，重要建筑的门窗多采用菱花隔扇，建筑风格渐趋柔和	山西太原晋祠圣母殿、福建泉州清净寺、河北正定隆兴寺、浙江宁波保国寺
又一发展时期	元代	藏传佛教和伊斯兰教建筑影响全国各地 建筑特点："减柱法"成为大小建筑的共同特点，梁架结构有了新创造，许多大构件多用自然弯材稍加砍削而成的	元大都、山西芮城永乐宫、山西洪洞广胜寺
高峰时期	明、清	官式建筑已经高度标准化、定型化 建筑特点：出檐较浅、斗拱比例缩小，"减柱法"在重要建筑中已不采用	北京明清故宫、沈阳故宫

2. 三本建筑文献。

北宋（1103年）	《营造法式》
明末	《园冶》（计成）
清朝（1723年）	《工部工程做法则例》

3. 传统思想在古代建筑中的体现：①敬天祀祖，②皇权至上，③阴阳五行。

4. 台基。

（1）作用：承托建筑物；防潮，防腐；弥补中国古建筑单体建筑不甚高大雄伟的欠缺。

（2）等级：普通台基、较高级台基、更高级台基（须弥座）、最高级台基（只用于皇宫的朝政殿堂和最高等级的礼制建筑，如北京故宫的三大殿）。

5. 木头圆柱与大梁：常用松木、楠木，形成梁架。

6. 开间。

（1）四根木头圆柱围成的空间称为"间"。建筑的迎面间数称为"开间"，或称"面阔"。建筑的纵深间数称"进深"。

（2）中国古代以奇数为吉祥数字，所以平面组合中绝大多数的开间为单数，而且开间越多，等级越高。北京故宫太和殿、北京太庙大殿开间为十一间。

7. 斗拱。

（1）定义：斗拱是中国古代建筑独特的构件。方形木块叫斗，弓形短木叫拱，斜置长木叫昂，总称斗拱。

（2）位置：一般置于柱头和额枋、屋面之间，用来支撑、荷载梁架，挑出屋檐。

8. 彩画。

（1）原为木结构，防潮、防腐、防蛀，后来才突出其装饰性，宋代以后彩画已成为宫殿不可缺少的装饰艺术。

（2）三个等级。

名称	等级	特点
和玺彩画	最高	中间的画面用龙或凤的图案组成，间补以花卉图案；两边用〡 〡框住，并且沥粉贴金，金碧辉煌，十分壮丽
旋子彩画	次级	画面用简化形式的涡卷瓣旋花，有时也可画龙凤；两边用《 》框起，可以贴金粉，也可以不贴金粉
苏式彩画	最低	画面为山水、人物故事、花鸟鱼虫等，两边用〡〡或《 》或（ ）框起。"（ ）"被建筑家们称作"包袱"

9. 屋顶。

（1）庑殿顶：四面斜坡，有一条正脊和四条斜脊，屋面稍有弧度，又称四阿顶。

（2）歇山顶：是庑殿顶和硬山顶的结合，由四个倾斜的屋面、一条正脊、四条垂脊、四条戗脊和两侧倾斜屋面上部转折成垂直的三角形墙面组成，形成两坡和四坡屋顶的混合形式。

（3）悬山顶：屋面双坡，两侧伸出山墙之外。屋面上有一条正脊和四条垂脊，又称挑山顶。

（4）硬山顶：屋面双坡，两侧山墙同屋面齐平，或略高于屋面。

（5）攒尖顶：平面为圆形或多边形，上为锥形的屋顶，没有正脊，有若干屋脊交于上端。一般亭、阁、塔常用此式屋顶。

（6）卷棚顶：屋面双坡，没有明显的正脊，即前后坡相接处不用脊而砌成弧形曲面。

（7）盝顶：梁架结构多用四柱，加上枋子抹角或扒梁，形成四角或八角形屋面，顶部是在平顶的屋顶四周加上一圈外檐。

10. 山墙：即房子两侧上部呈山尖形的墙面。常见的山墙有风火山墙，其特点是两侧山墙高出屋面，随屋顶的斜坡面而呈阶梯形。

11. 藻井。

（1）位置：天花板上的一种装饰。一般都在寺庙佛座上或宫殿的宝座上方。是平顶凹进的部分，上有雕刻或彩绘，常见的有"双龙戏珠"。

（2）含有五行以水克火、预防火灾之意。

12. 中国古代建筑的特点。

（1）以木材、砖瓦为主要建筑材料，以木构架为主要结构方式。

（2）平面布局具有一种简明的组织规律。

（3）造型优美。

（4）装饰丰富多彩。

（5）特别注意跟周围自然环境的协调。

13. 中国古代木构架三种结构方式。

结构名称	特　点	使用对象
抬梁式	在立柱上架梁，梁上又抬梁	宫殿、坛庙、寺院等规模较大的建筑物
穿斗式	用穿枋把一排一排的柱子连起来成为排架，然后用枋、檩斗接而成	多用于民居和较小的建筑物
井干式	用木材交叉堆叠而成，因其所围成的空间似井而得名	这种结构比较原始简单，现在除少数森林地区外已很少使用

14. 木构架的好处和作用。

（1）承重与围护结构分工明确。屋顶的重量由木构架来承担，墙壁只起隔断作用（外墙隔热防寒，内墙分割室内空间）。

（2）"墙倒屋不塌"，具备了防震、抗震的能力。

第二节　中国古代城市规划与城防建筑

1. 城市规划沿革。

时期	发展状况
新石器时代晚期	一些聚落遗址已经出现规模较小的城堡
商代早期	这种城堡发展成为规模较大的、有防御设施的都城，如安阳殷墟
商周时期	都城规模不大，城内有宫城，宫城内有宫殿
东周	列国都城分为宫城和郭城两部分；宫城和郭城都有各自的城垣，宫城内都有高大的建筑群
秦、汉	设计除适应作为大城市的经济生活上的需要以外，充分显示了政治上和礼制上的规格，如汉长安城
三国、两晋、南北朝	多利用东汉旧城改建而成，改建重点在于集中宫苑衙署和加强西北隅的军事据点，扩大并规整居民区，调整并对称地安排工商业区；如北魏洛阳都城
隋、唐	都城其平面呈长方形，宫城置于郭城北部正中，北连禁苑，南接皇城。宫城皇城以外为里坊区，由11条南北向大街和14条东西向大街将其划分为棋盘式的格局，其间布列110坊及东西两市；如唐长安城
北宋	拆除坊墙，居民区由原坊内小街发展成横列的巷（胡同），商业沿临市大街布置，一直延续至清代；元大都和明、清北京城是较典型的代表
明朝	北京城是在元大都的基础上改建和扩建而成的，由皇城、内城和外城3部分组成

2. 中国现存古城。

名称	修筑年代	价值
明南京城墙	元至正二十六年（1366年）到明洪武十九年（1386年）	城垣内侧周长33千米，为世界第一；聚宝门是我国现存最大、最为完整的堡垒瓮城
西安城墙	明洪武三年（1370年）到十一年（1378年）	我国现存最大型、保存完整的古城墙
平遥城墙	建于明洪武三年（1370年）	我国现存完好的四座古城墙之一；是研究我国明代县城建置的实物资料，1998年被列入《世界遗产名录》
丽江古城	始建于南宋末年	纳西族；未受中原建城礼制的影响，没有森严的城墙；1998年被列入《世界遗产名录》

3. 长城的历史。

朝代	起止点	长度	目的	特色
春秋战国	魏、燕、赵、秦等国		各国之间互相防御	最早修筑长城的是齐国和楚国
秦朝	西起临洮，东到辽东	5000千米	防御北方匈奴的南侵	把秦、赵、燕三国的长城连接起来
汉朝	东起辽东，西迄蒲昌海（罗布泊）	10000千米	阻挡了匈奴的南侵，保障了"丝绸之路"的畅通	历代长城中规模最大
明朝	西起嘉峪关，东到鸭绿江	6350千米以上	加强北方的军事防御	1987年被列入《世界遗产名录》

4. 明长城的结构：城墙、敌台、烽燧、雉堞、关隘、营堡。

5. 长城上的主要景点。

（1）八达岭长城：明长城中保存最完整、最具代表性的段落之一，是万里长城的精华，也是明长城中最杰出的代表。

（2）金山岭长城：被誉为"第二八达岭"。明代初年徐达督修长城；1567年，戚继光镇守北疆，继续兴建众多敌楼和战台，使之成为万里长城上构筑最复杂、楼台最密集的一段。

（3）山海关：万里长城第一关。

（4）居庸关：其名始自秦代，相传因秦始皇"徙居庸徒"到此修筑长城而得名。现存关城建于明初，是北京西北的门户。

（5）嘉峪关：是明代万里长城西端的终点，丝绸之路的交通咽喉。

第三节　宫殿与坛庙

1. 根据考古发掘证明，早在商代就出现了宫殿。在河南偃师二里头发现两座规模宏大的宫殿建筑基址；安阳殷墟的宫殿规模更大。

2. 历史上著名的宫殿：秦阿房宫、汉未央宫、长乐宫、建章宫，唐大明宫、兴庆宫。

3. 我们今天所能看到的、保存完好的宫殿主要有两处，即北京的故宫和沈阳的清故宫。

4. 古代宫殿的布局。

布局特点	具体表现
严格的中轴对称	中轴线上的建筑高大华丽，轴线两侧的建筑低小简单
左祖右社，或称左庙右社	"左祖"是在宫殿左前方设祖庙，祖庙是帝王祭祀祖先的地方，也称"太庙"；"右社"是在宫殿右前方设社稷坛，是帝王祭祀土地神、粮食神的地方
前朝后寝	"前朝"是帝王上朝治政、举行大典之处；"后寝"是帝王与后妃们生活居住的地方

5. 宫殿外的陈设。

陈设	具体表现
华表	皇家建筑的特殊标志；"华表木""恒表""诽谤木"
石狮	辟邪，显示尊贵和威严。①左雄右雌：雄狮爪下为球，象征统一寰宇和无上权力；雌狮爪下为幼狮，象征子孙绵延。②北狮雄壮威武，南狮活泼有趣。③"三王狮"：狮子所蹲之石刻有凤凰、牡丹（分别为兽中之王、鸟中之王、花中之王）
日晷	它利用太阳的投影和地球自转的原理，借指针所生阴影的位置来显示时间
嘉量	我国古时的标准量器，从大到小依次为：斛、斗、升、合、龠。含有统一度量衡的意义，象征着国家统一和强盛
吉祥缸	"门海"，置于宫殿前盛满清水以防火灾的水缸
鼎式香炉	一种礼器，用来燃檀香和松枝（有盖为鼎，无盖为炉）
铜龟、铜鹤	象征长寿（龙头龟、仙鹤）

6. 北京故宫始建于明永乐四年 1406 年，历时 14 年才完工。是世界上现存规模最大、最完整的古代木结构建筑群，明清两代皇宫，共 24 个皇帝在此登基执政。

7. 北京故宫的"前朝"：皇帝举行大典、召见群臣、行使权力的场所。以太和殿、中和殿、保和殿三大殿为中心，包括东侧的文华殿和西侧的武英殿。

大殿名称	功能
太和殿（金銮殿）	皇帝即位、诞辰、节日庆典、出兵征伐等重大国典在此举行
中和殿	皇帝前往太和殿途中小憩之处，先在此接受内阁、礼部、侍卫执事人员的朝拜
保和殿	皇帝宴请外蕃王公贵族和京中文武大臣之处，清后期也是殿试的场所

8. 北京故宫的"内廷"：皇帝日常处理政务和帝后、嫔妃、皇子、公主等居住、游玩、奉神之处。主体建筑有乾清宫、交泰殿、坤宁宫以及两侧的 12 座宫院。

（1）养心殿：清代后 8 位皇帝居住和处理日常政务的地方；在同治、光绪执政期间，东间是慈禧太后垂帘听政的地方。

（2）四座花园：宁寿宫花园、慈宁宫花园、御花园、建福宫花园。

9. 1924 年，溥仪被逐出故宫；1925 年，故宫博物院正式成立；1987 年被列入《世界遗产名录》。

10. 故宫布局示意图。

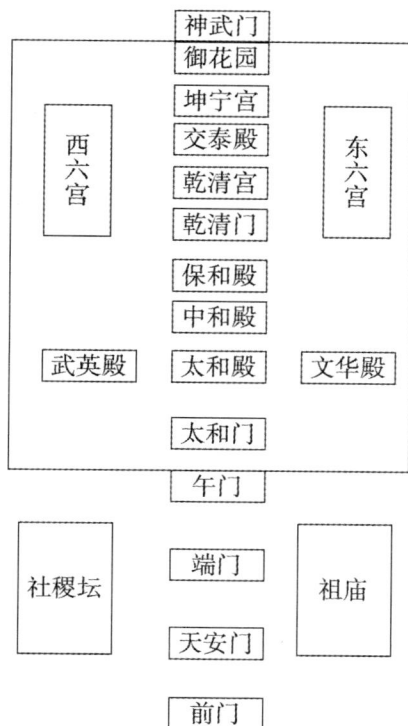

11. 沈阳故宫是清朝入关以前的皇宫，又称盛京皇宫，是我国现存仅次于北京故宫的最完整的皇宫建筑。

12. 沈阳故宫的布局具有浓厚的民族和地方特色，可分成 3 个部分。

布局	建筑
东路	清太祖努尔哈赤所建的大政殿，两侧有十方亭
中路	清太宗皇太极续建的大内宫阙，包括照壁、东西厢楼、东西朝房、崇政殿、凤凰楼、清宁宫
西路	清高宗乾隆四十八年（1783年）扩建，包括戏台、嘉阴堂、文溯阁、仰熙斋等建筑

13. 布达拉宫：是我国著名的宫堡式建筑群，为藏族古建筑艺术的代表作，相传公元 7 世纪吐蕃赞普松赞干布为迎娶文成公主而建此宫，从达赖五世起，重大宗教、政治仪式均在此举行，是原西藏封建农奴社会政教合一的统治中心。

14. 园林中的宫殿：清代颐和园中的仁寿殿、河北承德避暑山庄中的澹泊敬诚殿。

15. 坛庙建筑，也称礼制建筑。

16. 北京太庙：位于天安门左侧，今为北京劳动人民文化宫，过去是帝王祭祀祖宗的地方。其位置符合中国传统的"左祖右社"的规定。包括戟门、正殿、两庑、寝宫、祧庙，有明显的中轴线，左右配殿严格对称。

17. 社稷坛：体现了中国传统的"以农为本""民以食为天"的思想，是祭祀土地神和粮食神的地方，位于天安门西侧，与太庙左右对称。

社稷坛以五色土覆盖坛面，以象征"普天之下莫非王土"，并祈求风调雨顺、五谷丰登。坛上铺有中黄、东青、南红、西白、北黑的五色土。

18. 郊祭。

（1）天坛：南郊，冬至日，皇帝亲自去。

（2）地坛：北郊，夏至日，皇帝亲自去或派人去。

（3）日坛：东郊，春分。

（4）月坛：西郊，秋分。

19. 历史上许多皇帝，如秦始皇、汉武帝等，都要登五岳之首泰山祭泰山神，称封禅大典。

20. 天坛。

（1）始建于明永乐十八年（1420 年），其建筑由内外两重城墙环绕，南边围墙左右两角边为直角，北边围墙左右两角边为圆弧形，象征着"天圆地方"。

（2）四组建筑：祭天的圜丘坛、祈祷丰收的祈年殿、皇帝斋宿的斋宫、存放神牌的皇穹宇。

（3）1998 年 12 月被正式列入《世界遗产名录》。

21. 地坛与天坛相对应，坛呈正方形，以象征古人"天圆地方"的观念，所以又名方泽坛。

22. 曲阜孔庙。

（1）孔子：我国古代著名的思想家、教育家、儒家学派的创始人。

（2）曲阜三孔：孔庙、孔府、孔林，1994 年 12 月被列入《世界遗产名录》。

第四节　陵墓建筑

1. 帝王陵墓的封土形制。

大约从周朝开始，出现"封土为坟"的做法，根据《周礼·春官》记载"以爵为封丘之度"，主要有 3 种类型。

封土形制	朝代	示例
"方上"	秦、汉、宋代	秦始皇陵、汉代帝王陵墓，宋代规模比秦、汉的"方上"小得多
"以山为陵"	唐代	唐乾陵
"宝城宝顶"	明、清	明十三陵、清东陵

2. 帝王陵园的地面建筑主要由祭祀建筑区、神道和护陵监三部分组成。

3. 帝王墓室结构。

墓室结构	具体内容	示例
土穴墓	原始社会，墓穴形式简单	大汶口文化后期的墓坑

木椁墓	"椁"是盛放棺木的"宫室",即棺外的套棺。将砍伐整齐的大木枋或厚板用榫卯构成一个扁平的大套箱,下有底盘,上有大盖,在椁内分成数格,正中放棺,两旁和上下围绕着几个方格,称之为厢,分别安放随葬品	湖南长沙马王堆的西汉墓的棺椁
砖石墓	汉代开始,普遍采用砖石筑墓室,是中国古代墓室制度的一次划时代的变化。这一变化是从西汉中期开始。西汉中期流行空心砖墓,西汉晚期开始出现石室墓,墓室中雕刻着画像,故称"画像石墓"	明代万历皇帝的定陵

4. 帝王随葬品。

时期	随葬品
原始社会	早期,墓中随葬品主要是死者生前喜欢和使用过的物品;晚期,出现贫富分化后,随葬品丰富起来
商代	流行人殉制度
战国	用木俑和陶俑随葬的风俗已盛,这可以看作是人殉的替代
西汉中期	随葬品中增添了各种专为随葬而做的陶质明器
东汉	明器的种类和数量更多,这是中国古代墓葬在随葬品方面的一次大变革
魏晋南北朝	主要是陶质模型、陶瓷器皿、陶俑、镇墓兽
隋唐五代	随葬品以大量的陶俑为主
宋代到明代	随葬品以实用物品和珍宝为主,包括陶瓷器、金银器和玉器等

5. 中国古代帝王著名陵墓。

名称	位置	主人	形制	价值
秦始皇陵	陕西西安临潼区	秦始皇嬴政	方上	中国与世界上最大的陵墓。秦兵马俑坑被誉为"世界第八大奇迹",1987年被列入《世界遗产名录》
汉茂陵	陕西兴平市	汉武帝刘彻	方上	西汉帝王陵中规模最大的一座。16块珍贵的西汉石雕
唐乾陵	陕西乾县梁山	李治和武则天	以山为陵	唐代十八陵中保存最完整的一座;"无字碑";61尊石刻像

北宋陵	河南巩义市	北宋七帝及赵匡胤父亲赵宏	方上	
明十三陵	北京昌平天寿山下	明代13个皇帝	宝城宝顶	长陵：以其宏伟的地面建筑而闻名于世
				定陵：1956年的考古发现揭开了地宫之谜
清陵 永陵	辽宁新宾	清太祖以前		
福陵、昭陵	辽宁沈阳	清太祖、清太宗		
清东陵	河北遵化	顺治、康熙、乾隆、咸丰、同治	宝城宝顶	定东陵（慈禧陵）最为考究
清西陵	河北易县	雍正、嘉庆、道光、光绪	宝城宝顶	

第五节　中国著名的楼阁、佛塔、古桥

1.江南三大名楼。

名称	位置	相关诗人、作品、名句	特点
黄鹤楼	湖北武汉	崔颢的《黄鹤楼》："黄鹤一去不复返，白云千载空悠悠"	采用黄瓦，附会黄鹤
岳阳楼	湖南岳阳	范仲淹的《岳阳楼记》："先天下之忧而忧，后天下之乐而乐"	"四绝碑"
滕王阁	江西南昌	王勃的《滕王阁序》："落霞与孤鹜齐飞，秋水共长天一色"	"三王文词"

2.中国古塔类型及特征。

类型	特征	代表性塔
楼阁式塔	早期为木结构，隋、唐以后多为砖石仿木结构	陕西西安大雁塔、山西应县木塔
密檐式塔	底层塔身很高，以上各层塔檐层层重叠，大都是实心	河南登封嵩岳寺塔、云南大理千寻塔、西安小雁塔

覆钵式塔	又称喇嘛塔；流行于元代，明、清继续发展	北京妙应寺白塔
金刚宝座塔	具有印度风格；塔的下部为一方形巨大高台，台上建造五座正方形密檐小塔（代表五方五佛）	北京真觉寺金刚宝座塔

3. 中国著名古塔。

名称	朝代	价值
西安大雁塔	唐代	玄奘西行求法、归国译经的纪念建筑物
山西应县木塔	辽代	我国现存最古老、最高的一座木构大塔（67.13米）
河南登封嵩岳寺塔	北魏	我国现存年代最早的砖塔
西安小雁塔	唐代	为保存佛教大师义净从印度带回的佛经、佛像而建
崇圣寺三塔	南诏	大理"文献名邦"的象征，是云南古代历史文化的象征
北京妙应寺白塔	元代	我国建筑年代最早、规模最大的一座喇嘛塔；阿尼哥设计
北京真觉寺金刚宝座塔	明代	我国同类塔中年代最早、雕刻最精美的一座

4. 中国古代的桥梁。

名称	位置	历史	类型	特色	评价
赵州桥（安济桥）	河北赵县	隋代开皇至大业年间（590—608年），李春设计	拱桥	空撞券法	桥拱肩敞开，开创了桥梁的新类型，是世界桥梁工程中的首创，也是世界现存最大的敞肩桥
宝带桥	江苏苏州	始建于唐代	拱桥	纤道桥	一座孔数最多的连拱石桥，53个桥孔
洛阳桥（万安桥）	福建泉州	始建于北宋，蔡襄主持	梁桥	种蛎固基法	中国古代著名的梁式石桥
广济桥	广东潮州	始建于南宋，明代重修	梁桥和浮桥混合	中断缩短，改用18艘梭船连成浮桥，能开能合	中国古代第一座开启活动式石桥
卢沟桥	北京永定河上	金代	拱桥	雕刻有485个石狮；卢沟桥事变	北京现存最古老的连拱石桥
程阳永济桥（风雨桥）	广西三江侗族自治县林溪乡	建于1916年		木石结构，桥墩上建有5座侗族风格的楼亭	侗族文化在建筑艺术上的结晶

第7章　中国的古代园林

第一节　中国古代园林的起源、特色与分类

1.中国古代园林的起源与发展。

时期	特点
商周时期	初期造园阶段；最初形式为"囿"；如周武王曾建"灵囿"
春秋战国时期	园林中已经有了成组的风景，自然山水园林已经萌芽
秦汉时期	出现了以宫室建筑为主的宫苑；如秦始皇建上林苑
魏晋南北朝时期	中国园林发展中的转折点；佛教的传入及老庄哲学的流行，使园林转向崇尚自然；私家园林逐渐增加
唐宋时期	园林达到成熟阶段；官僚及文人墨客将诗与画融入园林的布局与造景中；唐宋写意山水园林在体现自然美的技巧上取得了很大的成就，如叠石、堆山、理水等
明清时期	园林艺术进入精深发展阶段；现代保存下来的园林大多属于明清时代

2.中国古代园林的特色。

（1）造园艺术，"师法自然"。

（2）园林建筑，顺应自然。

（3）树木花卉，表现自然。

（4）诗情画意，融入自然。

3.中国古代园林的分类。

分类方法	类型	特点	代表
按占有者身份	皇家园林	规模宏大，真山真水较多，建筑色彩富丽堂皇，建筑体形较多高大	北京的颐和园、北海公园，河北承德避暑山庄
	私家园林	规模较小，假山假水，建筑小巧玲珑，色彩淡雅素净	北京的恭王府，苏州的拙政园、留园、沧浪亭、网师园，上海的豫园

	北方类型	范围大，建筑富丽堂皇，自然条件不如南方，风格粗犷	多集中在北京、西安、洛阳、开封，以北京为代表
按园林所处地理位置	江南类型	范围小，明媚秀丽、淡雅朴素、曲折幽深，自然条件好，略显局促	多集中在南京、上海、苏州、杭州、扬州，以苏州为代表
	岭南类型	具有热带风光，建筑物都较高而宽敞，自然条件比北方、江南都好	顺德的清晖园、东莞的可园、番禺的馀荫山房

第二节　中国古代园林之造园艺术

1. 筑山。

时期	特点	代表
秦、西汉	开始人为造山，象征东海神山	上林苑
东汉	开始模仿自然山水	梁冀模仿伊洛二崤
魏、晋、南北朝	写意式的叠山	
唐、宋	对叠山艺术更为讲究	宋徽宗所筑的艮岳
明代	更为成熟和普及，《园冶》"掇山"一节中列举了17种造山形式	苏州的拙政园、常熟的燕园、上海的豫园
清代	造园家创造了穹形洞壑的叠砌方法	

2. 理池。

方法	做法	作用
掩	以建筑和绿化，将曲折的池岸加以掩映	临水建筑，打破岸边的视线局限；或临水菰蒲苇岸、杂木迷离，造成池水无边的视觉印象
隔	或筑堤横断于水面，或隔水浮廊可渡，或架曲折的石板小桥，或涉水点以步石	增加景深和空间层次，使水面有幽深之感
破	乱石为岸，并植配以细竹野藤	平添山野风致

3. 植物：花木的选择标准有姿美、色美、味香 3 个方面。

植物	象征意义
竹子	人品清逸和气节高尚
松柏	坚强和长寿
莲花	洁净无瑕
兰花	幽居隐士
玉兰、牡丹、桂花	荣华富贵
石榴	多子多孙
紫薇	高官厚禄

4. 动物：园中动物可供观赏娱乐，可以隐喻长寿，也可借以扩大和涤化自然境界，令人通过视觉、听觉产生联想。主要有：鹤、鸳鸯、金鱼、鹿等。

5. 建筑。

建筑名称	功能及特点	代表
厅堂	待客与集会活动的场所，也是园林中的主体建筑	拙政园远香堂、留园涵碧山房、狮子林荷花厅、怡园鸳鸯厅
楼阁	园林中二类建筑，属较高层的建筑；楼阁可用来观赏风景、储藏书画，还可以供佛	宁波的天一阁、颐和园的佛香阁
书房馆斋	馆可供宴客之用，斋供读书用，建筑式样较简朴	留园的五峰仙馆、林泉耆石馆
榭	建于水边或花畔，借以成景；水榭则要三面临水	
轩	小巧玲珑、开敞精致的建筑物	
舫	仿造舟船造型的建筑，常建于水际或池中	南京煦园不系舟、苏州拙政园香洲
亭	一种开敞的小型建筑物，主要供人休憩观景	沧浪亭、松风亭、嘉实亭
路与廊	交通的功能，观赏的作用；最富有可塑性与灵活性的建筑	沧浪亭的复廊
桥	不但有增添景色的作用，而且用于隔景	
园墙	这是围合空间的构件，通常在园墙上设漏窗、洞门、空窗等	上海豫园的五条龙墙

6.匾额、楹联与刻石：匾额是悬置于门楣之上的题字牌，楹联是门两侧柱上的竖牌，刻石是山石上的题诗刻字。这些配饰不仅能够陶冶情操、抒发胸臆，也能够起到点景的作用，为园中景点增加诗意，丰富意境。

第三节　中国古代园林的常见构景手段

构景手法	定义
抑景	中国传统艺术历来讲究含蓄，所以园林造景也绝不会让人一走进门口就看到最好的景色，最好的景色往往藏在后面，这叫作"先藏后露""欲扬先抑""山重水复疑无路，柳暗花明又一村"，采取抑景的办法，才能使园林显得有艺术魅力
添景	当甲风景点在远方，或自然的山，或人文的塔，如没有其他景点在中间、近处作过渡，就显得虚空而没有层次；如果在中间、近处有乔木、花卉作中间、近处的过渡景，景色显得有层次美，这中间的乔木和近处的花卉，便叫作添景
夹景	当甲风景点在远方，或自然的山，或人文的建筑（如塔、桥等），它们本身都很有审美价值，如果视线的两侧大而无当，就显得单调乏味；如果两侧用建筑物或树木花卉屏障起来，使甲风景点更显得有诗情画意，这种构景手法即为夹景
对景	在园林中，或登上亭、台、楼、阁、榭，可观赏堂、山、桥、树木……或在堂、桥、廊等处可观赏亭、台、楼、阁、榭，这种从甲观赏点观赏乙观赏点，从乙观赏点观赏甲观赏点的方法（或构景方法），叫作对景
框景	园林建筑中的门、窗、洞，或乔木树枝抱合而成的景框，往往把远处的山水美景或人文景观包含其中，这便是框景
漏景	园林的围墙上，或走廊（单廊或复廊）一侧或两侧的墙上，常常设以漏窗，或雕以带有民族特色的各种几何图形，或雕以民间喜闻乐见的葡萄、石榴、老梅、修竹等植物，或雕以麂、鹤、兔等动物，透过漏窗的窗隙，可见园外或院外的美景，这叫作漏景
借景	大至皇家园林，小至私家园林，空间都是有限的。在横向或纵向上让游人扩展视觉和联想，才可以小见大，最重要的办法便是借景。所以计成在《园冶》中指出"园林巧于因借"。借景有远借、邻借、仰借、俯借、应时而借之分

第四节 中国现存的著名园林

1. 中国现存皇家园林。

名称	历史	布局及主要景点	价值
颐和园	金贞元元年（1153年）完颜亮设为行宫；明朝由皇室改为好山园；清乾隆改为清漪园；光绪年间慈禧改为颐和园	全园分为政治生活区、帝后生活区和风景游览区3部分；佛香阁是全园景色的构图中心	我国现有大型皇家园林中最为完整、最为典型的一个，也是世界著名园林之一；1998年被列入《世界遗产名录》
承德避暑山庄	始建于清康熙四十二年（1703年），至乾隆五十五年（1790年）竣工	分宫殿区和苑景区，宫殿区在山庄南部，苑景区包括湖区、平原区和山区3部分；湖区是山庄风景的中心；外八庙为清代建筑，依山而建，形式各异	我国现存占地面积最大的帝王宫苑；1994年被列入《世界遗产名录》
北海公园	建于辽代	主要景点有琼华岛、白塔、五龙亭、太液池、九龙壁	我国现存历史最悠久的皇家花园

2. 中国现存私家园林。

名称	位置	历史	布局及主要景点	特色
拙政园	苏州	始建于明代	全园分东（归田园居）、中（拙政园）、西（补园）3部分	苏州四大名园之首
留园	苏州	明嘉靖，徐泰时的东园；清嘉庆，刘恕改建成寒碧庄，也称刘园	可分中、东、西、北4个部分；中部以山水景色为主，东部以建筑院落为主，西部是土山枫林，北部是桃园等田园风光	堪称我国造园艺术佳作；东园的"冠云峰"为宋代花石纲遗物
网师园	苏州	始建于南宋，"万卷堂"故址；乾隆年间宋宗元定名为"网师园"	小中见大，布局严谨，主次分明又富于变化，园内有园，景外有景，精巧幽深之至	全园清新有韵味，被认为是苏州古典园林中以少胜多的典范

个园	扬州	画家石涛的寿芝园旧址，大盐商黄应泰修建为住宅花园	四季假山在扬州园林中别具特色，在国内也属罕见	以叠石立意、气势雄浑著称
何园	扬州	清乾隆年间，何芷舠	分为东、西两部分，双槐园旧址	又名寄啸山庄，有"城市山水"之誉
寄畅园	无锡	元代时为僧舍，明代改名	出典于王羲之的诗句"三春启群品，寄畅在所因。"	运用各种造园艺术，体现山林野趣、清幽古朴之风貌
豫园	上海	明代，潘允端为"豫悦老亲"而建	全园分西部、北部、东部、南部4部分	黄石假山、砖雕、圆雕、龙墙为其特色；"玉玲珑"
清晖园	顺德	始建于清代	全园以船厅一带为中心，因地制宜，互相衬托	园内所有装饰图案无一雷同，并且大都以岭南佳果为题材，富有岭南特色
可园	东莞	始建于清代	全园以双清室、可楼为构图中心	占地甚小，但园中建筑、山池、花木等景物十分丰富，运用了"咫尺山林"的手法
番禺馀荫山房	番禺	清代举人邬彬的私家花园，始建于清代同治年间	吸收了苏杭庭院建筑的艺术风格，整座园林布局以灵巧精致的艺术特色著称	广东"四大园林"中保存原貌最好的古典园林

3. 苏州园林。

苏州园林甲天下，不出城郭而获山水之怡，身居闹市而得林泉之趣。这是苏州市旅游的最大特色。现存各园大都是明清时始建，明代得有 217 处，清代的有 130 多处。1998 年 12 月被列入《世界遗产名录》。

4. 中国名园。

苏州四大名园	沧浪亭、狮子林、拙政园、留园
广东四大名园	顺德的清晖园、东莞的可园、番禺的馀荫山房、佛山十二石斋

第8章　中国饮食文化

第一节　中国饮食文化概述

1. 世界三大烹饪流派：中国烹饪、法国烹饪和土耳其烹饪。中国烹饪由于历史最悠久、特色最丰富、文化内涵最为博大精深、使用人口最多等特点首屈一指。

2. 我国最早的古籍之一《周易·鼎》中，就出现了"烹饪"一词，约在唐代出现"料理"一词，宋代出现"烹调"一词。

3. 中国烹饪特点：从大的方面来讲是优选原料，精细加工，讲究火候，讲求风味，合理膳食。具体到每道菜肴，则讲究色、香、味、形均为上等。

4. 清代出现"帮口""帮口菜"的名称，20世纪50年代出现"菜系"一词。

5. 中国烹饪风味流派的划分。

划分标准	流派
地域角度	四大菜系：山东（鲁）、淮扬、四川（川）、广东（粤）
	八大菜系：四大菜系+浙江（浙）、安徽（徽）、湖南（湘）、福建（闽）
	十大菜系：八大菜系+北京（京）、上海（沪）
	十二大菜系：十大菜系+河南（豫）、陕西（陕、秦）
民族角度	55个少数民族风味流派
原料性质	素食风味（宫廷、寺院、民间三大派别）、荤食风味
功用	保健医疗风味、普通食品风味
生产者主体	市肆风味、食堂风味、家庭风味
时代	仿古风味、现代风味

第二节　中国菜系

1. 山东风味。

历史	南北朝已初具规模，明清时已稳定形成流派
组成	济南菜、胶东菜、孔府菜
特点	以当地特产为条件选料，精于制汤和以汤调味，烹调法以爆、炒、扒、熘最为突出，口味以咸鲜为主而善于用葱香调味
代表菜	爆双脆、葱爆海参、清汤燕菜、糖醋鲤鱼、清蒸加吉鱼、九转大肠、锅燫豆腐、熘肝尖等

2. 四川风味。

历史	西汉两晋时已初具轮廓，明清之际因辣椒的传人形成稳定的味型特色
组成	成都（上河帮）、重庆（下河帮）、自贡（小河帮）
特点	取料广泛，以小炒、小煎、小烧、干烧、干煸见长，味型丰富，百菜百味，擅长麻辣、鱼香、怪味等
代表菜	宫保鸡丁、麻婆豆腐、鱼香肉丝、水煮肉片、锅巴肉片、樟茶鸭子、怪味鸡块、干烧岩鱼、干煸牛肉丝

3. 江苏风味。

历史	春秋、战国时已露端倪，唐宋已成为"南食"重要组成部分，元代已具规模，明、清形成流派
组成	淮扬（扬州、淮安）、京宁（镇江、南京）、苏锡（苏州、无锡）、徐海（徐州、连云港）等风味
特点	取料不拘一格而物尽其用，重鲜活。特别讲究刀工、火工和造型，擅长炖、焖、煨、焐。调味注重清爽、鲜淡、平和（徐海以咸鲜为主）
代表菜	清炖狮子头、大煮干丝、叫花鸡、松鼠鳜鱼、香松银鱼、水晶肴蹄、炒软兜、霸王别姬、羊方藏鱼

4. 广东风味。

历史	南宋以后初具雏形，有"南烹""南食"之称，清中叶后，形成"帮口"，清末有"食在广州"之说
组成	广州、潮州、东江
特点	取料广博奇杂而重"生猛"，烹调方法多而善于变化，长于炒泡、清蒸、煲，尤其独擅焗、㸆、软炒等。调味重清脆、鲜爽、嫩滑而突出原味
代表菜	油泡鲜虾仁、白云猪手、脆皮乳猪、东江盐焗鸡、潮州冻肉、爽口牛丸、白焯螺片、太爷鸡、大良炒牛奶、瓦罉㸆水鱼、脆皮炸海蜇等

5. 浙江风味。

组成	杭州、宁波、绍兴
特点	口味重鲜嫩、清脆
代表菜	西湖醋鱼、东坡肉、龙井虾仁、油焖青笋、蜜汁火方、冰糖甲鱼、网油包鹅肝、清汤越鸡、干菜焖肉、糟溜白鱼等

6. 福建风味。

组成	福州、闽南（以厦门、泉州为中心）、闽西（客家）
特点	福州偏酸甜，闽南多香辣，闽西浓香醇厚
代表菜	佛跳墙、淡糟鲜竹荪、炒西施舌、鸡丝燕窝、沙茶焖鸭块、白斩河田鸡、荔枝肉、橘汁加吉鱼等

7. 湖南风味。

组成	湘江流域（以长沙、湘潭、衡阳为中心）、洞庭湖区（以常德、岳阳、益阳为中心）、湘西山区（以吉首、怀化、大庸为中心）
特点	口味重辣酸、香鲜、软脆
代表菜	麻辣仔鸡、生溜鱼片、清蒸水鱼、腊味合蒸、火方银鱼、洞庭肥鱼肚、吉首酸肉、油辣冬笋尖、板栗烧菜心等

8. 安徽风味。

组成	皖南、沿江、淮北
特点	口味以咸、鲜、香为主
代表菜	黄山炖鸽、火腿炖甲鱼、问政山笋、红烧划水、符离集烧鸡、椿芽拌鸡丝等

第三节 中国风味特色菜

1. 宫廷菜（御膳）。

风味	简介	名菜
宫廷菜（御膳）	历代皇宫内由御厨制作的专供皇帝、后妃们食用的菜肴。唯有清代的宫廷菜较为完整地流传下来；清宫菜以满族食风为主，既有山东、江南、四川等各地方风味，也包括蒙、回各民族的风味	鱼藏剑、炒豆腐脑、荷包里脊、熘鸡脯、凤凰扒窝、燕窝贺字锅烧鸭子、炸佛手卷、龙须驼掌、烧鹿筋、抓炒鱼片、金银鹿肉、雪花桃泥、荷花鱼丝、罗汉菜心、炒胡萝卜酱等
仿宫廷菜（仿膳）	仿制历代帝王皇宫内御膳房由御厨制作的专供皇帝、后妃等用膳的菜肴，为仿古菜之首	"仿膳斋"、仿唐菜、仿宋菜

2. 官府菜。

名称	来源	特点	名菜
孔府菜	是山东曲阜县孔府的菜肴；分为家常菜和筵席菜	正席菜制作精细、注重营养、豪华奢侈、讲究礼仪；日常饮食肴馔，选料精而广，技法多而巧，并具有浓厚的乡土气息	筵席菜：孔府一品锅、燕菜一品锅、白扒通天翅子、八仙过海闹罗汉、奶汤燕菜、把儿鱼翅、把儿海参、红扒熊掌、糟烧海参、奶汤鹿筋、烤乳猪、烤鸭子、八仙鸭子、神仙鸭子、三套鸭子等 点心：桂花饼、荷花饼、菊花饼、薄荷饼、百合酥、玫瑰粽子等
谭家菜	出自清末官僚谭宗浚家中	一为甜咸适口，南北均宜；二为讲究原汁原味；三为选料精，加工细；四为火候足、下料重，菜肴软烂，易于消化	共有200余种佳肴，尤以做海味菜最为有名，在烹制海味中又以燕窝和鱼翅的烹制最为有名；成为北京饭店四大菜（川、粤、淮扬、谭家）之一；名菜：红烧鱼翅、葵花鸭子、草菇蒸鸡、网油山鸡卷等 点心：麻茸包、酥盒子等

随园菜	因《随园食单》（袁枚）而得名的清代官府菜；《随园食单》堪称官府菜谱代表作	一为十分讲究原料的选择；二为加工、烹调精细而卫生；三为讲究色香味形器；四为注重筵席的制作艺术；五为严格而科学的要求；是金陵饭店的膳食特色之一	40多种，如素燕鱼翅、鲩鱼炖鸭、鲩鱼豆腐、白玉虾圆、八宝豆腐、鸡松、鸡粥、瓜姜水鸡、雪梨鸡片、台鲞烧肉、酒煨水鱼、黄芪蒸鸡、叉烧山鸡、竹蛏豆腐、芥末菜心、糟鸡翅、鱼脯、素烧鹅、烧鸭、栗子烧鸡、酒煨鳗鱼、灼八块、醉虾等
红楼菜	根据《红楼梦》所记述的贾府的看馔饮食所研制的菜肴	具有官府菜的特点，研制始于20世纪80年代初；1983年北京中山公园的来今雨轩率先经营红楼菜	糟鹅掌、火腿炖肘子、怡红祝寿、茄鲞、雪底芹芽等

3. 素食与药膳。

名称	特征	分类	名菜
素菜	第一，以时鲜为主，清爽素净。第二，花色繁多，制作考究。第三，富含营养，健身疗疾	以食用对象分：寺观素菜、宫廷素菜、民间素菜 以制作方法分：卷货类、卤货类、炸货类	罗汉斋、炒豆腐脑、半月沉江、糟烩鞭笋、醋熘素黄鱼、糖醋素鲤、笋炒鳝丝、脆皮烧鸡、炒腰花、红焖鸭、素火腿等
药膳	既有一定的药效，又味美可口，是食疗法的一部分	冬虫夏草全鸭、当归炖乌骨鸡、枸杞叶炖猪腰、果仁排骨、草果豆蔻炖乌骨鸡、杜仲爆羊腰、玫瑰花烤羊心、人参鹿尾、山药茯苓包子、双耳汤、百合鸡蛋黄汤、白术猪肚粥、荷叶粥、马齿苋粥等	

4. 寺观素菜的代表：厦门南普陀寺、杭州灵隐寺、成都宝光寺等。

5. 民间素菜以素菜馆为代表，素菜馆起源于宋代，到清代有了较大的发展。代表：天津的真素园、上海的功德林、南京的绿柳居、北京的全素斋、广州的菜根香、杭州的道德林、西安的素味香等。

第四节　地方名点小吃

1. 概述。

（1）小吃、点心：指用于早点、夜宵、茶食或席间的点缀以及茶余饭后消闲遣兴的小型方便食品，以量少精制而有别于正餐和主食，也以量少价钱便宜而区别于大菜，常称作经济小吃。

（2）根据20世纪80年代出版的《中国小吃》所收12个省市材料，经过精选的品种已有1400多种。

（3）少数民族独特小吃有：满族的萨其马，回族的油香、麻酱烧饼，维吾尔族的馕、烤包子、手抓饭，蒙古族的肉饼、馅饼，白族的米线，朝鲜族的打糕、冷面等。

（4）节令食品：饺子、年糕、元宵（汤圆）、春饼、青团、粽子、月饼、腊八粥等。

（5）分类：按花色品种可分包卷类、饼饵类、面茶类、饺角类、糕团类、糜粥类、杂食类等；按成熟方法分为蒸类、煮类、炸类、烙类、烤类、煎类、爆炒类等。

2. 中国面点小吃风味特色流派。

流派	简介	特点	名吃
京式流派	北京小吃具有汉族风味、清真风味和宫廷风味特色	原料广泛，品种繁多；技法多样，工艺精巧；口味爽滑，柔软松嫩	北京："都一处"烧卖、艾窝窝、小窝头、豌豆黄、豆面糕（驴打滚）、茯苓夹饼、焦圈、蜜麻花、爆肚、豆汁、肉末烧饼、褡裢火烧
	天津小吃吸收了南北各地技艺		天津：煎饼果子、狗不理包子、嘎巴菜虾籽豆腐脑、什锦火烧、耳朵眼炸糕、桂发祥什锦麻花、王记剪子股麻花、芝兰斋糕干、陆记烫面炸糕、锤鸡汤面、白记水饺
	河南是南北小吃荟萃之地		河南：开封灌汤包、烩面、浆面条、大枣锅盔、凤球包子、鸡丝卷、八宝馒头、瓠包、白糖焦饼、洛阳牡丹饼、黏面墩、绿豆糊涂、武陟油茶、豌豆馅、小焦杠油条、荆芥面托、鸡蛋布袋
	山东小吃以面食为主，是北方面食发源地之一		山东：蛋酥炒面、金丝面、蓬莱小面、福山拉面、山东煎饼、周村酥烧饼、高汤小饺、煎包、余子面、临沂高庄馒头、潍县杠子头火烧
			辽宁：老边饺子
			吉林：朝鲜冷面、打糕、李连贵熏肉大饼

苏式流派	以江苏为代表；尤以点心最佳，点心中又以米粉制品为佳	制作精巧，讲究造型；馅心多样，重视调味；糕团松软，香甜油润	江苏：太湖船点、猪油年糕、松子百果蜜糕、椒盐桃麻酥糕、桂花糖年糕、五色松糕、淮安茶食馓、蟹黄汤包、苏式月饼、黄桥烧饼、淮饺、三丁包子（天下一品）、千层油糕、翡翠烧卖
	浙江小吃以米面为主料		浙江：虾爆鳝面、片儿川、幸福双、马蹄酥、葱包桧儿、湖州大馄饨、宁波汤团、丁莲芳千张包子、金华干菜酥饼、白糖肥肉松糕、龙凤金团、侯口馒首、嘉兴五芳斋鲜肉粽子（江南粽子大王、东方快餐）、诸老大粽子、吴山酥油饼、清明艾饺、豆腐圆子
	上海小吃花色达600多种		上海：南翔小笼包、蟹壳黄、鸽蛋圆子、枣泥酥饼、擂沙圆、蒸拌冷面、面筋百叶、小绍兴鸡粥、排骨年糕、糟田螺
广式流派	以广州面点为主要代表	用料广泛，品种丰富；造型精巧，味道清淡；粥品繁多，富有营养	炒河粉、肠粉、及第粥、艇仔粥、大良双皮奶、伦敦糕、云吞面、蚝油叉烧包、酥皮莲蓉包、蟹黄灌汤饺、荷叶饭、冰肉千层酥、蜂巢香芋角、薄皮鲜虾饺、干蒸烧卖、粉果、广式月饼
川式流派	四川和重庆，素有"天府之国"称号	技法多样，品种繁多；注重传统，工艺严格；善调多种多样的复合味	龙抄手、担担面、钟水饺、赖汤圆、山城小汤圆蒸蒸糕、蛋烘糕、芝麻圆子、鸡蛋熨斗糕、小笼蒸牛肉、川北凉粉、大竹醪糟、白果糕、叶儿粑、崇庆冻糕、夫妻肺片、顺庆牛肉粉
秦式流派	陕西，吸收各民族小吃，挖掘、继承古代宫廷小吃技艺		水晶柿子饼、石子馍、岐山臊子面、黑米稀饭、烩麻食、苦荞饸饹、葫芦头、泡泡油糕、牛羊肉泡馍（以西安最享盛名）、金线油塔
晋式流派	山西，"面食之乡"，包括晋式面点、面类小吃、山西面饭三大类，品种不下500种		刀削面（山西最具代表性的面条，堪称天下一绝）、拨鱼儿

第五节　名茶与名酒

1. 名茶。

（1）世界三大饮料：茶叶、咖啡、可可。

（2）唐代"茶圣"陆羽的《茶经》，是中国，也是世界上第一部茶叶科学专著。

（3）茶叶的分类。

分类标准	种类
加工方法	初加工：绿茶、红茶、青茶、黑茶、黄茶、白茶 再加工：紧压茶（边销茶）、花茶
商业习惯	绿茶、红茶、白茶、乌龙茶、花茶、紧压茶

2. 绿茶，是最古老的茶叶品种，属不发酵茶。

名茶	产地	历史及简介	特点
西湖龙井	浙江杭州	历史上曾分为狮、龙、云、虎、梅5个品种，以狮峰龙井为第一，誉为"龙井之巅"	四绝：色绿、香郁、味甘、形美；杭州双绝：龙井茶、虎跑泉
太湖碧螺春	江苏苏州	又名洞庭碧螺春，始制于宋代，原名"吓煞人香"，清康熙皇帝改名"碧螺春"	条索纤细、卷曲成螺、绒毛遍布、花香果味
黄山毛峰	安徽黄山	特级黄山毛峰，又称黄山云雾茶	芽叶肥壮、银毫形如雀舌、绿中微黄、回味甘甜、沁人心脾

3. 红茶，出现于清朝，属全发酵茶。红茶多以产地命名，如安徽省祁红、云南省滇红。

名茶	产地	历史及简介	特点
祁门红茶	安徽祁门、东至、黟县	1875年，余干臣试制成功，1915年获巴拿马国际博览会金奖，与印度大吉岭茶、斯里兰卡乌伐茶并称为"世界三大高香茶"	色泽乌润、毫色金黄、汤色红艳、叶底鲜红、回味隽厚、含有浓郁果香及兰花香，被誉为"祁门香"

4. 乌龙茶，也称青茶，属半发酵茶。名品有武夷岩茶、铁观音、广东凤凰单枞、台湾冻顶乌龙等。

名茶	产地	历史及简介	特点
武夷岩茶	福建武夷山市	清末创制；分为水仙、奇种（四大传统名枞：大红袍、铁罗汉、白鸡冠、水金龟）；以大红袍最为名贵，有"茶中之王"美誉	"蜻蜓头，蛤蟆背，砂绿润，品具岩骨花香，带有一香二清三甘四活的岩韵"

5. 黄茶，采用杀青、焖黄方法。

名茶	产地	特点
君山银针	湖南岳阳	称为"金镶玉"；冲泡时，芽尖冲上水面，悬空竖立，下沉时如雪花下坠，能够三起三落

6. 白茶，名品有白毫银针、白牡丹等。

名茶	产地	简介	特点
白毫银针	福建福鼎、政和	只有萎凋和干燥两道工序	外形美观、芽肥茸厚、汤色碧青、香味清淡

7. 紧压茶又称"边销茶"，深受西北、西南少数民族喜爱；花茶出现于宋代，尤受北方人民喜爱。

8. 名酒历史。

（1）中国是世界上最早酿酒的国家之一，早在5000年前就开始酿酒。

（2）商周时已出现制曲方法、酿酒官职、酿酒工艺。

（3）南北朝贾思勰《齐民要术》记录了9种酒曲的制作法、39种酒的酿造法和2种药酒的配制法。

（4）宋代出现较全面的酿酒专著——朱翼中的《北山酒经》。

9. 中国酒的分类。

划分标准	分类
酿酒方法	发酵酒、蒸馏酒、配制酒
酒精含量	高度酒（40°以上）、中度酒（20°—40°）、低度酒（20°以下）
商业习惯	白酒、黄酒、葡萄酒、啤酒、果酒、露酒、药酒

10. 白酒按香型分类。

名称	特点	代表
酱香型（茅香型）	酱香突出，幽雅细腻，酒体醇厚，回味悠长，空杯流香	茅台酒、郎酒、武陵酒
窖香型（浓香型）	窖香浓郁，绵甜甘洌，香味协调，尾净余长	泸州老窖、五粮液、古井贡酒、全兴大曲、剑南春、洋河大曲、双沟大曲、宋河粮液、沱牌曲酒
清香型	清香醇正、口味协调、微甜绵长、余味爽净	汾酒、黄鹤楼酒、宝丰酒
米香型	蜜香清雅、入口绵柔、落口爽洌、回味怡畅	桂林三花酒
其他香型（兼香型）	药香型（董酒）、凤香型（西凤酒）	

11. 1952—1988 年五届全国评酒会，评出国家名酒白酒共 17 种：茅台酒、泸州老窖、汾酒、西凤酒、五粮液、古井贡酒、董酒、全兴大曲、剑南春、洋河大曲、双沟大曲、特制黄鹤楼酒、郎酒、武陵酒、宝丰酒、宋河粮液、沱牌曲酒。

12. 名酒简介。

名酒	产地	历史（获奖）	风格
茅台酒	贵州仁怀市茅台镇	1915年巴拿马万国博览会金奖、世界第二名酒、历届国家名酒；素有"酒中明珠""国酒"美誉	酱香馥郁、回味悠长、空杯留香、持久不散
泸州老窖	四川泸州	泸州古称江阳，自古有"江阳尽道多佳酿"之誉；泸州最老的酒窖，建于明万历年间，已列入全国重点文物保护单位；1915年获得巴拿马万国博览会金奖，历届国家名酒	窖香浓郁、清洌甘爽、饭后留香、回味悠长
汾酒	山西汾阳县杏花村	南北朝北齐时就酿制"汾清"而著称于世；1915年获得巴拿马万国博览会金奖，历届国家名酒	清香雅郁，入口绵柔甘洌，余味爽净，有色、香、味三绝之美

13. 黄酒，中国最古老的饮料酒，中国特有的酿造酒。酒度一般 16°—18°，主要产于长江下游一带。

绍兴酒	产地：浙江绍兴，又名越酒、绍兴老酒、山阴甜酒。历史：已有2400多年，是中国乃至世界上最古老的饮料酒黄酒中的最名贵者。品种：加饭酒、元红酒、善酿酒、花雕酒。国家名酒
沉缸酒	产地：福建龙岩。历史：始酿于清嘉庆年间。美称：斤酒当九鸡。特点：红褐色，有琥珀光泽。得名：酒醅必须沉浮3次，最后沉于缸底

14. 葡萄酒。

历史	汉代，西域地区就以酿葡萄酒驰名；唐代，西北地区已用葡萄蒸制葡萄烧酒，饮葡萄酒之风盛行；中国最早的近代葡萄酒酿造企业是1892年由爱国华侨张弼士所创的山东烟台张裕葡萄酒厂
分类	①按加工方法：酿造葡萄酒、加香葡萄酒、起泡葡萄酒、蒸馏葡萄酒 ②按糖分含量：干葡萄酒（<0.5%）、半干葡萄酒（0.5%—1.2%）、半甜葡萄酒（1.2%—5%）、甜葡萄酒（>5%） ③按色泽：红葡萄酒、玫瑰红葡萄酒、白葡萄酒
国家名酒	山东烟台红葡萄酒、味美思、金奖白兰地，北京中国红葡萄酒、北京特制白兰地，河北张家口长城干白葡萄酒，河南商丘白葡萄酒，山东青岛白葡萄酒，天津半干白葡萄酒
烟台张裕葡萄酒厂	红葡萄酒、味美思、雷司令、金奖白兰地，1915年巴拿马国际博览会上拿到4块金质奖章；连续获国家名酒称号

15. 啤酒。

美誉	也叫"麦酒"，有"液体面包"之誉
历史	近代从欧洲传入；1904年、1905年在哈尔滨市、北京市中国人先后办起东北三省啤酒厂、双合盛五星啤酒汽水厂
分类	①根据是否杀菌：鲜（生）啤酒、熟啤酒 ②根据麦汁浓度、酒精含量：低浓度啤酒（7°—8°，2%）、中浓度啤酒（11°—12°，3.1%—3.8%）、高浓度啤酒（14°—20°，4.9%—5.6%） ③根据色泽：黄啤酒、黑啤酒
青岛啤酒	产地：山东青岛。历史：创于1903年。原料：以浙江、江苏、所产二棱大麦为原料，配以自产优质啤酒花，崂山泉水为酿造水。属中浓度淡色熟啤酒；国家名酒

16. 配制酒。

国家名酒	山西竹叶青、湖北园林青
竹叶青	产地：山西汾阳杏花村。成分：以汾酒作酒基，用高度汾酒冷浸竹叶、公丁香、香排草、当归等12种药材及冰糖配制而成。具有开胃、助消化等功效。国家名酒

第9章　中国的风物特产

第一节　中国陶瓷器

1. 陶瓷器是陶器制品和瓷器制品的总称。

2. 陶器与瓷器的区别。

区别	陶器	瓷器
用料不同	黏土	高岭土
釉质不同	不上釉或只上低温釉	高温琉璃釉
烧制温度不同	700℃—800℃	1200℃以上
物理性能不同	胎质粗松，有吸水性，敲击声不脆	质地致密，吸水率不足1%，敲击声清脆

3. 中国陶瓷制造历史。

（1）新石器时代：已经制造和使用陶器。

（2）商代烧出原始瓷器，东汉烧制出真正的瓷器。

（3）魏晋南北朝、隋、唐：发展时期。

（4）宋、元、明、清：兴盛。

（5）陶瓷是中国三大特产（陶瓷、丝绸、茶叶）之一，从西汉开始走向世界。唐宋以来，外国称中国是"瓷国"。

4. 中国著名陶瓷器。

陶瓷器代表	历史及原料	其他
江苏宜兴（陶都）紫砂器	始创于宋代，具有天下"神品"之称；质地细腻、含铁量高的特殊陶土	色彩一般呈赤褐、浅黄或紫黑色
河南洛阳仿唐三彩	釉色主要成分为硅酸铅	色彩以黄、绿、褐为主，是唐代的釉陶生活用具和雕塑工艺品
山东淄博美术陶瓷	汉代已能生产翠绿、栗黄、茶黄、淡绿四色釉陶；现以生产名贵色釉——雨点釉、茶叶末釉等著称	雨点釉：中国之奇、陶瓷之谜，日本称其为"天目釉"，是茶道精品

江西景德镇（瓷都）瓷器	汉代生产陶器；魏晋南北朝发展为生产瓷器；唐代出现白瓷；宋景德年间设置官窑，并诞生影青刻花瓷；明清造型优美，色彩绚丽	四大传统名瓷：青花瓷、青花玲珑瓷、粉彩瓷、高温颜色釉瓷；有"白如玉、薄如纸、明如镜、声如磬"之美誉
湖南醴陵釉下彩瓷	瓷器釉面犹如罩上一层透明的玻璃罩	醴陵日用瓷中具有独特艺术风格的传统产品
福建德化白瓷	明嘉靖、万历年间，何朝宗的何氏观音扬名天下	我国白瓷著名产地
浙江龙泉青瓷	釉色多青色，故称"青瓷"	特点：青如玉、明如镜、声如磬；已被列入《人类非物质文化遗产代表作名录》

5. 中国三大瓷都：江西景德镇、湖南醴陵、福建德化。

第二节　中国三大名锦与四大刺绣

1. 丝织刺绣品是以蚕丝为原料的纺织品和刺绣品的总称。丝绸起源于中国，是中国三大特产之一，汉代后由"丝绸之路"远销中亚、西亚、地中海沿岸。

2. 中国三大名锦。

名称		产地	得名	历史	其他
三大名锦	云锦	江苏南京	锦纹美丽如云彩，故名	始于南朝，明清尤盛；已列入《人类非物质文化遗产代表作名录》	富有民族风格和地方色彩；明丽辉煌，光彩夺目
	蜀锦	四川成都	四川简称蜀，故名	早在汉代就很发达，宋元时期已全国闻名；已列入第一批国家非物质文化遗产名录	仍沿染色熟丝织造的传统方法，富有独特的地方风格和构图
	宋锦	江苏苏州	始织于北宋，故名；因经线分面经和地经两重，故别名重锦	始织于北宋；已列入《人类非物质文化遗产代表作名录》	主要用于装裱书画和礼品装饰

3. 中国四大名绣。

名称	产地	特点	代表作
苏绣	江苏苏州、南通	双面绣	《猫》
湘绣	湖南长沙	以狮、虎为代表	"苏猫、湘虎"
蜀绣	四川成都		《芙蓉鲤鱼》《熊猫》
粤绣	广东广州、潮州	金银线垫绣	《百鸟朝凤》

第三节　漆器、金属工艺品和玉石木竹雕刻

1. 漆器。

（1）历史：始于六七千年以前；明代，著名漆工黄大成，开吴越漆作之先声，著《髹漆录》。

（2）产地：北京、福建福州、江苏扬州、四川成都（雕嵌填彩）、山西平遥（推光）、贵州大方（皮胎）、甘肃天水（雕填）等地。

名称	简介
北京雕漆	与江西景德镇瓷器、湖南湘绣，称为中国工艺美术三长
福州脱胎漆器	产于福州，已有180多年历史，被誉为"真正的中国民族艺术"
扬州镶嵌漆器	早在战国时就已生产，明朝达到全盛，产品以镶嵌螺钿最具特色

2. 金属工艺品。

名称	历史	产地	其他
青铜器	中国青铜器时代从原始社会末期开始，到战国末年结束，经历了2000多年时间；我国约有铭文青铜器一万件		铸造青铜器需要经过塑模、翻范、烘烤、浇注等工序；现存最长的铭文见于西周晚期的毛公鼎，计32行，499字；著名青铜器有司母戊大方鼎、毛公鼎等

金银花丝镶嵌	唐代已具雏形，明清已有规模	北京、四川成都、河北大厂回族自治县、香河县	产品主要分首饰和摆件两大类
景泰蓝（铜掐丝珐琅）	13世纪由云南传入北京，盛行于明景泰年间，且多用蓝色珐琅釉料，故名"景泰蓝"	北京	中国传统工艺三绝：北京景泰蓝、福建脱胎漆器、江西景德镇瓷器
锡器	始于明永乐年间；云南个旧锡制品制作可追溯至千年以上，至明清两代日益发达	云南、广东、山东、福建等	锡罐，从古至今被公认为茶叶长期保鲜的最佳器皿；"绿色环保金属"；锡制酒具深受饮酒者喜爱

3. 玉雕。

（1）历史：7000年前的新石器时代晚期已有玉质工具出现。

（2）主要玉石产地：新疆维吾尔自治区和田（和田玉又称昆山玉、昆玉，属软玉，尤其被称为羊脂玉的白玉，是和田玉中最佳品）、辽宁岫岩、河南独山。

（3）中国玉石雕刻的原材料还有：江苏东海县和海南省的水晶、台湾和海南省的珊瑚等。东海县素有"水晶之乡""水晶王国"之称；台湾有"珊瑚王国"之誉；澎湖有"珊瑚之乡"之美称。

（4）玉雕可分为件活和零碎活两类。

（5）玉雕简介。

名称	简介
北京玉雕	集南北技艺之长，形成自己的独特风格；有"金银有价玉无价"之谓
扬州玉雕	总体风格为：以"南方之秀"为主，兼具"北方之雄"。历史：夏商时期匠人已能识别玉石，雕琢成器；隋唐，胡商为当地琢玉技艺增辟材料来源；元代又创山子雕，将三雕技术合为一体；清乾隆年间，定玉雕为"扬州八贡"之一。代表作：《会昌九老图》《大禹治水图》
苏州玉雕	素以"苏帮"著称。历史：始于宋代，宋、元、明、清历代均为贡品，晚清玉器作坊达800余家

东北玛瑙雕刻	主产于黑龙江西北部和辽宁省大凌河流域。最珍贵的玛瑙称水胆玛瑙，古称空青石
	龙江玛瑙雕刻产于黑龙江哈尔滨市、齐齐哈尔市、牡丹江市，已有近百年历史
	锦州玛瑙雕刻产于辽宁锦州，1956年开始生产，1975年雕成我国第一件水胆玛瑙作品《水帘洞》

4. 名石雕刻。

	名称	产地	简介
三大佳石	福建寿山石雕刻	福建福州	因产于福州北郊寿山而得名；以"田黄石"最名贵，有"一两田黄一两金"之说；源于南朝，盛于明、清；分圆雕、浮雕、镂雕、薄雕、印钮五大类
	青田冻石雕刻	浙江青田	也称图章石；以冻石最名贵；始于南宋，成熟于明、清；尤以镂雕见长
	昌化鸡血石雕刻	浙江昌化	因其色红如鸡血而得名；极易制作印章，最受收藏家和篆刻家珍爱

5. 木雕。

（1）主要分布：浙江省（金华的东阳木雕、温州的乐清黄杨木雕）、福建省（龙眼木雕）、江苏省（苏州红木雕）、广东省（潮州金漆木雕）、湖北省（木雕船）、山东省（济宁曲阜楷木雕）等。

（2）东阳木雕：我国古老的民间木雕工艺品之一；约始于北宋；以浮雕见长，平面镂空和多层镂空独具特色；内容多取材于神话故事、民间传说、戏曲故事。东阳有"木雕之乡"的美誉。

（3）浙江三雕：东阳木雕、乐清黄杨木雕、青田石雕。

6. 竹刻。

（1）品种：留青、翻黄、根雕等。

（2）产地：上海、江苏、浙江、湖南等地。

（3）竹刻代表。

名称	历史	特点
上海竹刻	明嘉靖至清乾隆年间，达到鼎盛，形成嘉定、金陵两个中心；嘉定竹刻始于明隆庆万历年间，创始人朱松邻，与朱小松、朱三松被誉为"嘉定三朱"；清末，上海竹刻取而代之	以留青为主，并以竹肌浅刻和阴阳刻相结合为主要风格
浙江黄岩翻黄竹刻	清同治年间所创	选料精良，拼接严密，造型优美，雕工精细，色泽古雅，牢固耐用

7. 贝雕。

（1）主要产区：湖北仙桃、辽宁大连、山东青岛、广西北海、广东陆丰、江苏连云港等。

（2）湖北仙桃淡水贝雕以贝雕船的制作最具特色。

第四节 文房四宝、工艺画、年画、剪纸和风筝

1. 文房四宝之首：湖笔、徽墨、宣纸、端砚。

名称	产地	历史	美称	其他
湖笔	浙江湖州善琏镇	秦代蒙恬始创湖笔	"毛颖之冠"	四大特色：尖、齐、圆、健； 种类：羊毫、紫毫、狼毫、兼毫
徽墨	安徽歙县、休宁（古属徽州）	源于唐末五代奚超、奚廷珪制墨；宋代歙州改称徽州，"徽墨"定名；明代形成"歙派""休派"；清初形成四大家，道光后胡开文一家独领墨艺风骚	"落纸如漆，万载存真"	色泽黑润、经久不褪

			起源于唐代，清代改变用料比例；已列入《人类非物质文化遗产代表作名录》	"纸寿千年"	原料以青檀皮为主；分生熟两种，生宣作写意画最好，熟宣为书画最理想用纸
宣纸		安徽泾县（古属宣州）			
四大名砚	端砚	广东肇庆（古属端州）	开采于唐，宋代为世所重	"端石一斤，价值千金"	特点：石质细，易发墨；以紫色为主，名品有青花、鱼脑冻、蕉叶白、苏青、冰纹等；四大名砚之首
	歙砚	安徽黄山市歙县、屯溪区	砚石主要产于江西婺源龙尾山，又称龙尾砚，历史上，龙尾山属于歙州，故名	"艺林瑰宝"	以青色为主，名品有金星、金晕、银星、眉子、螺纹等；以浮雕浅刻为主
	洮砚	甘肃洮砚乡			采用临洮河绿漪石为料，色泽如碧玉。特点：发墨快亮而耐用，蓄水持久而不耗，笔吸墨匀而护毛，书画流畅而清爽
	澄泥砚	山西绛县、晋城			绛县的澄泥砚最著名，制法已失传

2. 工艺画。

（1）内画壶：主产地是北京、山东淄博市博山区、河北衡水。

（2）木版水印画：北京荣宝斋、上海朵云轩最著名。

（3）其他：河南南阳烙花画、福建福州软木画、辽宁沈阳羽毛画、大连贝雕画等。

3. 木版年画。

（1）中国的雕版印刷技艺已列入《人类非物质文化遗产代表作名录》。

（2）中国三大木版年画产地：天津杨柳青、江苏苏州桃花坞、山东潍坊杨家埠。

（3）天津杨柳青：家家会刻版，人人善丹青。

4. 剪纸。

（1）历史:始于北朝;唐代已处于大发展时期;南宋时,出现以剪纸为职业的行业艺人;

明、清时期走向成熟，达到鼎盛。

（2）分类：张贴用、摆衬用、刺绣底样、印染用。

（3）流派：南方派、江浙派、北方派。

剪纸代表	简介
扬州剪纸	中国剪纸流行最早的地区之一，早在唐代，已有剪纸迎春的风俗；清嘉庆、道光年间，著名艺人包钧有"神剪"之称；1979年剪纸艺人张永寿被授予"中国工艺美术大师"称号；扬州剪纸尤以四时花卉见长
浙江剪纸	始于五代；金华地区多为窗花和灯花；乐清细纹刻纸主要用于装饰龙盘灯；平阳的"圈盆花"最具特色
河北蔚县剪纸	源于明代；制作工艺独树一帜，不是"剪"，而是"刻"
山西剪纸	最常见的是窗花，具有北方地区粗犷、雄壮、简练、淳朴的特点
陕西剪纸	有"活化石"之称，较完整地传承了中华民族阴阳哲学思想和生殖繁衍崇拜的观念

5. 风筝。

（1）相传山东是中国风筝发源地。2000年前鲁国公输般用于侦察敌情，唐代转为娱乐，清康熙年间遍及城乡。

（2）山东潍坊国际风筝赛会：4月1日，自1980年起。

（3）主要产地：山东潍坊、北京（风筝哈）、天津（风筝魏）等。

第10章　中国旅游诗词、楹联、游记鉴赏

第一节　中国汉字的起源、演变及其规律

1.汉字是世界上最古老的文字之一，在世界表意和表音两大文字体系中，汉字属于表意文字系统。

2.汉字的起源。

（1）在文字产生之前，人们用实物、图画或各种符号记事表意。直到社会生产和社会关系发展到人们感到必须用记录语言的办法来记事和传递信息，文字才会产生。

（2）汉字体系的形成，经历了一段很长的时间，先后出现了记号字、假借字、形声字等。

（3）形声字的应用，是文字体系形成过程中一个极为重要的步骤。

（4）在形声字出现后，原始汉字大概还经过了多方面的改进，可能在夏商之际，才最后发展成为能够完整地记录汉语的文字体系。

3.汉字形体的演变及其规律。

汉字是形、音、义统一于一体的文字，汉字的发展变化也同时表现在字形、字音、字义三个方面。其中字形是字义和字音的依托。汉字的形体是指汉字的构形、笔道形态和书写体势三个方面的综合体现。

4.汉字形体演变大致可分为六个阶段：商代的甲骨文、周代的金文、战国文字、秦代的小篆、汉代的隶书、魏晋至今的楷书（包括行书和草书）。

5.汉字代表字体。

字体	简介
甲骨文	主要指商代时刻写在龟甲兽骨上的文字。1899年，王懿荣在河南安阳发现。象形、表意字较多，形声字只占很小一部分。甲骨文时代汉字的结构还处于变化活跃的阶段，是汉字发展早期特征的体现

金文	又称钟鼎文，是古代铸（少数是刻）在青铜器物上的文字。始于夏商时代，盛于两周，一直延续至秦汉。西周金文，以大盂鼎、毛公鼎、史墙盘等青铜器铭文为代表。特点：大多数字形的直观表意性减弱，书写符号性增强；字形结构趋向稳定，偏旁部首混用的现象大为减少；形声字开始大量增加
战国文字	有简册文字、帛书文字、盟书、铭文、石刻文字、玺印文字等。最突出的特点是形体各异，体现出文字书写随意性过大，很多字体无规律可循的特点
小篆	秦始皇统一六国后，推行小篆为标准字体。具体见李斯作《仓颉篇》、赵高作《爰历篇》、胡毋敬作《博学篇》。小篆是古文字形的终结，主要特点是固定了偏旁部首的位置和写法，基本上做到了定型化；书写形式整齐划一；象形表意字更加符号化；汉字整个构形系统进一步完善与加强
隶书	也称佐书、八分，是以点、横、掠、波磔等点画结构取代篆书的线条结构的一种字体。秦朝在推行小篆的同时，也大量使用了隶书
楷书	也叫真书、正书。产生于汉末，盛行于魏晋南北朝，一直沿用至今。特点：一是彻底摆脱了篆书的影响，构形单一、标准；二是点画形体比隶书更丰富。楷书是汉字点画结构的最典型字体

6. 汉字的繁、简问题。

新中国成立后，政府实行文字改革，颁布了简化字总表，替代相应的繁体字。汉字的简化包含两方面内容：一是简化字形，二是削减常用字的字数。

第二节　中国对联与古诗词格律常识

1. 对联的起源与发展。

（1）孕育时期：先秦至唐代，源于古人的辟邪桃符。

（2）出现时期：五代，人们开始在桃符上题写联语，多用于春节，故称春联。第一幅对联是后蜀之主孟昶所写的"新年纳余庆，嘉节号长春"。

（3）发展时期：宋、元，应用范围扩大。

（4）鼎盛时期：明、清，出现大批撰联高手。

2. 对联的种类。

（1）最早对对联进行分类的，是清代学者梁章钜，著作《楹联丛话》。

（2）按应用范围进行分类。

分类	对联举例
春联 （含节日联）	出现最早、应用范围最广的一种类型，多有横批
门联 （含行业联）	曲阜孔府门联：与国咸休，安富尊荣公府第；同天并老，文章道德圣人家
	旅馆门联：未晚先投宿；鸡鸣早看天
喜联	柳暗花明春正半；珠联璧合影成双
寿联	郑板桥六十自寿联。常如作客，何问康宁：但使囊有余钱，瓮有余酿，釜有余粮。取数叶赏心旧纸，放浪吟哦；兴要阔，皮要顽，五官灵动胜千官，过到六旬犹少。定欲成仙，实生烦恼：只令耳无俗声，眼无俗物，胸无俗事。将几枝随意新花，纵横穿插；睡得迟，起得早，一日清闲似两日，算来百岁已多
挽联	叶剑英挽联：三十年戎幕同胞，六载别离成永诀；五千里云天在望，一腔热血为招魂
交际联	郑板桥赠焦山长老联：花开花落僧贫富；云去云来客往还
堂联	徐霞客自题"梅花堂"联：春随香草千年艳；人与梅花一样清
名胜古迹联	河南汤阴岳王家庙联：凛凛正气；悠悠苍天
文艺作品联	李苦禅题画竹联：未出土时便有节；及凌云处尚虚心
杂类	如灯联、谜联、宣传联等。君子之交淡如；醉翁之意不在

3. 对联的特点：最大特点是对仗。①出句与对句字数相等；②出句与对句词性相同；③出句与对句结构相应；④出句与对句节奏相同；⑤出句与对句平仄相谐；⑥出句与对句内容相关（正对、反对、串对）。

4. 对联的格式。

（1）对联与横额的关系：对联写意，横额题名；对联画龙，横额点睛；联额互补，相辅相成。

（2）对联书写格式：上下联应竖写，上联在右，下联在左，不用标点符号；龙门写法。

5. 对联的领词：在对联中引出一串排比句与骈文句，使联语衔接自然、层次分明，造成节奏的起伏变化，使音律和谐婉转的词语。种类：一个字的领词，两个字的领词，三个字的领词。

6. 对联的断句。

（1）掌握长联短句多、长句少的特点。

（2）注意对联中的领词。

（3）利用反复词。

（4）上下联互相参照断句。

7. 古代诗歌的起源与演变。

最早的诗歌是收集在《诗经》里的300多首诗。

（1）四言诗：四字一句，是我国诗歌最早出现的形式之一，如《诗经》。

（2）五言诗：西汉到东汉时一些无名作者的五言诗，应该算是最早的完整的五言诗，如《古诗十九首》；汉末到魏晋南北朝，五言诗成为诗歌作者通用的体裁。

（3）七言诗：古代诗歌中形式最活泼，体裁最多样，句法和韵脚的处理最自由，而且抒情叙事最富有表现力的一种形式。

现存最早的完全成熟的七言诗——三国魏文帝曹丕的两首《燕歌行》；我国第一个大量写七言诗的人——南朝宋文学家鲍照，代表作《行路难》。

8. 古代诗歌的种类与区别。

种类	区别					
古体诗	唐代近体诗产生以前	除押韵外，不受任何格律限制，写作比较自由	句数、字数不限，三言、四言、五言、六言、七言、杂言都可以	不讲究平仄	不用对仗	用韵比较自由
近体诗	唐代正式形成	在篇章、句式、字数、平仄、对仗、音律等方面有严格规定，又称格律诗	从形式上看，包括律诗（每首八句）、绝句（每首四句）、长律（十句以上）；从句式上看，分五言、七言两大类	讲究平仄	要求对仗	押韵严格

9. 近体诗其他知识。

（1）律诗的八行分为四联：首联、颔联、颈联、尾联。一联中，上句叫出句，下句叫对句。

（2）律诗讲究"对"和"粘"。

（3）律诗的对仗一般在颔联、颈联。对仗的主要形式：工对、宽对、流水对、借对。

（4）押韵的要求：第一，只押平声韵，并且一韵到底，中途不能换韵。第二，押韵字的位置固定在对句的末尾，即律诗的二、四、六、八句，绝句的二、四句。第三，必须押同一韵部的字，不能出韵。

10. 古代词的形式与特点。

（1）词原本是音乐文学，是为配合乐曲而填写的歌词，全称为曲子词，简称词。一首词中句子长短参差不齐，故又称长短句。

（2）词调也叫词牌，是词写作时所依据的曲调乐谱的名称。

带"子"字的，是曲子的省称；带"令"字的，是令曲或小令；带"引""近"字的，属中调，比小令长而比长调短（少于 100 字）；带"慢"字的是慢曲子，即慢词，大部分是长调。

（3）除很少数小令是不分段的单片词（单调）外，绝大多数都分为两段（双调）。

（4）词的韵位，大多是其所合的音乐的停顿处，不同曲调音乐节奏不同，词调的韵位也不同。

11. 词的发展历史。

发展历史	朝代	代表人物
萌芽与兴起	隋至中唐	白居易、刘禹锡
发展	晚唐、五代	温庭筠、韦庄、李璟、李煜、冯延巳
鼎盛	宋	柳永、苏轼、周邦彦、李清照，张孝祥、陆游、辛弃疾、陈亮、刘克庄，姜夔、吴文英、蒋捷、周密
衰落	元代以后	纳兰性德

12. 北宋著名词人。

（1）柳永是第一个致全力于词作的文人，提高了词体的表现能力，扩大了词的题材领域，是对词发展史的一大贡献。所谓"凡有井水处，皆能歌柳词"。

（2）苏轼改变了词的传统婉约风格，解放了词的题材内容，这对词的传统是一次巨大的变革和冲击，他的豪放风格在南宋得到极大的发扬。

（3）周彦邦被认为是词的正宗代表人物，被人称为格律派，后世誉为"词家之冠"。

（4）李清照是北宋最后一个天才女词人，其词清新婉约，有很强的艺术感染力。

13. 南宋著名词人。

（1）豪放风格的代表词人有张孝祥、陆游、辛弃疾、陈亮、刘克庄等。最突出的是辛弃疾。

（2）辛弃疾与苏轼并称"苏辛"，成为宋词豪放派的代表，是宋词中成就最高的集大成者。辛弃疾存词数量最多（600多首），题材风格也最多样。他在苏轼"以诗为词"的基础上，更进一步"以文为词"，词的疆域得到了最大限度的开拓。

（3）南宋还有一些词人在词中寄托生活情趣，追求词的声律格调上的严谨和完美，使词趋向典雅化，代表人物有姜夔、吴文英、蒋捷、周密等。

第三节　中国旅游诗词名篇赏析

诗词名称	诗词内容
观沧海 三国魏·曹操	东临碣石，以观沧海。水何澹澹，山岛竦峙。树木丛生，百草丰茂。秋风萧瑟，洪波涌起。日月之行，若出其中。星汉灿烂，若出其里。幸甚至哉。歌以咏志。
晚登三山还望京邑 南朝·谢朓	灞涘望长安，河阳视京县。白日丽飞甍，参差皆可见。 余霞散成绮，澄江静如练。喧鸟覆春洲，杂英满芳甸。 去矣方滞淫，怀哉罢欢宴。佳期怅何许，泪下如流霰。 有情知望乡，谁能鬒不变？
滕王阁诗 唐·王勃	滕王高阁临江渚，佩玉鸣鸾罢歌舞。画栋朝飞南浦云，珠帘暮卷西山雨。闲云潭影日悠悠，物换星移几度秋。阁中帝子今何在？槛外长江空自流。
望洞庭湖赠张丞相 唐·孟浩然	八月湖水平，涵虚混太清。气蒸云梦泽，波撼岳阳城。欲济无舟楫，端居耻圣明。坐观垂钓者，徒有羡鱼情。
宿建德江 唐·孟浩然	移舟泊烟渚，日暮客愁新。 野旷天低树，江清月近人。
桃花溪 唐·张旭	隐隐飞桥隔野烟，石矶西畔问渔船。 桃花尽日随流水，洞在青溪何处边？
汉江临泛 唐·王维	楚塞三湘接，荆门九派通。江流天地外，山色有无中。 郡邑浮前浦，波澜动远空。襄阳好风日，留醉与山翁。

登金陵凤凰台 唐·李白	凤凰台上凤凰游，凤去台空江自流。 吴宫花草埋幽径，晋代衣冠成古丘。 三山半落青天外，一水中分白鹭洲。 总为浮云能蔽日，长安不见使人愁。
望九华赠青阳韦仲堪 唐·李白	昔在九江上，遥望九华峰。天河挂绿水，秀出九芙蓉。 我欲一挥手，谁人可相从。君为东道主，于此卧云松。
次北固山下 唐·王湾	客路青山外，行舟绿水前。潮平两岸阔，风正一帆悬。 海日生残夜，江春入旧年。乡书何处达，归雁洛阳边。
题破山寺后禅院 唐·常建	清晨入古寺，初日照高林。竹径通幽处，禅房花木深。 山光悦鸟性，潭影空人心。万籁此俱寂，但余钟磬声。
望岳 唐·杜甫	岱宗夫如何？齐鲁青未了。造化钟神秀，阴阳割昏晓。 荡胸生层云，决眦入归鸟。会当凌绝顶，一览众山小。
登高 唐·杜甫	风急天高猿啸哀，渚清沙白鸟飞回。无边落木萧萧下，不尽长江滚滚来。万里悲秋常作客，百年多病独登台。艰难苦恨繁霜鬓，潦倒新停浊酒杯。
登岳阳楼 唐·杜甫	昔闻洞庭水，今上岳阳楼。吴楚东南坼，乾坤日夜浮。 亲朋无一字，老病有孤舟。戎马关山北，凭轩涕泗流。
枫桥夜泊 唐·张继	月落乌啼霜满天，江枫渔火对愁眠。 姑苏城外寒山寺，夜半钟声到客船。
望洞庭 唐·刘禹锡	湖光秋月两相和，潭面无风镜未磨。 遥望洞庭山水色，白银盘里一青螺。
夜入瞿唐峡 唐·白居易	瞿唐天下险，夜上信难哉！岸似双屏合，天如匹练开。 逆风惊浪起，拔稔暗船来。欲识愁多少，高于滟滪堆。
春题湖上 唐·白居易	湖上春来似画图，乱峰围绕水平铺。松排山面千重翠，月点波心一颗珠。碧毯线头抽早稻，青罗裙带展新蒲。未能抛得杭州去，一半勾留是此湖。
钱塘湖春行 唐·白居易	孤山寺北贾亭西，水面初平云脚低。几处早莺争暖树，谁家新燕啄春泥。乱花渐欲迷人眼，浅草才能没马蹄。最爱湖东行不足，绿杨荫里白沙堤。
游少林寺 唐·沈佺期	长歌游宝地，屣倚对珠林。雁塔霜风古，龙池岁月深。 绀园澄夕雾，碧殿下秋阴。归路烟霞晚，山蝉处处吟。

黄鹤楼 唐·崔颢	昔人已乘黄鹤去，此地空余黄鹤楼。黄鹤一去不复返，白云千载空悠悠。晴川历历汉阳树，芳草萋萋鹦鹉洲。日暮乡关何处是，烟波江上使人愁。
送桂州严大夫同用南字 唐·韩愈	苍苍森八桂，兹地在湘南。江作青罗带，山如碧玉篸。户多输翠羽，家自种黄柑。远胜登仙去，飞鸾不假骖。
长安秋望 唐·杜牧	楼倚霜树外，镜天无一毫。 南山与秋色，气势两相高。
寄扬州韩绰判官 唐·杜牧	青山隐隐水迢迢，秋尽江南草未凋。 二十四桥明月夜，玉人何处教吹箫。
题宣州开元寺水阁 唐·杜牧	六朝文物草连空，天澹云闲今古同。鸟去鸟来山色里，人歌人哭水声中。深秋帘幕千家雨，落日楼台一笛风。惆怅无因见范蠡，参差烟树五湖东。
瑶池 唐·李商隐	瑶池阿母绮窗开，黄竹歌声动地哀。 八骏日行三万里，穆王何事不重来？
商山早行 唐·温庭筠	晨起动征铎，客行悲故乡。鸡声茅店月，人迹板桥霜。槲叶满山路，枳花明驿墙。因思杜陵梦，凫雁满回塘。
咏华山 宋·寇准	只有天在上，更无山与齐。 举头红日近，回首白云低。
书河上亭壁 宋·寇准	岸阔樯稀波渺茫，独凭危槛思何长。 萧萧远树疏林外，一半秋山带夕阳。
鲁山山行 宋·梅尧臣	适与野情惬，千山高复低。好峰随处改，幽径独行迷。霜落熊升树，林空鹿饮溪。人家在何许？云外一声鸡。
登飞来峰 宋·王安石	飞来峰上千寻塔，闻说鸡鸣见日升。 不畏浮云遮望眼，自缘身在最高层。
题齐安壁 宋·王安石	日净山如染，风暄草欲薰。 梅残数点雪，麦涨一溪云。
饮湖上初晴后雨 宋·苏轼	水光潋滟晴方好，山色空濛雨亦奇。 欲把西湖比西子，淡妆浓抹总相宜。
登快阁 宋·黄庭坚	痴儿了却公家事，快阁东西倚晚晴。落木千山天远大，澄江一道月分明。朱弦已为佳人绝，青眼聊因美酒横。万里归船弄长笛，此心吾与白鸥盟。

十七日观潮 宋·陈师道	漫漫平沙走白虹，瑶台失手玉杯空。 晴天摇动清江底，晚日浮沉急浪中。
晓出净慈寺送林子方 宋·杨万里	毕竟西湖六月中，风光不与四时同。 接天莲叶无穷碧，映日荷花别样红。
游山西村 宋·陆游	莫笑农家腊酒浑，丰年留客足鸡豚。山重水复疑无路，柳暗花明又一村。箫鼓追随春社近，衣冠简朴古风存。从今若许闲乘月，拄杖无时夜叩门。
台山杂吟 金·元好问	西北天低五顶高，茫茫松海露灵鳌。太行直上犹千里，井底残山柱呼号。万壑千岩位置雄，偶从天巧见神功。湍溪已作风雷恶，更在云山气象中。山云吞吐翠微中，淡绿深青一万重，此景只应天上有，岂知身在妙高峰？
阴山 元·耶律楚材	八月阴山雪满沙，清光凝目眩生花。插天绝壁喷晴月，擎海层峦吸翠霞。松桧丛中疏畎亩，藤罗深处有人家。横空千里雄西域，江左名山不足夸。
趵突泉 元·赵孟頫	泺水发源天下无，平地涌出白玉壶。谷虚久恐元气泄，岁旱不愁东海枯。云雾润蒸华不注，波澜声震大名湖。时来泉上濯尘土，冰雪满怀清兴孤。
岳鄂王墓 元·赵孟頫	鄂王墓上草离离，秋日荒凉石兽危。南渡君臣轻社稷，中原父老望旌旗。英雄已死嗟何及，天下中分遂不支。莫向西湖歌此曲，水光山色不胜悲。
游岳麓寺 明·李东阳	危峰高瞰楚江干，路在羊肠第几盘？万树松杉双径合，四山风雨一僧寒。平沙浅草连天远，落日孤城隔水看。蓟北湘南俱入眼，鹧鸪声里独凭栏。
滇海曲 明·杨慎	其一：梁王阁榭水中央，乌鹊双星带五潢，跨海虹桥三十里，广寒宫殿夜飘香。 其二：萍香波暖泛云津，渔枻樵歌曲水滨。天气常如二三月，花枝不断四时春。
火焰山 明·陈诚	一片青烟一片红，炎炎气焰欲烧空。春光未半浑如夏，谁道西方有祝融？
长白山 清·吴兆骞	长白雄东北，嵯峨俯塞州。迥临沧海曙，独峙大荒秋。 白雪横千障，青天泻二流。登封如可作，应待翠华游。
晨登衡岳祝融峰 清·谭嗣同	身高殊不绝，四顾乃无峰。但有浮云度，时时一荡胸。 地沉星尽没，天跃日初熔。半勺洞庭水，秋寒欲起龙。

出嘉峪关感赋（其二） 清·林则徐	东西尉侯往来通，博望星槎笑凿空。塞下传笳歌敕勒，楼头倚剑接崆峒。长城饮马寒宵月，古戍盘雕大漠风。除是卢龙山海险，东南谁比此关雄。
登庐山 现代·毛泽东	一山飞峙大江边，跃上葱茏四百旋。冷眼向洋看世界，热风吹雨洒江天。云横九派浮黄鹤，浪下三吴起白烟。陶令不知何处去，桃花源里可耕田？
南游吟草 现代·郁达夫	武夷三十六雄峰，九曲清溪境不重。 山水若从奇处看，西湖终是小家容。
游肇庆七星岩 现代·叶剑英	借得西湖水一圜，更移阳朔七堆山。 堤边添上丝丝柳，画幅长留天地间。
乐山大佛 现代·乐时鸣	乐山大佛世无双，肩并凌云脚踏江。 西对峨眉东逝水，悬崖九曲望风降。
望海潮 宋·柳永	东南形胜，三吴都会，钱塘自古繁华。烟柳画桥，风帘翠幕，参差十万人家。云树绕堤沙，怒涛卷霜雪，天堑无涯。市列珠玑，户盈罗绮，竞豪奢。 重湖叠巘清嘉，有三秋桂子，十里荷花。羌管弄晴，菱歌泛夜，嬉嬉钓叟莲娃。千骑拥高牙，乘醉听箫鼓，吟赏烟霞。异日图将好景，归去凤池夸。
念奴娇·赤壁怀古 宋·苏轼	大江东去，浪淘尽，千古风流人物。故垒西边，人道是、三国周郎赤壁。乱石穿空，惊涛拍岸，卷起千堆雪。江山如画，一时多少豪杰。 遥想公瑾当年，小乔初嫁了，雄姿英发。羽扇纶巾，谈笑间、樯橹灰飞烟灭。故国神游，多情应笑我，早生华发。人生如梦，一尊还酹江月。
扬州慢 宋·姜夔	淮左名都，竹西佳处，解鞍少驻初程。过春风十里，尽荠麦青青。自胡马窥江去后，废池乔木，犹厌言兵。渐黄昏，清角吹寒，都在空城。 杜郎俊赏，算而今重到须惊。纵豆蔻词工，青楼梦好，难赋深情。二十四桥仍在，波心荡、冷月无声。念桥边红药，年年知为谁生？
念奴娇·过洞庭 宋·张孝祥	洞庭青草，近中秋，更无一点风色。玉鉴琼田三万顷，着我扁舟一叶。素月分辉，明河共影，表里俱澄澈。悠然心会，妙处难与君说。 应念岭表经年，孤光自照，肝胆皆冰雪。短发萧骚襟袖冷，稳泛沧溟空阔。尽挹西江，细倾北斗，万象为宾客。叩舷独啸，不知今夕何夕！
水调歌头·赋三门津 金·元好问	黄河九天上，人鬼瞰重关。长风怒卷高浪，飞洒日光寒。峻似吕梁千仞，壮似钱塘八月，直下洗尘寰。万象入横溃，依旧一峰闲。 仰危巢，双鹄过，杳难攀。人间此险何用，万古秘神奸。不用燃犀下照，未必佽飞强射，有力障狂澜。唤取骑鲸客，挝鼓过银山。

卖花声·雨花台 清·朱彝尊	衰柳白门湾，潮打城还。小长干接大长干。歌板酒旗零落尽，剩有渔竿。 秋草六朝寒，花雨空坛。更无人处一凭栏。燕子斜阳来又去，如此江山！
忆秦娥·娄山关 现代·毛泽东	西风烈，长空雁叫霜晨月。霜晨月，马蹄声碎，喇叭声咽。 雄关漫道真如铁，而今迈步从头越。从头越，苍山如海，残阳如血。
浪淘沙·北戴河 现代·毛泽东	大雨落幽燕，白浪滔天，秦皇岛外打鱼船。一片汪洋都不见，知向谁边？往事越千年，魏武挥鞭，东临碣石有遗篇。萧瑟秋风今又是，换了人间。
蝶恋花·海南岛 现代·叶剑英	南海浮珠历万古，阅尽沧桑，挺作南天柱。五指峰高人宿露，当年割据红区固。 旧是东坡留句处，椰树凌霄，扫尽长空雾。海角天涯今异古，丰收处处秧歌舞。
苏幕遮/青海湖 现代·乐时鸣	水连天，云接地。一色湛蓝染透湖中水，隐隐峰峦云水际。芳草黄沙，寂寞晴光里。 雁鸥来，繁子嗣。万里翱翔总是家乡美。懒散鸬鹚礁上醉。鸟语人喧，都道江山瑞。

第四节　中国旅游名联赏析

对联名称	对联内容
故宫太和殿（中殿）联 清·乾隆	龙德正中天，四海雍熙符广运； 凤城回北斗，万邦和协颂平章
题天安门广场人民英雄纪念碑联·现代·陈谦	聚五千年浩气，凝四亿众深情，化万仞泰山，而成烈魄； 超八百里湖光，挟七二峰岳色，壮微躯秭米，来仰丰碑
北京长城居庸关联　佚名	万壑烟岚春雨后； 千峰苍翠夕阳中
山海关孟姜女庙联　佚名	海水朝朝朝朝朝朝朝落； 浮云长长长长长长长消
承德避暑山庄万壑松风联 清·纪昀	八十君王，处处十八公，道旁介寿； 九重天子，年年重九节，塞上称觞
山西应县木塔联　佚名	俯瞰桑干，滚滚波涛萦似带； 遥临恒岳，苍苍岫嶂屹如屏
内蒙古呼和浩特昭君墓联 佚名	青冢有情犹识路； 平沙无处可招魂

吉林北山玉皇阁联 清·成多禄	绝妙朋游，有明月一盏，好山四座； 是何意志，看大江东去，秋色西来
镜泊湖望湖亭联　佚名	听飞瀑雄声，声声振耳； 挹众山彩色，色色娱人
上海豫园鱼乐榭联 清·陶澍	此即濠间，非我非鱼皆乐境； 恰来海上，在山在水有遗音
南京明远楼联 清·李渔	矩令若霜严，看多士俯伏低回，群嚣尽息； 襟期同月朗，喜此地江山人物，一览无遗
南京鸡鸣寺联　佚名	鸡鸣山下，玄武湖边，振起景阳楼故址； 帝子台城，胭脂古井，依然同泰寺旧观
莫愁湖胜棋楼联 清·曾广照	憾江上石头，抵不住迁流尘梦，柳枝何处桃叶无踪，转羡他名将美人燕息能留千古迹； 问湖边月色，照过了多少年华，玉树歌余金莲舞后，收拾这残山剩水莺花犹是六朝春
南京燕子矶联　佚名	松声、竹声、钟磬声，声声自在； 山色、水色、烟霞色，色色皆空
苏州寒山寺联 清·邹福保	尘劫历一千余年，重复旧观，幸有名贤来作主； 诗人题二十八字，长留胜迹，可知佳句不须多
扬州二十四桥联 清·江湘岚	胜地据淮南，看云影当空，与水平分秋一色； 扁舟过桥下，闻箫声何处，有风吹到月三更
拙政园月到风来亭联 清·赵之谦	爽借清风明借月； 动观流水静观山
西湖三潭印月联 清·程云俶	天赐湖上名园，绿野初开，十亩荷花三径竹； 人在瀛洲仙境，红尘不到，四围潭水一房山
杭州西湖灵隐寺联 元·赵孟𫖯	龙涧风回，万壑松涛连海气； 鹫峰云敛，千年桂月印湖光
温州江心屿江心寺联 南宋·王十朋	云朝朝朝朝朝朝朝朝散； 潮长长长长长长长长消
西湖平湖秋月亭联 清·彭玉麟	凭栏看云影波光，最好是红蓼花疏，白蘋秋老； 把酒对琼楼玉宇，莫孤负天心月到，水面风来
东林寺三笑亭联 清·唐英	桥跨虎溪，三教三源流，三人三笑语； 莲开僧舍，一花一世界，一叶一如来

山东曲阜孔府大门联 清·纪昀	与国咸休，安富尊荣公府第； 同天并老，文章道德圣人家
山东济南大明湖小沧浪亭联 清·刘凤诰题　铁保书	四面荷花三面柳； 一城山色半城湖
泰山孔子岩联 清·徐宗幹	仰之弥高，钻之弥坚，可以语上也； 出乎其类，拔乎其萃，宜若登天然
湖南长沙岳麓山爱晚亭联 佚名	晚景自堪嗟，落日余晖，凭添枫叶三分艳； 春光无限好，生花妙笔，难写江天一色秋
岳阳楼联 清·何绍基	一楼何奇：杜少陵五言绝唱，范希文两字关情，滕子京百废俱兴，吕纯阳三过必醉，诗耶、儒耶、吏耶、仙耶，前不见古人，使我怆然涕下； 诸君试看：洞庭湖南极潇湘，扬子江北通巫峡，巴陵山西来气爽，岳州城东道岩疆，潴者、流者、峙者、镇者，此中有真意，问谁领会得来
南昌滕王阁联 清·刘坤一	兴废总关情，看落霞孤鹜，秋水长天，幸此地湖山无恙； 古今才一瞬，问江上才人，阁中帝子，比当年风景如何
武汉黄鹤楼联 清　萨迎阿	一楼萃三楚精神，云鹤俱空横笛在； 二水汇百川支派，古今无尽大江流
安徽西递古民居联　佚名	读书好营商好效好便好； 创业难守成难知难不难
成都杜甫草堂联 清·顾复初	异代不同时，问如此江山，龙蟠虎卧几诗客？ 先生亦流寓，有长留天地，月白风清一草堂
成都武侯祠联 清·赵藩	能攻心，则反侧自消，从古知兵非好战； 不审势，即宽严皆误，后来治蜀要深思
广州越秀山镇海楼联 清·彭玉麟	几千劫，危楼尚存，问谁摘斗摩霄，目空今古； 五百载，故侯安在，使我倚栏看剑，泪洒英雄
广西桂林独秀峰五咏堂联 清·梁章钜	得地领群峰，目极舜洞尧山而外； 登堂怀往哲，人在鸿轩凤举之中
桂林独秀峰联 清·廖鸿熙	撑天凌日月； 插地震山河
郑成功纪念馆联 现代·郭沫若	开辟荆榛，千秋功业； 驱除荷虏，一代英雄

海角天涯胜迹联 现代·李求真	万里晴空,几片闲云浮海角; 一湾碧水,八方游子恋天涯
海南海口五公祠联·佚名	于东坡外,有此五贤,自唐宋迄今,公道千秋垂定论; 处南海中,别为一郡,望烟云所聚,天涯万里见孤忠
蝴蝶泉联·现代·彭祜	蝴蝶舞翩跹,为万紫千红飞去飞来,前生疑似庄周化; 青山留胜迹,有层峦叠嶂宜晴宜雨,此地重吟道韫诗
九寨沟联·现代·侯正荣	九寨水清鱼读月; 黄龙山静鸟谈天
白帝城联·佚名	风景占城头,喜爽气西来,万山远挹岷峨秀; 烟峦环峡口,望大江东去,十里频回滟滪堆
题黄帝陵联 现代·姜园宪	自轩辕创业,上下五千年,古国文明光广宇; 看松柏凌霄,纵横十万里,全球赤子仰黄陵
甘肃玉门关联·佚名	无边晴雪天山出; 不断风云地极来
宁夏六盘山萧关城楼联·佚名	峰高华岳三千丈; 险据秦关百二重

第五节　中国游记名篇赏析

游记名称	朝代及作者	游记名称	朝代及作者
岳阳楼记	宋·范仲淹	西湖七月半	明·张岱
峨眉山佛光记	宋·范成大	游黄山记	明·徐弘祖
居庸关铭	元·郝经	黄果树瀑布记	明·徐弘祖
恒山记	明·乔宇	说天寿山	清·龚自珍
游龙门记	明·薛瑄	游桂林诸山记	清·袁枚
虎丘记	明·袁宏道	雨中登泰山	现代·李健吾
晚游六桥待月记	明·袁宏道		

第11章 主要旅游客源国（地区）概况

第一节 港澳台地区概况

1. 香港面积：1104 平方千米，包括香港岛、九龙半岛、新界三部分。

2. 香港区旗：紫荆花红旗。区徽：紫荆花区徽。区花：紫荆花。

3. 香港人口：约 726.4 万人（2014 年），绝大多数为华人，大部分原籍广东。

4. 香港宗教：主要信奉佛教和道教。

5. 香港简史。

（1）香港自古为中国的领土。

（2）1842 年，英国通过《南京条约》割据香港岛。

（3）1843 年，英国女王签署香港宪章，正式宣布香港为英国殖民地，设香港总督职位。

（4）1860 年，英国通过《北京条约》占领界限街以南的九龙半岛领土，将其并归香港界内。

（5）1898 年，英国强迫清政府签订《展拓香港界址专条》，强行"租借"今日之新界地区。

（6）1941 年 12 月—1945 年 8 月，香港一度被日本占领。

（7）1984 年 12 月 19 日，中英两国政府签署了关于香港问题的联合声明。

（8）1997 年 7 月 1 日，中国恢复对香港行使主权，并建立香港特别行政区。

（9）清代，香港为转运东莞"莞香"的主要港口，由此得名"香港"。

6. 香港政治概况：《中华人民共和国香港特别行政区基本法》体现了"一国两制""港人治港""高度自治"的方针；行政机构是行政长官、政府、立法会和终审法院。

7. 香港经济：经济自由度居世界首位。以服务业为主，是国际重要金融中心、交通和航运中心、贸易中心，自由港，"购物天堂"。

8. 香港民俗风情：香港人恪守粤式传统饮食方式；送礼忌送时钟、书籍、毯子；也忌送剑兰、茉莉、梅花等花卉；吉祥数字有 3、8、6、9，忌讳 4；不喜欢肢体触碰；热衷博彩活动；行人和车辆靠左行驶。

9. 香港著名景点。

景点	要点
太平山	港岛最高点
浅水湾	著名海滨浴场
海洋公园	东南亚最大的海洋主题休闲中心
香港迪斯尼乐园	坐落于大屿山，分为四个主题园区，于2005年9月开业
金紫荆广场	为纪念香港回归祖国而设立
集古村	仿古建筑
太空馆	世界上最先进的太空科学展览馆之一，以天象厅最具特色
沙田赛马场	世界最先进、香港最大的赛马场
宝莲寺和天坛大佛	宝莲寺是香港最大的佛寺之一；天坛大佛总高34米，是世界第二大露天铜佛像
黄大仙祠	浙江金华黄大仙祖庙的分庙，香火极盛

10. 香港著名特产："购物天堂"。时装、珠宝、钟表质优价平。

11. 澳门面积：29.2 平方千米，包括澳门半岛、凼仔岛、路环岛。

12. 澳门人口：63.62 万人（2014 年），中国籍居民占 97%，葡萄牙籍居民占 2%。

13. 澳门区旗:绘有五星、莲花、大桥、海水图案的绿色旗帜。区徽:同区旗图案。区花:莲花。

14. 澳门宗教：佛教信徒最多。

15. 澳门简史。

（1）澳门自古就是中国的领土。

（2）1517 年，葡萄牙人率船队到达广东。

（3）1535 年，葡萄牙人贿赂澳门地方官员，取得在澳门码头停泊船只，进行商贸活动等权利。

（4）1840 年，鸦片战争爆发，葡萄牙趁火打劫。

（5）1845 年，葡萄牙单方面宣布澳门为自由港，逐步强占整个澳门地区，并任命总督进行统治。

（6）1887 年，葡萄牙政府诱骗清政府签订《中葡会议草约》。

（7）1951 年，葡萄牙政府宣布澳门为葡萄牙的一个"海外省"。

（8）1987 年，中葡政府代表谈判关于澳门主权问题，发表联合声明。

（9）1999 年 12 月 20 日，中国恢复对澳门行使主权，并建立澳门特别行政区。

16. 澳门政治概况：《中华人民共和国澳门特别行政区基本法》；行政机构是行政长官、政府、立法会和终审法院。

17. 澳门经济：澳门经济具有开放性和灵活性的特点；澳门是自由港，经济以博彩业为主，是世界著名赌城之一，有"东方蒙特卡洛"之称。

18. 澳门民俗风情：澳门居民大部分原籍广东，民俗基本上与广东居民相似。

19. 澳门著名景点。

景点	要点
澳门历史城区	2005年被列入《世界遗产名录》，是中国境内现存最古老、规模最大、保存最完整、最集中的中西特色建筑共存的历史城区
大三巴牌坊	澳门的标志
金莲花广场	为庆祝1999年澳门主权移交而设立的
妈祖阁	澳门最古老的庙宇，供奉妈祖
观音堂	1844年7月3日在此签署《望厦条约》
大炮台	原为耶稣会士的祭祀台
西望洋山	山顶为澳门观景最佳处
东望洋山	为澳门第一高山
葡京游乐场	为澳门最大的赌场

20. 澳门著名特产：自由港。首饰、服饰、瓷器、葡萄酒等都是特色商品。

21. 台湾省面积：3.6 万平方千米，包括台湾岛、澎湖列岛、钓鱼岛、赤尾屿、兰屿、火烧岛等岛屿。台湾岛是中国第一大岛。

22. 台湾省人口：约 2343.38 万人（2014 年），主要是汉族，少数民族为高山族，通用普通话和闽南话。台湾汉族大多数是福建、广东两省的移民。

23. 台湾省宗教：台湾宗教活动盛行，主要是佛教、道教、天主教、基督教新教。

24. 台湾省简史。

（1）台湾是我们祖国不可分割的一部分。

（2）台湾史前文化属祖国中原文化系统。三国时代大陆居民开始有组织地开发台湾。宋、元时期中国政府正式设官建制，管辖台湾、澎湖。

（3）1642 年，台湾沦为荷兰殖民地。

（4）1661 年，郑成功进发台湾，于 1662 年赶走荷兰人，台湾回到祖国的怀抱。

（5）1683 年，郑成功之孙郑克塽率众归顺清政府。

（6）1684 年，清政府设台湾府，隶属福建省。

（7）1885 年，清政府正式在台湾设省。

（8）1894 年，清政府在中日战争中战败，1895 年，与日本签订《马关条约》，将台湾、澎湖割让给日本。

（9）1945 年 8 月 15 日，日本无条件投降，台湾地区和澎湖列岛回归祖国。

25. 台湾省政权结构:由"总统府""行政院""立法院""司法院""考试院""监察院"组成。

26. 台湾省经济概况 : 信息产业发展尤为突出，其产值已名列世界前茅；世界上出产樟脑最多的地方。

27. 台湾省民俗风情:民间送礼禁忌的物品有粽子、甜果（年糕）、糕点、扇子、手巾（手帕）、雨伞、刀剪、镜子、钟。

28. 台湾著名景点。

景点	要点
台北101大楼	台北的地标建筑，高509米
台北故宫博物院	收藏文物69.6万余件
日月潭	台湾最大的天然湖，有台湾"天池"之称
阿里山	五奇：日出、云海、晚霞、森林、高山铁路
玉山	台湾面积第二大的"国家公园"
高雄爱河	全长约16.4千米，游客可乘"爱之船"浏览沿岸风光
垦丁	台湾岛唯一热带区域的"国家公园"
阳明山	台湾最大、景色最美的郊野公园，以樱花闻名
太鲁阁峡谷	公园的特色为峡谷和断崖，这里是世界上最大的大理石峡谷
北投温泉风景区	"温泉之乡"，中国最大的温泉区；北投三大景观：梵刹钟声、北投夜色、磺泉玉雾
安平古堡和赤崁楼	原为荷兰殖民者所建城堡

29. 台湾省著名特产：乌龙茶、大理石、玉制品，珊瑚贝壳艺术品、台北士林名刀、玻璃器皿、莺歌镇艺术陶器、新竹柑橘、屏东菠萝、旗山香蕉、台东香茅油、苗栗大湖草莓、油纸伞、花莲石雕、澎湖四宝（文石、珊瑚、海树、猫公石）、台中太阳饼、金枣糕。

第二节　亚洲主要客源国概况

1. 简况。

国名	面积	国花	人口	民族	语言	宗教	货币	首都
日本	37.79万平方千米	樱花	1.27亿人	大和族	日语	神道教、佛教	日元	东京
韩国	10.21万平方千米	木槿花	约5000万人	韩族	韩国语	基督教、佛教、儒教	韩元	首尔
新加坡	712.4平方千米	胡姬花	常住人口540万人	华人、马来人、印度人	英语、华语、马来语、泰米尔语	佛教、伊斯兰教、印度教、基督教	新加坡元	新加坡市
泰国	51.3万平方千米	金链花	6740万人	泰族、老族、华人	泰语	佛教（国教）	铢	曼谷
印度	298万平方千米	荷花	12.59亿人	10个大民族	英语、印地语	印度教、伊斯兰教	卢比	新德里
马来西亚	33万平方千米	扶桑	3000万人	马来族、华人、印度人	马来语、英语、华语	伊斯兰教（国教）	林吉特	吉隆坡
菲律宾	29.97万平方千米	茉莉花	1.01亿人	马来族	菲律宾语、英语	天主教、伊斯兰教	比索	大马尼拉市
印度尼西亚	陆地面积190.4万平方千米	茉莉花	2.555亿人	100多个民族；爪哇族、巽他族、马都拉族、马来族	印度尼西亚语	伊斯兰教、印度教	盾	雅加达
土耳其	78.36万平方千米	郁金香	7562万人	土耳其族、库尔德族	土耳其语	伊斯兰教	土耳其里拉	安卡拉

2. 简史 、政治制度。

国家	简史	政治制度
日本	4世纪中叶建立大和国；645年"大化革新"；12世纪末进入"幕府"时期；17世纪中叶开始闭关锁国；19世纪中叶被迫签约开国；1868年，进行"明治维新"；1945年8月15日，在第二次世界大战中宣布无条件投降；1947年，建立资本主义议会内阁制国家	议会内阁制，或称议会君主立宪制
韩国	1世纪形成高句丽、百济、新罗；7世纪，新罗统一朝鲜；10世纪，建立高丽王朝；14世纪末，李氏王朝取代高丽，改国号为朝鲜；19世纪末20世纪初，沦为日本殖民地；1945年8月15日，获得解放；1948年8月15日，大韩民国宣告成立	总统内阁制
新加坡	8世纪建国；18—19世纪，为马来亚柔佛王朝的一部分；1824年，沦为英国殖民地；1959年6月，成为自治邦；1963年9月16日，并入马来西亚；1965年8月9日，脱离马来西亚，成立共和国，10月加入英联邦	议会共和制
印度	公元前4世纪孔雀王朝统一印度；公元前3世纪阿育王统治时期疆域广阔，佛教兴盛开始向外传播；公元前2世纪灭亡；中世纪小国林立，印度教兴起；1398年突厥化的蒙古人侵入印度；1526年建立强大的莫卧儿帝国；1600年英国人入侵，印度逐渐沦为英国殖民地；1947年8月15日印度独立；1950年成立印度共和国，为英联邦成员	
泰国	1238年，形成较统一的国家；19世纪末，曼谷王朝五世进行社会改革，封建社会解体；1932年，君主立宪制，军人集团开始成为左右泰国政局的最大势力	君主立宪制
马来西亚	15世纪，满剌加王国统一了马来半岛的大部分；20世纪初，完全沦为英国殖民地；1957年，宣布独立；1963年，马来亚联合邦同新加坡、沙捞越、沙巴合并组成马来西亚（1965年新加坡退出）	君主立宪制
菲律宾	1521年，麦哲伦率西班牙远征队抵达菲律宾；1565年，沦为西班牙殖民地；1898年，美国通过美西战争占领菲律宾；1942年，菲律宾被日本占领；第二次世界大战后，复受美国统治；1946年，菲律宾宣告独立	总统内阁制

印度尼西亚	3—7世纪，建立一些分散的王朝；13世纪末，形成强大的封建帝国；1596年荷兰入侵；1602年，成立东印度公司；1945年8月，宣布独立	总统内阁制
土耳其	土耳其人史称突厥，8世纪由阿尔泰山一带迁入小亚细亚；13世纪末建立奥斯曼帝国，16世纪达到鼎盛期；20世纪初沦为英法德等国的半殖民地；1919年凯末尔领导民族解放战争并取得胜利；1923年10月29日建立土耳其共和国，凯末尔当选首任总统	

3. 经济。

日本	日本是仅次于美国和中国的世界第三大经济强国，西方七大经济强国之一；电子工业、汽车制造业分别是日本第一、第二大产业
韩国	经济发展迅速，为亚洲"四小龙"之一；主要工业部门为钢铁、汽车、造船、电子、化学和纺织
新加坡	属外贸驱动型经济，以电子、石油化工、金融、航运、服务业为主；亚洲"四小龙"之一
泰国	以农业为主的国家，是世界著名的大米生产国和出口国
马来西亚	是亚洲新兴工业国之一，是世界上最大的天然橡胶、棕榈油及锡的生产国
菲律宾	主要出口产品为电子零配件、服装、木器家具、矿产品等
印度尼西亚	农业和油气产业是传统支柱产业

4. 文化、高等学府。

国家	文化	高等学府
日本	独特的文学形式有和歌、俳句、川柳等诗歌；1968年，川端康成以《雪国》《古都》《千羽鹤》三部代表作荣获诺贝尔文学奖；独特的艺术形式：大和绘、浮世绘、歌舞伎、猿乐、田乐、能乐、书道、茶道、花道	东京大学、早稻田大学、庆应义塾大学、京都大学、筑波大学等
韩国	戏剧：假面剧、歌剧、木偶剧、曲艺。舞蹈：宫廷舞、民俗舞、假面舞、仪式舞。音乐：宫廷音乐、民间音乐	汉城大学、延世大学、高丽大学、梨花女子大学等

新加坡		新加坡国立大学、南洋理工大学等
泰国	古典舞蹈（宫内舞、宫外舞），民间舞蹈（丰收舞、长甲舞、蜡烛舞）	朱拉隆功大学、法政大学、马希顿大学等
马来西亚		马来亚大学、国民大学等
菲律宾		菲律宾大学、阿特尼奥大学、东方大学、远东大学、圣托马斯大学等
印度尼西亚	巴厘舞蹈，"舞之岛"	印度尼西亚大学、艾尔兰加大学、加查玛达大学、万隆理工学院等

5. 民俗。

国家	数字禁忌	颜色禁忌	图案禁忌	饮食禁忌	礼节	话题	其他
日本	忌讳4、9、6、13、42	忌讳绿色，不喜欢紫色；喜欢红色和黄色，红白相间或金银色相间的颜色	忌讳荷花，讨厌狐、獾、金眼猫、银眼猫图案；常人不用菊花；喜欢樱花、乌龟、仙鹤，松、竹、梅	不吃肥肉和猪内脏，口味偏甜、酸、微辣，对绍兴酒和茅台酒感兴趣	脱帽鞠躬，交换名片；不轻易流露自己的感情；不可三人一起合影	忌谈国内政治和男女平等问题	注重等级，礼品不当面打开
韩国	忌讳4，喜单数，不喜欢双数，7是幸运数字	红、黄是皇家颜色；送礼不用绿色、白色和黑色纸包装		口味爱辣、香、蒜味，不爱吃羊肉、肥猪肉和鸭子；喜爱川菜；宴会礼仪较多	鞠躬礼，重男轻女，尊重长者；双手接受物品；不用外国烟作礼品	忌谈国内政治，与朝鲜、日本关系，男主人妻子等话题	受儒教影响较深
新加坡	视4、6、7、13、37、69为消极数字，忌讳7		忌讳猪的图案和猪制品	不吃猪肉、贝壳类食品，不饮酒	忌用左手吃东西、递物品	全面禁售、禁食口香糖；公共场合吸烟是违法的；忌讳男人留胡须、长发	

泰国		忌用红色签名或刻字，紫色、黑色的服装为丧礼服装		忌食牛肉、海参，偏爱辛辣味	行合十礼，忌左手，不能触摸别人头部，忌用手指人	回避政治、王室话题；不要赞美别人的婴儿	以佛教为国教
印度	1、3、7为不吉利数字，以0结尾的数字是消极的	忌讳白色		穆斯林禁止使用一切猪制品，禁止饮酒	妇女一般不与男人握手；点头表示不同意，摇头表示同意；忌用左手		印度教徒奉牛为神明，忌食牛肉
马来西亚	与新加坡相同						
菲律宾	忌讳13			口味喜甜、香、微辣	忌左手吃东西、递物品	忌谈国内政治、近代史、宗教问题	不强调守时，尊重老人
印度尼西亚		忌讳猪、龟图案，忌讳猪制品和酒，偏爱带蛇和茉莉花图案的商品		忌食猪肉，不饮酒，口味喜辛辣、酸甜味	不用左手递物品，忌用手碰别人头部	忌谈当地政治、社会主义、宗教等话题	信奉伊斯兰教，对指乞丐不能嫌弃
土耳其			穆斯林忌食猪肉、甲鱼、螃蟹、鳝鱼等，不喝酒，忌讳使用猪制品		忌用左手，对在公共场合的亲昵举止极为反感	不议论有关塞浦路斯与希腊的冲突等方面的问题	在自家门口挂几瓣蒜，用它来逢凶化吉

6. 著名景点、特产。

国家	著名景点	著名特产
日本	东京；富士山（日本的象征）；京都（千年古都）；桂离宫（"日本之美"的代表）；比叡山（日本天台宗总本山）；岚山（秋天的红叶，春天的樱花，周恩来）；奈良市（仿唐代长安城）；唐招提寺（鉴真创建，日本律宗总本山）；东大寺（日本华严宗总寺院）；箱根（温泉疗养地）；北海道（夏季的薰衣草节，冬季的札幌冰雪节）；江户城遗址（特别史迹，皇宫为天皇居所）	电子产品，清酒（月桂冠），樱花图案商品、薰衣草商品、日本风情的挂链、和服娃娃娟人
韩国	首尔；昌德宫（首尔规模最大、最古老的宫殿之一）；景福宫（李氏王朝的正宫）；釜山（第二大城市，最大的港口）；济州岛（韩国第一大岛，汉拿峰）；石窟庵（世界遗产）；佛国寺（世界遗产）；海印寺（世界遗产）；雪岳山（太白山的最高峰）	化妆品，家用电器，皮革制品（鳗鱼皮），紫水晶、烟水晶，高丽人参
新加坡	裕廊飞禽公园（世界最大的鸟类公园之一）；新加坡植物园（兰花）；圣淘沙岛（最佳度假地）；鱼尾狮塑像（象征）	兰花做的工艺品、鱼尾狮饰品、锡制精品、马来蜡染花布、鳄鱼皮制品等
泰国	曼谷（世界上佛寺最多的地方）；大皇宫（泰国国王的宫殿）；玉佛寺（皇家寺庙、翡翠玉佛）；卧佛寺（曼谷最古老最大的寺院、卧佛）；金佛寺（金佛）；郑王庙（供奉泰王郑信的寺庙）；芭提雅（"东方夏威夷""海滩度假天堂"）；清迈（泰国第二大城市）；鳄鱼园（世界最大的鳄鱼饲养场）；普吉岛（泰国最大的海岛）；水上市场	手工艺品、丝绸、宝石、服装，金行、钟表店，热带水果
印度	新德里；德里印度门（地标建筑）；德里红堡（世界遗产）；德里巴哈伊教莲花庙（地标建筑）；古特伯高塔（世界遗产）；新德里贾玛清真寺（印度最大的清真寺）；泰姬陵（人间建筑的奇迹）；阿姆利则金庙（"锡克教圣冠上的宝石"）；恒河（印度的母亲河）；斋普尔城市宫殿；斋普尔琥珀堡；斋普尔风之宫殿；孟买贾特拉帕蒂·希瓦吉火车站（标志性建筑，世界遗产）	大吉岭红茶，印度风情的服装和小包，咖喱粉，银饰、珠宝项链
马来西亚	吉隆坡；双子塔（吉隆坡的标志性建筑，世界上最高的双子楼和第四高的建筑物）；国家清真寺（东南亚最大的清真寺）；黑风洞（印度教圣地）；云顶高原；三宝山（三宝庙为纪念郑和而建）；青云亭（为马来西亚最古老的中国庙宇）	风筝，吉打州的手绘陶瓷、球形长瓶，雪兰莪州的白锡制品，沙捞越的迪亚克织品、木雕，蜡染布品

菲律宾	马荣火山（菲律宾最大的活火山）；塔尔湖（火山口湖）；碧瑶（菲律宾的"夏都"）；椰子宫	手工艺品雕像、圣像、手制篮子、竹藤、木雕家具、首饰、蛇皮或鳄鱼皮制品、贝壳工艺品等
印度尼西亚	雅加达；婆罗浮屠佛塔（世界最大的佛塔）；巴厘岛（"诗之岛""千庙之岛"，巴厘舞蹈）；茂物植物园（世界最大的热带植物园）；三宝庙（供奉郑和的祠庙）；三色湖	木雕、蜡染，高级服装，竹制家具和藤具
土耳其	蓝色清真寺（伊斯坦布尔最具代表性的大清真寺）；圣索菲亚大教堂（拜占庭式建筑）；地下水宫；棉花堡（钙华石地质奇观）；博斯普鲁斯海峡（沟通亚欧两洲的交通要道）；大巴扎（世界上最大、最古老的巴扎之一）	土耳其地毯、"蓝眼睛"、土耳其海泡石，装饰瓷盘、黄铜器皿、金饰品、头巾等

第三节 欧洲主要客源国概况

1. 简况。

国名	面积	国花	人口	民族	语言	宗教	货币	首都
英国	24.41万平方千米	玫瑰	6370万人	英格兰人、苏格兰人、威尔士人、北爱尔兰人	英语	基督教新教	英镑	伦敦
法国	63.28万平方千米	香根鸢尾、欧洲白百合	6582万人	法兰西人	法语	天主教	欧元	巴黎
德国	35.7万平方千米	矢车菊	8078万人	德意志人	德语	基督教新教、天主教	欧元	柏林
意大利	30.13万平方千米		6177万人	意大利人	意大利语	天主教	欧元	罗马
西班牙	50.59万平方千米	康乃馨	4650.78万人	卡斯蒂利亚人（西班牙人）	西班牙语	天主教	欧元	马德里
荷兰	41528平方千米	郁金香	1685.6万人	荷兰族	荷兰语	天主教、基督教新教	欧元	阿姆斯特丹

| 瑞士 | 41284平方千米 | 高山火绒草 | 813.7万人 | | 德语、法语、意大利语、拉丁罗曼语 | 天主教、基督教新教 | 瑞士法郎 | 伯尔尼 |
| 俄罗斯 | 1712.5万平方千米 | 葵花 | 1.437亿人 | 俄罗斯人 | 俄语 | 东正教、伊斯兰教 | 卢布 | 莫斯科 |

2. 简史 、国家政体。

国家	简史	国家政体
英国	7世纪，形成封建制度；829年，英格兰统一；1066年，建立诺曼底王朝；1649年，宣布成立共和国；1688年，确立君主立宪制；1707年，英格兰与苏格兰合并；1801年，与爱尔兰合并；18世纪后半叶至19世纪前半叶，成为世界上第一个完成工业革命的国家；1914年，是第一殖民大国；第二次世界大战后，殖民体系瓦解	君主立宪制
法国	5世纪，法兰克人移居此地；843年，成为独立国家；17—18世纪，达到封建社会的鼎盛时期；1789年7月14日，爆发资产阶级大革命；1871年，成立巴黎公社；1958年，戴高乐领导建立第五共和国	半总统制半议会制共和政体
德国	962年，建立神圣罗马帝国；1871年，建立统一的德意志帝国；1914年，挑起第一次世界大战；1939年，发动第二次世界大战；战后被美、英、法、苏四国占领；1949年，在西部建立德意志联邦共和国，在东部建立德意志民主共和国；1990年10月3日，德国实现统一	议会共和制
意大利	公元前509—公元前28年是罗马共和时期；公元前27—公元476年为罗马帝国时期；395年，罗马帝国分裂为西罗马帝国和东罗马帝国；962年，意大利受神圣罗马帝国统治；12—13世纪，分裂成许多王国；14—15世纪，文艺复兴；1861年3月，建立意大利王国；1870年，完成统一；1922年，墨索里尼上台，实行法西斯统治；1946年，正式命名为意大利共和国	总统为国家元首和武装部队统帅
西班牙	1492年，西班牙人取得"光复运动"的胜利，建立统一的西班牙王国；1588年西班牙"无敌舰队"被英国击败，西班牙开始衰落；1936年，佛朗哥发动叛乱，实行独裁统治；1975年佛朗哥病逝；1976年西班牙开始向议会民主制过渡；现为北约和欧盟成员	议会君主制

荷兰	13世纪开始围海造田；16世纪前荷兰长期处于封建割据状态；1648年西班牙正式承认荷兰独立；17世纪曾为海上殖民强国；18世纪后，荷兰殖民体系逐渐瓦解；1795年法国入侵，1814年脱离法国，1815年成立荷兰王国；第二次世界大战期间曾遭德国入侵；现为北约和欧盟成员	
瑞士	1281年8月1日，瑞士建国；1815年维也纳会议确认瑞士为永久中立国；1848年成为统一的联邦制国家；在两次世界大战中均保持中立；世界上"最富有"的国家	
俄罗斯	15世纪下半叶，建立莫斯科大公国；1547年，改大公为沙皇；1721年，改国号为俄罗斯帝国；1917年11月7日，十月社会主义革命后，建立工农兵代表苏维埃；1922年，成立苏维埃社会主义共和国联盟；1991年，苏联解体，俄罗斯联邦成为独立国家	总统制

3. 经济。

英国	目前是世界第六大经济体，欧盟内第三大经济体；伦敦为世界金融和商业中心
法国	世界发达的工业国家之一，2015年经济总量居世界第五位，在欧盟内居第二；钢铁、汽车、建筑为三大支柱产业；法国是世界第一旅游接待国
德国	高度发达的工业国，2015年经济总量居欧洲首位，世界第四位；汽车、机械制造、化工、电器是支柱产业
意大利	发达工业国家，2015年经济总量居世界第十位，在欧盟内居第四；堪称"中小企业王国"；世界第二大葡萄酒生产国；旅游业发达，为世界旅游强国
俄罗斯	经济潜力巨大，工农业都很发达；工业基础雄厚，门类齐全；航空和宇航工业居世界第二位

4. 文化、高等学府。

国家	文学艺术、名人	高等学府
英国	文学家：杰弗利·乔叟。剧作家：威廉·莎士比亚。小说家：笛福、狄更斯。诗人：拜伦。戏剧家：萧伯纳	牛津大学、剑桥大学、爱·丁堡大学、伦敦大学、萨尔福大学等

法国	11—12世纪的《罗兰之歌》。文学家、剧作家：文艺复兴时期，拉伯雷、蒙田；17世纪，高乃依、拉辛、莫里哀、拉封丹；18世纪，伏尔泰、孟德斯鸠、狄德罗、卢梭、博马舍；19世纪上半叶，雨果、大仲马、司汤达、巴尔扎克、福楼拜、乔治·桑；19世纪下半叶，左拉、都德、莫泊桑、小仲马；20世纪，普鲁斯特、纪德、罗曼·罗兰、罗歇·马丁·杜伽尔。绘画大师：马奈、莫纳、雷诺阿、高更、塞尚。雕塑家：乌冬、罗丹。音乐大师：德彪西、柏辽兹	巴黎大学、巴黎高等师范学校、巴黎理工学校、法国国立行政学院、巴黎高等矿业学院等
德国	"诗人和哲人的国度"。剧作家：莱辛。诗人：歌德、席勒、海涅。哲学家：马克思、恩格斯、康德、黑格尔、费尔巴哈、尼采。音乐大师：巴赫、贝多芬、舒伯特、门德尔松、舒曼、勃拉姆斯。美术家：丢勒	海德堡大学、波鸿大学、格廷根大学、慕尼黑大学、柏林工业大学等
意大利	文艺复兴文学三杰：但丁、彼得拉克、薄伽丘。美术三杰：达·芬奇、米开朗琪罗、拉斐尔。歌剧作曲家：罗西尼、威尔第、普契尼	波伦亚大学、罗马大学、比萨高等师范学院、博科尼大学等
俄罗斯	19世纪俄国文坛：普希金、克雷洛夫、奥斯特洛夫斯基、莱蒙托夫、果戈里、别林斯基、赫尔岑、杜勃罗留波夫、屠格涅夫、车尔尼雪夫斯基、涅克拉索夫、托尔斯泰、契诃夫、高尔基。19世纪60年代画家：克拉姆斯科伊、列宾。19世纪下半叶音乐家：柴可夫斯基。20世纪作曲家：肖斯塔科维奇。芭蕾舞艺术：《天鹅湖》《罗密欧与朱丽叶》《吉赛尔》	莫斯科大学、莫斯科鲍曼国立技术大学、彼得堡国立大学等

5. 民俗。

国家	数字禁忌	颜色禁忌	图案禁忌	饮食禁忌	送礼	话题	礼节
英国	忌讳13，星期五	厌恶墨绿色，忌讳黑色，不喜红色	忌用山羊、大象、孔雀、黑猫、菊花、百合花、蝙蝠图案	口味偏清淡、鲜嫩、焦香，喜爱酸、甜、微辣味，讲究喝茶	忌送百合花、菊花、红玫瑰	忌打听个人私事，回避北爱尔兰、君主制、王室等问题	崇尚彬彬有礼、举止得当的绅士淑女风范

法国	忌讳13，星期五	厌恶墨绿色，忌讳黑色，偏爱蓝色、粉红色	忌用孔雀、仙鹤、菊花、蝙蝠图案，也不喜欢核桃和杜鹃花图案	口味偏酸甜，讲究菜肴的鲜嫩和质量	忌送菊花、水仙花、金盏花、红蔷薇、红玫瑰	忌打听个人私事，避免英国人和法国人待在一起法国人，厌恶用英语交谈	重视女士优先原则，"殷勤的法国人"
德国	忌讳13，星期五	不喜欢红色、红黑相间色、褐色，忌墨绿色	禁用纳粹或其军团的符号图案，讨厌菊花、蔷薇、蝙蝠图案，忌讳核桃	口味清淡，喜酸甜味，忌食核桃	忌送核桃、菊花、玫瑰、蔷薇，忌送太个人化物品	不打听个人私事，回避德国统一后的政治问题，忌4人交叉式谈话	纪律严明，讲究守时，讲究工作效率
意大利	忌讳13，17，星期五	喜爱绿、蓝、黄，忌用紫色	忌讳菊花图案，喜爱猫、狗、圣诞花图案，不喜欢中国山水图案、仕女图案、大红大朵图案	喜欢中国辣味菜肴，喜喝葡萄酒，抓食，晚饭是主餐	忌送十字架形礼物，忌送手帕	不要涉及该国政治问题，国际时事和家庭生活是喜爱的话题	热情好客，待人比较随便，组织性不强
西班牙			忌大丽花和菊花图案	爱吃各种海鲜食品，喜食酸辣味食品			讲究衣着，女士外出均戴耳环
荷兰		喜欢橙色和蓝色		喝酒水，忌一次将杯子斟满	忌讳别人对他们拍照		通行西方礼仪
瑞士					主动抱歉是他们的传统	不爱议论减肥和节食的话题	通行西方礼仪，保守

| 俄罗斯 | 忌讳13，星期五，7为吉祥数字 | 忌讳黑色，喜欢红色 | 讨厌兔子、黑猫玩具或图案，喜爱马的图案 | 口味偏重咸、甜、酸、辣、油大 | 忌送菊花、杜鹃花、石竹花和黄色的花 | 忌打听个人私事，回避国内政治、经济、民族、宗教、独联体国家关系 | 尊重妇女，重视仪表 |

6. 著名景点、特产。

国家	著名景点	著名特产
英国	伦敦；白金汉宫（英国王宫）；康宁街10号（历届首相办公和居住地）；大本钟（英国最大的钟，英国的标志）；圣保罗大教堂（世界第三高教堂）；伦敦塔（现为英国珍宝馆，世界遗产）；威斯敏斯特宫（英国国会大厦，世界上最大的哥特式建筑群、世界遗产）；威斯敏斯特大教堂（"荣誉的宝塔尖"）；伦敦塔桥（伦敦的象征）；大英博物馆（世界四大博物馆之一）；爱丁堡（世界遗产）；汉德里安防御墙（世界遗产）	苏格兰威士忌、银器、皮革制品、泰迪熊玩具、手工烟斗、威治活陶瓷器、英国雪利酒、红茶等
法国	巴黎（"世界花都""时装之都""香水之都""世界会议城"，巴黎三大地标建筑：巴黎圣母院、凯旋门、埃菲尔铁塔）；凡尔赛宫（世界遗产）；枫丹白露（世界遗产）；罗浮宫（世界最大的美术博物馆，三件国宝：《胜利女神》《维纳斯》《蒙娜丽莎》）；埃菲尔铁塔（巴黎最高的建筑）；巴黎圣母院（哥特式建筑）；马赛（法国第二大城市，地中海最大的港口）；伊夫岛（国家监狱）；尼斯（"世界富豪聚集的中心"）夏纳（优美的海滩，夏纳电影节）	世界名牌包、法国香水、葡萄酒、时装等
德国	柏林；勃兰登堡门（德国的象征）；慕尼黑；科隆（三宝：香水、狂欢节、教堂）；科隆大教堂（世界上最大、最高的教堂之一）；法兰克福；海德堡（海德堡大学、海德堡城堡）；亚琛大教堂（世界遗产）；巴登—巴登（"欧洲夏都"）；特里尔古城（"北方罗马"、世界遗产）	不锈钢刀具和皮具、啤酒、巧克力、黑森林巧克力蛋糕、布谷鸟钟等
意大利	罗马（"露天历史博物馆"，三多：雕塑多、教堂多、喷泉多，罗马三大古迹：万神殿、古罗马竞技场、地下墓穴）；梵蒂冈（世界上最小的国家，圣彼得大教堂是世界最大的天主教堂之一，世界遗产）；罗马万神殿（罗马帝国时期的建筑）；古罗马竞技场（古罗马时代的建筑）；古罗马地下墓穴；佛罗伦萨（"博物馆之城"）；花之圣母大教堂（世界遗产）；威尼斯（"水上都市"，世界遗产）；比萨斜塔（伽利略的自由落体试验，世界遗产）；米兰（世界时装之都，蒙提拿破仑街是奢侈品购物街，米兰大教堂是象征，世界遗产）	奢侈品品牌（阿玛尼、菲拉格慕、普拉达、古弛）、时装设计、皮鞋、皮包、威尼斯手工花边，意大利葡萄红勤酒、意式浓缩咖啡、体育用品、精品文具、佛罗伦萨纸制品等

西班牙	马德里；马德里王宫；普拉多博物馆（世界四大博物馆之一）；太阳门广场（商业中心）；巴塞罗那（第二大城市，世界遗产）；圣家族大教堂（安东尼奥·高迪的代表作）；奎尔公园（设计师是安东尼奥·高迪，世界遗产）；巴塞罗那兰布拉大街（欧洲最美丽的林荫大道之一，"街头艺术'）；阿尔汉布拉宫（世界遗产）；托莱多古城（"三种文化之都"，世界遗产）	葡萄酒、"世界橄榄油王国"、伊比利亚火腿，知名服饰品牌（飒拉、芒果）、皮鞋品牌（看步）、皮革制品（罗意威）等
荷兰	阿姆斯特丹（"水下城市"）；阿姆斯特丹水坝广场；阿姆斯特丹凡·高博物馆；阿姆斯特丹运河；鹿特丹（风车，世界遗产）；库肯霍夫花园（荷兰有"郁金香国度"的美誉）；海牙（荷兰中央政府所在地）；马德罗丹小人国	荷兰木鞋、木雕郁金香、荷兰娃娃、台夫特蓝陶、枫糖饼、米飞兔、性器官造型商品，"×××"是市标，奶酪王国
瑞士	伯尔尼（世界遗产）；少女峰（世界遗产）；卢塞恩（卡贝尔桥为地标建筑）；日内瓦（大喷泉是世界上最大的人工喷泉，联合国欧洲总部）；采尔马特（马特洪峰是瑞士的地标之一）；苏黎世（瑞士最大的城市，"欧洲百万富翁都市"）	瑞士手表、巧克力、瑞士威氏军刀、八音盒、瑞士奶酪等
俄罗斯	莫斯科；红场（莫斯科的中心广场）；克里姆林宫（"克里姆林宫的红星"为地标建筑）；圣彼得堡（"北方威尼斯"，青铜骑士是圣彼得堡的标志性雕塑）；艾尔米塔奇博物馆（世界四大博物馆之一）	琥珀、黄金、皮毛、书籍、鱼子酱、白兰地、香槟、伏特加酒等

第四节　美洲主要客源国概况

1. 简况。

国名	面积	国花（树）	人口	民族	语言	宗教	货币	首都
美国	937.26万平方千米	玫瑰	3.08亿人	移民国家	英语	新教、天主教	美元	华盛顿
加拿大	998万平方千米	枫树	3531万人	移民国家	英语、法语	天主教、新教	加拿大元	渥太华
巴西	851.49万平方千米	毛蟹爪兰	2.028亿人		葡萄牙语	天主教、新教	巴西雷尔亚	巴西利亚

2. 简史、国家政体。

国家	简史	国家政体
美国	原为印第安人聚居地；18世纪前半期，英国已在北美建立13个殖民地；1775年，独立战争爆发；1776年7月4日，正式成立美利坚合众国；1861年，南北战争爆发；1865年，林肯镇压了南方奴隶主的叛乱；以后民主党和共和党轮流执政	总统内阁制
加拿大	原为印第安人和因纽特人聚居地；16世纪沦为法、英殖民地，后又被法国割让给英国；1867年成为英国的自治领；1926年，加拿大获得外交上的独立；1931年成为英联邦成员国	联邦议会制
巴西	16世纪葡萄牙远征队在巴西建立殖民地；1822年9月7日，佩德罗王子宣布独立，建立巴西帝国；1889年丰塞卡将军发动政变，建立巴西合众国；1964年军人政变上台，实行独裁统治；1967年改为巴西联邦共和国；1985年1月大选，结束军人执政	代议制民主政体

3. 经济。

国家	
美国	世界第一经济强国，国内生产总值和对外贸易额均占世界首位；汽车、钢铁、建筑业是美国经济的三大支柱产业；航空和宇航工业居世界首位；是世界上最大的农产品出口国
加拿大	西方七大经济强国之一，2015年经济总量居世界第十位，经济上受美国影响较大；已探明原油储量居世界第二

4. 文化、高等学府、主要景点。

国家	文学艺术	高等学府
美国	文学家：霍桑、斯托夫人、马克·吐温、杰克·伦敦、德莱赛、刘易斯、海明威、阿历克斯·哈利、托尼·莫里森；电影王国：好莱坞	哈佛大学、斯坦福大学、麻省理工学院、哥伦比亚大学、耶鲁大学等
加拿大		多伦多大学、不列颠哥伦比亚大学、麦吉尔大学等

5. 民俗。

国家	数字禁忌	颜色禁忌	图案禁忌	饮食禁忌	送礼	话题	礼节
美国	忌讳13，星期五	忌讳黑色，不喜欢红色，偏爱白色、黄色、蓝色	忌讳蝙蝠、黑猫图案，偏爱白色秃鹰、白猫图案	口味喜清淡、不腻、咸中带微甜	讲究单数	忌过分谦虚和客套，忌打听个人私事，忌说老、白、胖	见面礼是握手，盛行女士优先原则
加拿大	忌讳13，星期五	忌讳黑色，偏爱白色	忌讳百合花、喜枫叶图案	口味偏清淡、喜甜味，喜爱烤制肉食		忌打听个人私事，忌将加拿大与美国比较，忌谈魁北克独立运动问题，忌说别人老、白、胖	
巴西						忌说带有种族意识的笑话，也不要谈论阿根廷，还应回避政治、宗教以及其他有争议的话题；微笑和握手礼、拳礼，忌使用"OK"手势	

6. 著名景点、特产。

国家	著名景点	著名特产
美国	华盛顿（国会大厦、国家图书馆、白宫）；纽约（美国最大的城市，联合国总部所在地）；自由女神像美国的象征，世界遗产）；大都会艺术博物馆（世界四大博物馆之一）；旧金山（金门大桥是旧金山的象征）；洛杉矶（"天使之城"）；拉斯维加斯（"世界娱乐之都""赌城"）；费城国家独立历史公园（《独立宣言》，世界遗产）；黄石国家公园（世界最早的国家公园，间歇喷泉，世界遗产）；夏威夷群岛（世界遗产）；大峡谷国家公园（世界遗产）	电脑产品，篮球之国，花旗参，葡萄酒，农业特产等
加拿大	渥太华（国会大厦为加拿大的象征）；多伦多（加拿大最大的城市）；尼亚加拉大瀑布（世界著名大瀑布）；蒙特利尔（"小巴黎""尖塔之城"）；魁北克（加拿大最古老的城市，世界遗产）；温哥华（加拿大的"西部天堂："）；恐龙公园（三大景观，世界遗产）	枫糖浆、太妃糖，枫叶茶、冰酒、鲑鱼制品、西洋参制品、钻石、护肤品等
巴西	巴西利亚（新首都，"飞机形总体规划图"）；圣保罗（巴西第一大城市及最大港口）；里约热内卢（巴西第二大城市，旧首都，耶稣雕像，狂欢节）；亚马孙河（世界第二大河）	巴西咖啡，卡莎萨酒，天然蜂胶，蝴蝶标本，马黛茶，巴西宝石

第五节　大洋洲、非洲主要客源国概况

1. 简况。

国名	面积	国花	人口	民族	语言	宗教	货币	首都
澳大利亚	769.2万平方千米	金合欢	2355万人	英国及爱尔兰后裔	英语	基督教	澳元	堪培拉
新西兰	27.0534万平方千米	银蕨	454万人	欧洲移民后裔、毛利人、亚裔	英语、毛利语	新教、天主教	新西兰元	惠灵顿
南非	121.9万平方千米	帝王花	5400万人	黑人、有色人、白人、亚裔	班图语、英语、阿非利卡语	基督教	南非兰特	茨瓦内、开普敦、布隆方丹
埃及	100.145万平方千米	睡莲	8670万人	东方哈姆族	阿拉伯语	伊斯兰教	埃及镑	开罗

2. 简史、政治制度。

国家	简史	国家政体
澳大利亚	原为土著人居住；1770年，宣布澳为英国殖民地；1788年1月26日，英国首批移民抵达，这一天被定为国庆日；1901年1月1日，组成澳大利亚联邦，成为英国自治领；1931年成为英联邦内的独立国家	联邦制
新西兰	1350年起，毛利人在新西兰定居；1642年荷兰航海者在新西兰登陆；1769-1777年，英国库克船长先后5次到新西兰，此后英国向新西兰大批移民宣布占领；1840年2月6日，新西兰成为英国殖民地；1907年新西兰独立，成为英国自治领；1947年成为主权国家，同时成为英联邦成员	
南非	17世纪后，荷兰人、英国人相继入侵；19世纪中叶，白人统治者建立起四个政治实体；1910年，四个政体合并为"南非联邦"，成为英国自治领，推行种族歧视和隔离政策；1961年南非退出英联邦，成立南非共和国；1989年推行政治改革；1994年，南非举行首次不分种族大选，曼德拉出任南非首任黑人总统，同年重新加入英联邦	

| 埃及 | 公元前3200年，美尼斯统一埃及，建立第一个奴隶制国家；公元前525年，埃及成为波斯帝国的一个行省；641年阿拉伯人入侵，埃及成为伊斯兰教的一个重要中心；1517年被土耳其征服；1882年被英军占领，成为英国的"保护国"；1922年英国宣布埃及为独立国家；1953年6月18日宣布成立埃及共和国 | |

3. 文化、高等学府。

国家	文化	高等学府
澳大利亚	帕特里克·怀特，澳大利亚芭蕾舞团	澳大利亚国立大学，悉尼大学

4. 民俗。

国家	颜色禁忌	图案禁忌	饮食禁忌	礼节	话题	其他
澳大利亚	忌送菊花、杜鹃花、石竹花和黄颜色的花，忌讳13	忌讳兔子，喜爱袋鼠、琴鸟和金合欢花图案	不爱辣味，不吃海参，喜欢酸甜味	平等，一视同仁	不对国内事务发表看法，不说自谦的客套话	不可竖大拇指赞扬
新西兰				平等意识浓厚，文明程度较高	忌谈国内民族问题	通行西方礼仪
南非	不要为白人评功摆好；不要评论不同黑人部族或派别之间的关系；不要非议黑人的古老习惯；不要为对方生了男孩表示祝贺					
埃及	忌讳黑色、紫色、黄色、蓝色，珍爱绿色和白色	忌讳大熊猫图案，宠猫	忌吃猪肉，忌讳饮酒	忌讳左手传递物品	忌谈宗教和中东问题，不要说"针"	忌赞美女子苗条，女性以丰腴为美；付小费

5. 著名景点、特产。

国家	著名景点	著名特产
澳大利亚	堪培拉（"大洋洲的花园城市"）；悉尼（澳大利亚第一大城市，华侨和华人聚居最多的地区）；悉尼歌剧院（标志）；墨尔本（澳大利亚第二大城市，"澳大利亚的伦敦"）；大堡礁（世界最大、最长的珊瑚礁群，"度假天堂"，世界遗产）；黄金海岸	珠宝饰品、黄金饰品，澳洲羊毛服装、地毯，鳄鱼皮制品、保健品等

新西兰	奥克兰（新西兰第一大城市，"帆船之都"，云霄塔为标志性建筑）；罗托鲁瓦（毛利族文化荟萃之地）；惠灵顿；克莱斯特彻奇（"英国以外最有英国风味的城市""花园城市"）；昆斯顿（"探险之都"）	保健品、化妆保养品、羊毛类制品、葡萄酒、特色茶巾
南非	开普敦（南非第二大城市）；约翰内斯堡（南非最大的城市，世界上最大的产金中心）；太阳城（全球第二大赌场）；克鲁格国家公园（野生动物园）；茨瓦内（政治中心）	钻石、葡萄酒、鸵鸟工艺品、木雕等
埃及	开罗（非洲最大的城市，开罗伊斯兰区是世界遗产）；埃及国家博物馆；吉萨金字塔区（"世界七大奇迹"之一，狮身人面像，世界遗产）；卡纳卡阿蒙神殿（世界遗产）；卢克索神殿（世界遗产）；国王谷（世界遗产）；尼罗河（世界上最长的河流，"母亲河""生命之河"）；亚历山大（埃及第二大城市，最大的海港）	纸莎草画、法国香精、土耳其式长衫、铜制品

第二编　章节模拟题集锦

第1章　旅游活动与旅游业

一、单项选择题

1. 人类有意识的外出旅行活动产生于 _____ 时期。

A. 原始社会早期 　　　　　　B. 原始社会末期

C. 奴隶社会早期 　　　　　　D. 奴隶社会末期

2. 世界第一家旅行社诞生于 _____ 。

A.1841 年　英国 　　　　　　B.1845 年　美国

C.1845 年　英国 　　　　　　D.1841 年　比利时

3. 世界第一家旅游社是 _____ 。

A. 英国　托马斯·库克旅行社 　　B. 美国　运通公司

C. 比利时　铁路卧车公司 　　　　D. 中国　中国旅行社

4. 世界旅游组织规定，旅游活动是指人们在旅游目的地停留时间不超过 _____ 的活动。

A.24 小时 　　B. 半年 　　C. 一年 　　D. 两年

5. 旅游活动的主体是 _____ 。

A. 旅游资源 　　B. 旅游业 　　C. 旅游者 　　D. 旅游设施与服务

6. 按我国旅游行业现行惯例，团体旅游人数至少为 _____ 人。

A. 5 　　　　B.10 　　　　C.15 　　　　D.20

7. 按照旅游活动的组织形式可将旅游划分为 _____ 。

A. 国际旅游和国内旅游 　　　　B. 团体旅游和散客旅游

C. 远程旅游和近程旅游 　　　　D. 消遣性旅游和事务性旅游

8. 我国目前接待量最大的市场类型是 _____ 。

A. 观光旅游 　　B. 度假旅游 　　C. 文化旅游 　　D. 专业旅游

9. 从国家角度来看，旅游可分为境内旅游和国民旅游两种类型，其中国民旅游包括 _____ 。

A. 国内旅游　　入境旅游　　　　B. 国内旅游　　国际旅游

C. 出境旅游　　入境旅游　　　　D. 国内旅游　　出境旅游

10. 一个到惯常环境以外的地方去旅行，其停留时间在 24 小时以上、一年以内，主要目的不是通过所从事的活动从访问地获取报酬的人是 _____。

A. 旅行者　　　　B. 游客　　　　C. 旅游者　　　　D. 一日游游客

11. 常驻我国的使、领馆人员在我国境内的旅游活动，对我国而言属于 _____。

A. 出境旅游　　　B. 入境旅游　　　C. 国际旅游　　　D. 国内旅游

12. 近程旅游通常是指在 _____ 千米以内的旅游活动。

A. 200　　　　　B. 240　　　　　C. 300　　　　　D. 500

13. 旅游活动淡旺季的形成主要体现了旅游活动的 _____。

A. 脆弱性　　　　B. 地理集中性　　C. 季节性　　　　D. 社会性

14. 旅游活动包括多种内容，且涉及众多的行业和部门，体现了旅游活动具有 _____ 的特点。

A. 普及性　　　　B. 综合性　　　　C. 季节性　　　　D. 地理集中性

15. 现代旅游活动的参加者已经扩展到普通劳动大众，说明现代旅游活动的具有 _____。

A. 普及性　　　　B. 综合性　　　　C. 多样性　　　　D. 地理集中性

16. 乘坐游船到达某一国家，游船在港口停留几天，然而船上乘客每晚均回船上过夜，对于访问国来说这些乘客属于 _____。

A. 游客　　　　　B. 旅游者　　　　C. 旅行者　　　　D. 一日游游客

17. 对游客而言，旅游资源最基本的功能是 _____。

A. 增知益神　　　B. 娱乐健身　　　C. 观赏休闲　　　D. 陶冶情操

18. 旅游资源最本质的特征是 _____。

A. 对游客有吸引力　　　　　　　B. 产生经济效益

C. 产生社会效益　　　　　　　　D. 产生环境效益

19. _____ 年，旅游业正式列入我国国民经济和社会发展计划，成为国民经济的一个重要组成部分。

A. 1978　　　　　B. 1985　　　　　C. 1986　　　　　D. 1995

20. 截至目前，世界六大旅游市场中最大的是 _____ 市场。

A. 美洲　　　　B. 东亚太平洋　C. 欧洲　　　　D. 中东

21. 下列对我国旅游业的发展途径描述正确的是 _____ 。

A. 先入境　后出境　再国内　　　　B. 先入境　后国内　再出境

C. 先国内　后入境　再出境　　　　D. 先国内　后出境　再入境

22. 经国务院常务会议通过自 2011 年起，每年的 _____ 定为"中国旅游日"。

A. 5 月 19 日　　B. 9 月 27 日　　C.10 月 27 日　　D.11 月 22 日

23. 1969 年出土于 _____ 的汉代铜奔马"马踏飞燕"，在 1983 年被确定为中国旅游业的标志。

A. 河南安阳　　　B. 湖南宁乡　　C. 甘肃武威　　D. 陕西岐山

24. 世界旅行社协会联合会总部设在 _____ 。

A. 西班牙马德里　　　　　　　　B. 美国旧金山

C. 加拿大蒙特利尔　　　　　　　D. 比利时布鲁塞尔

25. 我国是在 _____ 年加入世界旅游组织。

A. 1974　　　　B. 1983　　　　C. 1993　　　　D. 1995

26. 我国是在 _____ 年加入世界旅行社协会联合会。

A. 1974　　　　B. 1983　　　　C. 1993　　　　D. 1995

27. 太平洋亚洲旅游协会成立于 _____ 年，总部设在 _____ 。

A. 1975　西班牙马德里　　　　　B. 1952　美国旧金山

C. 1947　加拿大蒙特利尔　　　　D. 1966　比利时布鲁塞尔

28. 全球第一个以城市为主体的国际旅游组织是 _____ 。

A. 世界旅游城市联合会　　　　　B. 太平洋亚洲旅游协会

C. 世界旅行社协会联合会　　　　D. 国际民航组织

29. 世界旅游日是每年的 _____ 。

A. 5 月 19 日　　B. 5 月 27 日　　C. 9 月 19 日　　D. 9 月 27 日

30. 世界旅游组织的总部设在 _____ 。

A. 美国的旧金山　　　　　　　　B. 菲律宾的马尼拉

C. 加拿大的蒙特利尔　　　　　　D. 西班牙的马德里

二、多项选择题

1. 旅游活动的基本特征是 _____ 。

A. 异地性　　　　B. 暂时性　　　　C. 非就业性　　　D. 非商业性　　　E. 非移民性

2. 随着激发人们旅游的动机和体验的要素越来越多，专家概括出旅游拓展要素即新旅游六要素包括 _____ 。

A. 商、购　　　　B. 商、养　　　　C. 学、闲　　　　D. 学、游　　　　E. 情、奇

3. 旅游活动体系构成要素包括 _____ 。

A. 旅游者　　　　B. 旅游资源　　　C. 旅游业　　　　D. 旅游促销　　　E. 旅游市场

4. 旅游活动按地理范围可分为 _____ 。

A. 入境旅游　　　B. 出境旅游　　　C. 国际旅游　　　D. 国内旅游　　　E. 洲际旅游

5. 对国内旅游与国际旅游关系描述正确的是 _____ 。

A. 国内旅游是旅游业发展的基础

B. 国内旅游是国际旅游发展的延伸和发展

C. 国际旅游是旅游业发展的基础

D. 国内旅游在消费性质上促进本国财富的重新分配

E. 国际旅游在消费性质上导致国家财富的转移

6. 团体旅游的优点主要表现在 _____ 。

A. 自由度低　　　B. 省心　　　　　C. 价格便宜　　　D. 安全感较强　　E. 自主性较强

7. 下列 _____ 不属于我国入境一日游游客。

A. 不在住宿设施内过夜的国际游客

B. 乘坐游船来华且在船上过夜的外国人

C. 当天往返深圳的香港居民

D. 在珠海居住，在澳门工作的人

E. 当日往返于云南的越南居民

8. 以下对我国一日游游客描述正确的是 _____ 。

A. 离开居住地 10 千米以上　　　　B. 在外停留时间 12—24 小时

C. 离开居住地 5 千米以上　　　　　D. 停留时间 6—24 小时

E. 不在朋友家过夜的国内游客

9. 我国规定，入境旅游者包括 _____ 。

A. 外国人　　　　　B. 回国定居的华侨　　　　　C. 香港同胞

D. 澳门同胞　　　　E. 台湾同胞

10. 下列 _____ 不能称之为游客。

A. 去海南度假的李先生　　　　B. 前往瑞典的利比亚难民

C. 受调遣的维和部队官兵　　　D. 从境外押送回国的犯人

E. 去北京治病的李女士

11. 成为一名现实的旅游者必须具备的基本条件是 _____ 。

A. 旅游动机　　　　　　　　　B. 良好的个人文化修养

C. 足够的闲暇时间　　　　　　D. 良好的身体状况

E. 足够的可自由支配收入

12. 构成旅游业的三大支柱分别是 _____ 。

A. 旅游景区　　　B. 旅行社业　　　C. 交通客运业　　　D. 住宿业　　　E. 金融业

13. 对目的地国家而言，旅游资源的功能表现在取得 _____ 。

A. 企业效益　　　B. 社会效益　　　C. 科技效益　　　D. 经济效益　　　E. 环境效益

14. 对目前我国旅游业发展描述正确的是 _____ 。

A. 旅游业已进入世界旅游大国行列

B. 入境旅游人次已排世界第一位

C. 已成为最大的旅游消费国

D. 目前实现了国内旅游和入境旅游两大市场发展的格局

E. 大旅游、大市场、大产业的格局基本形成

15. 从经济学角度说，旅游市场的基本构成要素包括 _____ 。

A. 旅游产品的消费者　　　　B. 旅游产品的供应者　　　　C. 可交换的旅游产品

D. 旅游行政管理部门　　　　E. 旅游产品的价格

16. 目前，我国入境旅游市场的特点有 _____ 。

A. 港澳台市场占我国入境旅游市场的大部分份额

B. 外国人市场中亚洲国家占多数

C. 外国游客人均花费低于台湾游客

D. 入境游客数量近年略有下降

E. 观光休闲是多数游客来华目的之一

17. 对我国国内旅游发展描述正确的是 _____ 。

A. 规模宏大，发展速度快

B. 旅游地域分布将向东部沿海地区扩展

C. 经济的快速发展为国内旅游发展奠定了基础

D. 旅游活动以团体旅游为主

E. 消费水平还比较低

18. 我国出境旅游的特点表现在 _____ 。

A. 规模持续增长   B. 因私比例不断增长

C. 欧美地区为主要目的地   D. 消费增长速度快

E. 出境旅游人次已突破 1 亿人次

19. 目前 _____ 地区为我国出境主要目的地。

A. 欧美   B. 北美   C. 东北亚   D. 中东   E. 东南亚

20. 按旅游资源的属性可将其分为 _____ 。

A. 现实的旅游资源   B. 自然旅游资源   C. 潜在的旅游资源

D. 人文旅游资源   E. 社会旅游资源

第2章　中国历史文化

第一节　中国历史概述

一、单项选择题

1. "中国"真正成为国家的称谓是在 _____ 。

A. 先秦　　　　　B. 秦汉　　　　　C. 明清　　　　　D. 辛亥革命后

2. 中国近代史从 1840 年开始至 _____ 年结束。

A. 1912　　　　　B. 1919　　　　　C. 1928　　　　　D. 1949

3. 会磨制和钻孔技术、能人工取火，逐步进入氏族公社的远古人类是 _____ 。

A. 元谋人　　　　B. 北京人　　　　C. 山顶洞人　　　D. 丁村人

4. _____ 主要种植水稻，证明我国是世界上最早种植水稻的国家。

A. 河姆渡氏族　　B. 半坡氏族　　　C. 大汶口文化　　D. 陶寺遗址

5. 远古传说中，火神是 _____ 。

A. 伏羲　　　　　B. 女娲　　　　　C. 共工　　　　　D. 祝融

6. 公元前 1300 年商王盘庚把都城迁到了殷，即今 _____ ，从此稳定下来，故商朝又称"殷商"。

A. 河南商丘　　　B. 河南安阳　　　C. 河南洛阳　　　D. 河南开封

7. 中国目前已发现的古代文字中年代最早、体系较完整的古文字是 _____ 。

A. 甲骨文　　　　B. 金文　　　　　C. 篆书　　　　　D. 隶书

8. _____ 烽火戏诸侯，致使西周 300 年历史宣告结束。

A. 周文王　　　　B. 周武王　　　　C. 周厉王　　　　D. 周幽王

9. 战国时期，为了巩固统治，各国纷纷开始变法，其中最彻底的是 _____ 。

A. 魏李悝变法　　　　　　　　　　B. 楚吴起变法

C. 秦商鞅变法　　　　　　　　　　D. 赵武灵王改革

10. _____ 时期，青铜器的制造工艺不断创新，出现了称为"金银错"的镶嵌工艺。

A. 夏商　　　　　B. 西周　　　　　C. 春秋战国　　　D. 战国

11. 中国第一个统一的中央集权制封建国家定都于 _____ 。

A. 镐京　　　　　B. 长安　　　　　C. 洛阳　　　　　D. 咸阳

12. 世界上最古老的人工运河是 _____ 。

A. 郑国渠　　　　B. 灵渠　　　　　C. 京杭大运河　　D. 坎儿井

13. 汉武帝时期，采纳了 _____ 的"罢黜百家，独尊儒术"的建议，遂使儒家学说成为历朝历代的官方学说。

A. 荀子　　　　　B. 韩非子　　　　C. 董仲舒　　　　D. 朱熹

14. _____ ，国人暴动赶走周厉王，由周公和召公共同执政，史称"共和行政"。

A. 公元 841 年　 B. 公元 840 年　C. 公元前 840 年 D. 公元前 841 年

15. 166 年，_____ 王安敦派使臣从海路来中国，这是中国同欧洲国家直接友好往来的最早记录。

A. 波斯　　　　　B. 印度　　　　　C. 大食　　　　　D. 大秦

16. 南北朝时期，_____ 促进了北方各民族封建化的过程，也促进了民族融合。

A. 拓跋宏改革　　　　　　　B. 赵武灵王改革

C. 宋神宗改革　　　　　　　D. 刘秀改革

17. _____ ，通过建立三省六部制来加强皇权。

A. 秦始皇　　　　B. 汉武帝　　　　C. 隋文帝　　　　D. 唐太宗

18. _____ 在位时期，唐朝达到了全盛时期。

A. 唐高祖　　　　B. 唐太宗　　　　C. 唐高宗　　　　D. 唐玄宗

19. _____ 开凿的大运河，成为南北交通的大动脉，对南北经济交流起了巨大作用。

A. 西汉　　　　　B. 东晋　　　　　C. 隋朝　　　　　D. 唐朝

20. _____ ，人们出门喜爱骑马，女子更喜欢春天相约骑马游春。

A. 西汉　　　　　B. 南北朝　　　　C. 隋朝　　　　　D. 唐朝

21. 唐代，_____ 的白瓷被誉为"类玉""类冰"。

A. 邢州　　　　　B. 越州　　　　　C. 宣州　　　　　D. 益州

22. 唐朝 _____ 6 次东渡日本，促进了大唐文化和佛教的传播。

A. 张骞　　　　　B. 鉴真　　　　　C. 班固　　　　　D. 玄奘

23. 隋唐时期，中国的造纸术、纺织术、制瓷术经 ＿＿＿＿＿＿ 传到非洲和欧洲。

A. 新罗　　　　　B. 日本　　　　　C. 波斯　　　　　D. 大食

24. 西汉时，＿＿＿＿＿＿ 两次出使西域，开通了著名的丝绸之路。

A. 苏武　　　　　B. 张骞　　　　　C. 班固　　　　　D. 甘英

25. 北宋中期，宋神宗用 ＿＿＿＿＿＿ 变法，由于触及了大官僚、地主阶级的利益，变法失败。

A. 范仲淹　　　　B. 司马光　　　　C. 苏轼　　　　　D. 王安石

26. 南宋末年，著名的抗元英雄是 ＿＿＿＿＿＿ 。

A. 岳飞　　　　　B. 文天祥　　　　C. 戚继光　　　　D. 郑成功

27. 岳飞《满江红》中"靖康耻，犹未雪"指的是北宋被 ＿＿＿＿＿＿ 所灭。

A. 辽　　　　　　B. 西夏　　　　　C. 蒙古　　　　　D. 金

28. 西藏在 ＿＿＿＿＿＿ 正式成为我国的一个行政区。

A. 西汉　　　　　B. 唐朝　　　　　C. 元朝　　　　　D. 清朝

29. 五代十国、辽、宋、夏、金、元时期，丝织品花色增多，＿＿＿＿＿＿ 号称天下第一。

A. 湘绣　　　　　B. 蜀绣　　　　　C. 粤绣　　　　　D. 苏绣

30. 元朝时，＿＿＿＿＿＿ 成为棉纺业中心，生产的"乌泥泾被"畅销。

A. 松江　　　　　B. 苏州　　　　　C. 杭州　　　　　D. 益州

31. 指南针在 ＿＿＿＿＿＿ 时经阿拉伯传入欧洲，为欧洲人进行环球航行和发现美洲大陆提供了重要条件。

A. 唐代　　　　　B. 北宋　　　　　C. 南宋　　　　　D. 元代

32. 中国历史上寿命最长的皇帝是 ＿＿＿＿＿＿ 。

A. 宋高宗　　　　B. 武则天　　　　C. 康熙皇帝　　　D. 乾隆皇帝

33. ＿＿＿＿＿＿ ，金、银、铜、铁的开采量居世界第一。

A. 唐代　　　　　B. 北宋　　　　　C. 南宋　　　　　D. 元代

34. 明朝从 1368 年到 1500 年间，＿＿＿＿＿＿ 次大修长城。

A. 16　　　　　　B. 17　　　　　　C. 18　　　　　　D. 19

35. 明成祖派大学士解缙编 ＿＿＿＿＿＿ ，成为明代最先进的一部科技文化综合性类书。

A.《资治通鉴》　　　　　　　　　B.《古今图书集成》

C.《永乐大典》　　　　　　　　　D.《四库全书》

36. 沟通了与亚非 30 多个国家的往来，中国古代史上时间最长、规模最大、范围最广的外交活动是 _____ 。

A. 张骞通西域　　B. 郑和下西洋　　C. 鉴真东渡　　D. 玄奘西游

37. 明朝中后期，著名的抗倭英雄是 _____ 。

A. 戚继光　　　　B. 文天祥　　　　C. 林则徐　　　　D. 郑成功

38. _____ 年，皇太极将族名由"女真"改为"满洲"。

A. 1616　　　　　B. 1635　　　　　C. 1636　　　　　D. 1644

39. _____ 在位时期，确定了中国最终的版图。

A. 康熙皇帝　　　B. 雍正皇帝　　　C. 乾隆皇帝　　　D. 光绪皇帝

40. 明清时期，景德镇制瓷业居全国之首，以 _____ 最有名。

A. 青花瓷　　　　B. 青花玲珑瓷　　C. 粉彩瓷　　　　D. 薄胎瓷

二、多项选择题

1. 中国古代经历的发展时期是 _____ 。

A. 原始社会　　　B. 奴隶社会　　　C. 封建社会

D. 半殖民地半封建社　　　　　　　E. 资本主义社会

2. 下列属于氏族公社繁荣阶段的代表有 _____ 。

A. 河姆渡人　　　B. 山顶洞人　　　C. 半坡人　　　　D. 大汶口人　　　E. 蓝田人

3. 下列远古传说人物中，属于上古三代圣贤有 _____ 。

A. 黄帝　　　　　B. 炎帝　　　　　C. 尧　　　　　　D. 舜　　　　　　E. 禹

4. 属于我国奴隶制瓦解、封建制确立的过渡时期是 _____ 。

A. 商　　　　　　B. 西周　　　　　C. 春秋　　　　　D. 战国　　　　　E. 秦朝

5. 关于"春秋五霸"有两种说法，下列均包含的霸主有 _____ 。

A. 齐桓公　　　　B. 秦穆公　　　　C. 晋文公　　　　D. 楚庄王　　　　E. 越王勾践

6. 战国初年，_____ 三家瓜分了晋国，即历史上的"三家分晋"。

A. 魏　　　　　　B. 赵　　　　　　C. 韩　　　　　　D. 秦　　　　　　E. 楚

7. 春秋战国时期煮盐业兴旺，以 _____ 的海盐最有名。

A. 齐国　　　　　B. 燕国　　　　　C. 魏国　　　　　D. 楚国　　　　　E. 鲁国

8. 西汉时期农业生产技术和工具上出现了 _____ ，提高了农田耕作的效率。

A. 耦耕　　　　B. 犁耕　　　　C. 楼车　　　　D. 简车　　　　E. 曲辕犁

9. 西汉时张骞通西域，将中国的 _____ 技术传至西域。

A. 造纸术　　　B. 铁器　　　C. 冶铁　　　D. 凿井　　　E. 丝织品

10. 魏晋南北朝时期定都于今南京的政权有 _____ 。

A. 北魏　　　　B. 宋　　　　C. 齐　　　　D. 梁　　　　E. 陈

11. 下列政权中属于北朝的有 _____ 。

A. 北魏　　　　B. 东魏　　　C. 西魏　　　D. 蜀　　　　E. 北周

12. 隋文帝统治时期，采取了 _____ 措施，出现了"开皇之治"的盛世。

A. 派文官管理地方，巩固皇权　　　B. 实行均田和租庸调制，减轻徭役

C. 创立科举制度　　　　　　　　　D. 改革官制，官员实行俸禄制

E. 创建"三省六部制"

13. 中国历史上，开创了唐朝盛世的有 _____ 。

A. 文景之治　　B. 贞观之治　　C. 开皇之治　　D. 开元盛世　　E. 康乾盛世

14. 隋代开凿的大运河，经过的重要的城市有 _____ 。

A. 洛阳　　　　B. 济南　　　C. 涿郡　　　D. 余杭　　　E. 建康

15. 隋唐经济繁荣的表现有 _____ 。

A. 服装以棉布为主要原料，松江成为棉纺业中心

B. 金、银、铜、铁的开采量居世界第一

C. 邢州的白瓷和越州的青瓷闻名全国，发明了唐三彩

D. 宋州、亳州的绢，益、扬、定三州的绫锦最著名

E. 秦汉的海上丝绸之路在唐朝得以繁荣

16. 清朝统治最辉煌的三帝是 _____ ，被称为"康乾盛世"。

A. 顺治　　　　B. 康熙　　　C. 雍正　　　D. 乾隆　　　E. 咸丰

17. 在 907—960 年间，先后出现过的政权有 _____ 。

A. 北汉　　　　B. 南唐　　　C. 后梁　　　D. 后汉　　　E. 北周

18. 与北宋对峙交战过的政权有 _____ 。

A. 蒙古帝国　　B. 辽　　　　C. 西夏　　　D. 金　　　　E. 明

19. 五代十国、辽、宋、夏、金、元时期的经济进一步发展的表现有 _____ 。

A. 江南、两广得到进一步发展，江南经济开始赶超中原

B. 从越南引进的占城稻得到推广

C. 泉州、广州、明州不仅造船业发达，也是重要的外贸口岸

D. 元代，意大利旅行家马可·波罗的《马可·波罗游记》激起了欧洲人对东方的向往

E. 出现了夜市、早市、娱乐场所瓦子，有了世界上最早的纸币"交子"

20. 清王朝1644年入关，入关之前的帝王有 _____ 。

A. 努尔哈赤　　　B. 皇太极　　　C. 顺治　　　D. 康熙　　　E. 乾隆

第二节　中国科技文化

一、单项选择题

1. _____ 时期，我国已确定了19年7闰的原则，形成了自己固定的历法系统，比西方早160年。

A. 原始社会　　　B. 夏朝　　　C. 春秋　　　D. 西汉

2. 战国时期的 _____ 是世界上最早的天文学著作。

A.《太初历》　　　B.《大衍历》　　　C.《夏小正》　　　D.《甘石星经》

3. 汉武帝时，天文学家制定出中国第一部较完整的历书 _____ ，开始以正月为岁首。

A.《夏小正》　　　B.《大衍历》　　　C.《太初历》　　　D.《崇祯历书》

4. 唐朝僧一行制定了 _____ ，是当时最精密的历法，较准确地反映了太阳运行的规律，表明中国古代历法体系的成熟。

A.《夏小正》　　　B.《大衍历》　　　C.《皇极历》　　　D.《授时历》

5. _____ 开创了用科学方法实测地球子午线长度，是我国科学思想上的一大进步。

A. 张衡　　　B. 沈括　　　C. 徐光启　　　D. 僧一行

6. 元朝杰出的天文学家 _____ 创制了简仪和高表等近20件天文仪器，主持了全国范围的天文测量。

A. 张衡　　　B. 沈括　　　C. 郭守敬　　　D. 僧一行

7. _____ 是我国历史上第一个精确计算出北京的地理位置的人。

A. 朱载堉　　　B. 沈括　　　C. 徐光启　　　D. 僧一行

8. 西周初年周公制礼，_____成为贵族子弟教育中必修的"六艺"之一。

A. 地理学　　　B. 天文学　　　C. 数学　　　D. 医学

9. _____时期，出现了世界上最早的星表之一，测定了比较准确的回归年长度。

A. 春秋　　　B. 东汉　　　C. 唐朝　　　D. 明清

10. 北宋_____提出会圆术，首次提出求弓形弧长的近似公式。

A. 刘徽　　　B. 沈括　　　C. 朱载堉　　　D. 祖冲之

11. 明朝出现了一批珠算的著作，最著名的是_____的《算法统宗》。

A. 程大位　　　B. 沈括　　　C. 朱载堉　　　D. 祖冲之

12. 清朝_____著作《中西数学通》，几乎包括了当时世界数学的全部知识，达到当时中国数学研究的最高水平。

A. 梅文鼎　　　B. 沈括　　　C. 朱载堉　　　D. 明安图

13. _____独立发明对数微积分，并在 1872 年发表《考数根法》，是中国质数论方面最早的著作。

A. 程大位　　　B. 李善兰　　　C. 朱载堉　　　D. 明安图

14. _____记载大禹治水所用的数学知识，成为现存文献中最早使用勾股定理的例子。

A.《孙子算经》　　　　　B.《周髀算经》

C.《九章算术》　　　　　D.《五曹算经》

15. 战国的_____采用望、闻、问、切四诊法，切脉是他的主要成就，被后世奉为"脉学之宗"。

A. 扁鹊　　　B. 华佗　　　C. 张仲景　　　D. 孙思邈

16. 东汉的_____，是中国第一部完整的医学著作。

A.《四部医典》　　　　　B.《神农本草经》

C.《黄帝内经》　　　　　D.《千金方》

17. 东汉末年的_____擅长针灸和外科手术，创造性地发明了麻沸散和医疗体操"五禽戏"，被誉为"神医"。

A. 扁鹊　　　B. 华佗　　　C. 张仲景　　　D. 孙思邈

18. 唐高宗时编修的_____，是世界上最早的由国家颁行的药典。

A.《四部医典》 B.《伤寒杂病论》

C.《唐本草》 D.《千金方》

19. _____，我国在世界上最早种痘预防天花。

A. 唐代 B. 宋代 C. 元代 D. 明代

20. 明朝 _____ 的《本草纲目》，成为世界上内容最丰富、考订最详尽的药物学巨著，被誉为"东方医药巨典"。

A. 王叔和 B. 张仲景 C. 李时珍 D. 孙思邈

21. 西晋杰出的地图学家 _____ 绘制出《禹贡地域图》，还提出了绘制地图的原则。

A. 徐霞客 B. 裴秀 C. 郦道元 D. 宇文恺

22. _____《坤舆万国全图》，是最早的世界地图，也是国内现存最早的、第一幅出现美洲的世界地图。

A. 唐代 B. 宋代 C. 元代 D. 明代

23. 隋朝著名建筑师 _____ 采用图纸和模型结合的设计方法，是我国建筑技术上的一大突破。

A. 宇文恺 B. 李春 C. 李诫 D. 董安于

24. _____ 李春设计建造的赵州桥，是世界上最早的敞肩石拱桥，比欧洲类似的桥早700多年。

A. 隋代 B. 宋代 C. 元代 D. 明代

25. 北宋建造的 _____ 是我国历史上第一座海港大石桥。

A. 苏州宝带桥 B. 泉州洛阳桥 C. 北京卢沟桥 D. 泉州安平桥

26. 北宋李诫编的 _____ 是一部建筑设计、施工的规范书，成为世界上最早、最完备的建筑学著作。

A.《营造法式》 B.《考工记》

C.《工部工程做法则例》 D.《园冶》

27. 古代传说中农业之神是 _____。

A. 伏羲 B. 炎帝 C. 共工 D. 祝融

28. 元代 _____，是我国现存最早的官修农书。

A.《齐民要术》 B.《农桑辑要》 C.《农政全书》 D.《东鲁王氏农书》

29. 被英国科学史家李约瑟誉为"中国科学史上的里程碑"，北宋科学家、政治家沈括的著作是 _____ 。

A.《考工记》　　　　　　　　B.《梦溪笔谈》

C.《天工开物》　　　　　　　D.《齐民要术》

30. _____ 强调人与自然和谐、人力与自然力相配合，是中国科学史料中保留最为丰富的一部著作。

A.《考工记》　　　　　　　　B.《梦溪笔谈》

C.《天工开物》　　　　　　　D.《齐民要术》

31. 春秋末年孔子修的 _____ ，是中国史学上第一部编年体史书。

A.《尚书》　　B.《春秋》　　C.《史记》　　D.《周易》

32. 唐朝杜佑著的 _____ ，是世界上最早的典制体通史。

A.《宋论》　　B.《史记》　　C.《史通》　　D.《通典》

33. 东汉 _____ 改进造纸术，我国成为世界上最早发明造纸的国家。

A. 蔡伦　　　　B. 毕昇　　　　C. 张衡　　　　D. 华佗

34. 唐王玠的 _____ ，是现存最早的标有年代的雕版印刷品，现藏于英国伦敦博物馆。

A.《地藏经》　　　　　　　　B.《般若波罗蜜多心经》

C.《金刚经》　　　　　　　　D.《孝经》

35. 北宋庆历年间 _____ 发明活字印刷术，比德国人约翰内斯·古腾堡早 400 年。

A. 蔡伦　　　　B. 毕昇　　　　C. 张衡　　　　D. 王祯

二、多项选择题

1. 以下中国古代作品中属于天文历法著作的有 _____ 。

A.《黄帝内经》　　B.《大衍历》　　C.《授时历》　　D.《崇祯历法》E.《夏小正》

2. 下列属于春秋时期天文历法成就的有 _____ 。

A. 留下了世界上公认的首次哈雷彗星的确切记载

B. 留下了世界公认的关于太阳黑子的最早记录

C. 形成了我国自己固定的历法系统，比西方早160年

D. 安装了中国第一架天文望远镜

E. 对月食做了最早的科学解释

3. 下列和东汉科学家张衡有关的说法有 _____ 。

A. 制定的《大衍历》，是当时最精密的历法

B. 主持了全国范围的天文测量

C. 发明了地动仪，比欧洲早1700多年

D. 对月食做了最早的科学解释

E. 制造了天文仪器浑天仪

4. 在《二十四史》的《律历志》中收录的汉代天文历法著作有 _____ 。

A.《三统历》　　　B.《乾象历》　　C.《皇极历》　　D.《大衍历》　　E.《授时历》

5. 相传与"规""矩""准""绳"有关的创始人有 _____ 。

A. 黄帝　　　　　B. 伏羲　　　　C. 倕　　　　　D. 禹　　　　　E. 舜

6. 我们祖先最早使用的数学工具是 _____ 。

A. 规　　　　　　B. 矩　　　　　C. 准　　　　　D. 绳　　　　　E. 度

7. 我国古代著名的数学家有 _____ 。

A. 张衡　　　　　B. 祖冲之　　　C. 扁鹊　　　　D. 刘徽　　　　E. 贾思勰

8. 春秋时期数学的发展成就有 _____ 。

A. 掌握了完备的十进位值制计数法，普遍采用筹算的计算方法

B. 谙熟九九乘法表（九因歌），整数四则运算，乘方、开方等运算，可以对零、负数和分数做出表示与计算

C. 出现了世界上最早的星表之一

D. 得出计算回归年长度值的公式

E.《九章算术》是中国古代第一部数学专著

9. 中国古代的医药学成就有 _____ 。

A. 扁鹊的四诊法　　　　　　　　B. 唐代的《黄帝内经》

C. 华佗的五禽戏　　　　　　　　D. 孙思邈的《千金方》

E. 张仲景的《本草纲目》

10. 下列和《徐霞客游记》有关的内容有 _____ 。

A. 全面系统地介绍了水道流经地区的自然地理和经济地理等诸方面的内容

B. 提出了绘制地图的原则

C. 记录了一些地理发现，纠正了前代地理学著作中的一些错误

D. 对石灰岩溶蚀地貌的观察和记述，比欧洲早于约两个世纪

E. 是一部历史、地理、文学价值都很高的综合性地理著作，至今仍是研究我国古代地理的重要著作

11. 以下属于辽代建筑代表的有 _____ 。

A. 河北蓟县独乐寺　　　B. 北京卢沟桥　　　C. 泉州安平桥

D. 泉州洛阳桥　　　E. 山西应县木塔

12. 清代著名的建筑工程有 _____ 。

A. 北京城　　　B. 承德避暑山庄　　　C. 北京的三山五园

D. 京杭大运河　　　E. 长城

13. 中国古代的四大农书是 _____ 。

A.《本草纲目》　　　B.《齐民要术》　　　C.《农桑辑要》

D.《农政全书》　　　E.《东鲁王氏农书》

14. 以下古代作品与作者对应正确的有 _____ 。

A.《梦溪笔谈》—沈括　　B.《天工开物》—宋应星

C.《考工记》—李时珍　　D.《营造法式》—李诫

E.《农政全书》—李春

15. 中国古代的史学成就杰出，属于秦汉时期的作品有 _____ 。

A.《资治通鉴》　　B.《史记》　　C.《春秋》　　D.《汉书》　　E.《日知录》

16. 以下对中国古代史学发展阶段描述正确的有 _____ 。

A. 先秦是中国史学的萌芽期

B. 秦、汉时期是中国古代史学的确立期

C. 魏、晋、南北朝、隋、唐是中国古代史学的发展期

D. 五代、宋、元是中国古代史学的成熟期

E. 明、清时期是中国古代史学的嬗变期

17. 下列作者和著作对应正确的有 _____ 。

A. 李贽《藏书》　　B. 顾炎武《明夷待访录》　　C. 王夫之《读通鉴论》

D. 刘知几《通典》　E. 司马迁《资治通鉴》

18. 中国古代的四大发明是 _____ 。

A. 中医中药　　　B. 造纸术　　　C. 指南针　　　D. 火药　　　E. 印刷术

19. 中国古代著名的建筑学家及其建筑作品有 _____ 。

A. 司马迁—《资治通鉴》　　　B. 李春—赵州桥　　　C. 宇文恺—大兴城

D. 徐霞客—《徐霞客游记》　　　E. 蒯祥—紫禁城

20. 以下关于中国古代四大发明描述正确的有 _____ 。

A. 西汉出现絮纸、麻纸，东汉"蔡侯纸"是现代纸的渊源

B. 中国古代，指南针从出现后就用于中国船舶导航

C. 火药是中国古代人们炼丹、制药的实践结果，至今已有 1000 多年的历史

D. 1966 年在西安市发现的佛教梵文《金刚经》，是目前最早的雕版印刷品

E. 中国火药首先运用于制造烟火，后将其运用于军事，并发明了世界第一根火箭

第三节　中国哲学与文学

一、单项选择题

1. 西周， _____ 制礼作乐，使世人关注的重心从鬼神转向人事。

A. 周文王　　　B. 周武王　　　C. 周公　　　D. 叔虞

2.《汉志》所录先秦诸子百家竟达 _____ 家，造就了中国哲学的第一个高峰。

A. 189　　　B. 268　　　C. 289　　　D. 160

3. 春秋 _____ 推崇周公，提出"仁义"治国，开创了中国最重要的哲学门派儒家。

A. 老子　　　B. 孔子　　　C. 孟子　　　D. 荀子

4. _____ 理学重在重建宋人的精神世界，开创了理学的新时代。

A. 唐朝　　　B. 宋朝　　　C. 明朝　　　D. 清朝

5. 地位仅次于孔子的一代儒家宗师，被称为"亚圣"的是 _____ 。

A. 孟子　　　B. 荀子　　　C. 朱熹　　　D. 王阳明

6. 主张"兼爱""非攻"，推崇节俭、反对铺张浪费的战国学派是 _____ 。

A. 道家　　　B. 儒家　　　C. 墨家　　　D. 法家

7. 战国李悝的 _____ 是中国第一部较系统的封建成文法典。

A.《孝经》　　　　B.《道德经》　　C.《韩非子》　　D.《法经》

8. _____ 是战国时期平民的政治代表人。

A. 法家　　　　　　B. 墨家　　　　　C. 儒家　　　　　D. 道家

9. 战国时期法家思想的集大成者 _____。

A. 李悝　　　　　　B. 商鞅　　　　　C. 韩非子　　　　D. 慎到

10. 中国现代文学以 _____ 为代表。

A. 唐宋诗词　　　　B. 四大名著　　　C. 自由文学　　　D. 鲁迅小说

11. "文学"一词最早见于 _____。

A.《论语》　　　　B.《孟子》　　　C.《大学》　　　D.《书》

12. _____ 是最早的一部诗歌总集，最早的诗篇产生于西周初年，最晚到春秋中叶。

A.《论语》　　　　B.《诗经》　　　C.《离骚》　　　D.《老子》

13. 源于楚辞，流行于两汉，介于诗歌和散文之间的文体是 _____。

A. 赋　　　　　　　B. 乐府诗　　　　C. 散曲　　　　　D. 词

14. 唐朝因其诗流利婉畅，宏放浑厚，独具一格，人称"诗杰"的是 _____。

A. 王勃　　　　　　B. 白居易　　　　C. 王维　　　　　D. 刘禹锡

15. 因其诗沉稳凝重，格调自然，格律粗切，被白居易赠誉为"诗豪"的唐朝诗人是 _____。

A. 王勃　　　　　　B. 李白　　　　　C. 王维　　　　　D. 刘禹锡

16. _____ 是起源于民间，原是一种音乐化的文学样式。

A. 诗歌　　　　　　B. 乐府诗　　　　C. 散曲　　　　　D. 词

17. _____ 时，出现了中国第一部文人词总集《花间集》。

A. 五代　　　　　　B. 盛唐　　　　　C. 宋朝　　　　　D. 元朝

18. 中国传统文学观念认为 _____ 与诗词并列为文学正宗。

A. 散文　　　　　　B. 小说　　　　　C. 戏曲　　　　　D. 民歌

19. _____ 是第一部记叙文和议论文书籍，是上古历史文献和部分追述古代事迹著作的汇编，初具文学特质。

A.《论语》　　　　B.《尚书》　　　C.《庄子》　　　D.《胡非子》

20. 宋代 _____ 的《四书章句集注》成为钦定的教科书和科举考试的标准。

A. 程颐　　　　　B. 王阳明　　　　C. 朱熹　　　　D. 程颢

21. _____ 古文,直承秦汉,尤以游记散文清新俊逸,被后世纯文学散文一直沿用。

A. 战国　　　　　B. 两汉　　　　　C. 唐宋　　　　D. 明清

22. _____ 兴盛于魏晋南北朝,追求句式整齐,强调对仗工整与音律和谐,不要求押韵。

A. 赋　　　　　　B. 乐府诗　　　　C. 戏曲　　　　D. 骈文

23. 以下选项为明代戏曲家及其代表作的是 _____ 。

A. 关汉卿《窦娥冤》　　　　　　B. 汤显祖《牡丹亭》

C. 洪昇《长生殿》　　　　　　　D. 王实甫《西厢记》

24. 曹雪芹的 _____ 是纪念碑式作品,把中国文学推向新的高峰,并足以和世界许多知名的小说媲美。

A.《红楼梦》　　　B.《三国演义》　C.《金瓶梅》　　D.《西游记》

25. 我国四大名著之一《水浒传》的作者是 _____ 。

A. 吴敬梓　　　　B. 吴承恩　　　　C. 施耐庵　　　　D. 蒲松龄

二、多项选择题

1. 以下属于汉代学者总结先秦诸子的"九流"的有 _____ 。

A. 墨家、名家　　　　　B. 儒家、法家　　　　　C. 小说家、纵横家

D. 阴阳家、农家　　　　E. 杂家、道家

2. 唐宋之际,外来文化与本土文化、官方文化与民间文化碰撞,先发其声的代表有 _____ 。

A. 韩愈　　　　B. 李翱　　　　C. 孙复　　　　D. 石介　　　　E. 胡瑗

3. 下列人物被称为哲学上的"北宋五子"有 _____ 。

A. 周敦颐　　　　B. 邵雍　　　　C. 张载　　　　D. 程颢　　　　E. 石介

4. 明清之际著名的哲学家有 _____ 。

A. 王夫之　　　　B. 顾炎武　　　　C. 黄宗羲　　　　D. 方以智　　　　E. 王祯

5. 中国古代三大哲学体系是以 _____ 为代表,形成了诸子百家争鸣的局面,为中国文化奠定了宽广的基础。

A. 孟子　　　　　B. 孔子　　　　　C. 庄子　　　　　D. 老子　　　　　E. 墨子

6. 下面是儒家主张的有 _____ 。

A. 具有朴素的辩证法思想，对中国哲学、科技、艺术、养生、宗教等影响深远

B. 崇尚"礼乐"和"仁义"，倡导"和而不同"，提倡"忠恕"和"中庸之道"

C. 主张德治和仁政；强调教育的功能，主张重教化、轻刑罚

D. 主张有教无类

E. 提出无为而治、以柔克刚、刚柔并济等政治、军事策略

7. 下列对墨家描述正确的有 _____ 。

A. 推崇节俭、反对铺张浪费

B. 重视继承前人的文化财富

C. 掌握自然规律，认为天道无为，主张道法自然

D. 主张人与人之间平等的相爱，主张淡泊名利，寄情山水

E. 代表作有《墨子》《胡非子》

8. 下列关于战国法家描述正确的有 _____ 。

A. 以法制为核心，是战国时期平民的政治代言人

B. 战国韩非子集法家之大成

C. 代表人物有李悝、商鞅、韩非

D. 强调教育的功能，认为重教化、轻刑罚是国家安定、人民富裕幸福的必由之路

E. 成为中央集权者稳定社会动荡的主要手段，对现代法治影响深远

9. 被后世称为"孔门四科"的是 _____ 。

A. 德行　　　　　B. 言语　　　　　C. 政事　　　　　D. 文学　　　　　E. 数术

10. 中国的 _____ ，在世界上都是最早的且比较发达的。

A. 小说　　　　　B. 戏曲　　　　　C. 叙事诗　　　　D. 散文　　　　　E. 抒情诗

11. _____ ，是中国古代诗歌的两个典范，分别开创了中国文学的现实主义和浪漫主义诗歌传统。

A.《国风》　　　B.《花间集》　　C.《离骚》　　　D.《国语》　　　E.《尚书》

12. 汉赋的代表名家有 _____ 。

A. 李翱　　　　　B. 司马相如　　　C. 张衡　　　　　D. 班固　　　　　E. 王勃

13. 下列属于汉代乐府诗的代表作有 _____ 。

A.《孔雀东南飞》 B.《陌上桑》 C.《木兰诗》 D.《西厢记》 E.《窦娥冤》

14. 战国时期，散文得到迅速发展，主要是 _____ 。

A. 小品文 B. 历史散文 C. 诸子散文 D. 纯文学散文 E. 游记散文

15. 战国历史散文的代表作有 _____ 。

A.《左传》 B.《春秋》 C.《战国策》 D.《论语》 E.《国语》

16. 战国诸子散文中以 _____ 在中国文学史上影响最大。

A.《荀子》 B.《孟子》 C.《老子》 D.《韩非子》 E.《庄子》

17. 中国文学中介于诗歌和散文之间的两种体裁是 _____ 。

A. 诗歌 B. 赋 C. 骈文 D. 散曲 E. 小品文

18. 代表元代戏曲成就的名家有 _____ 。

A. 汤显祖 B. 洪昇 C. 王实甫 D. 孔尚任 E. 关汉卿

19. "中国古代长篇小说四大名著"是 _____ 。

A.《三国演义》 B.《水浒传》 C.《西游记》 D.《红楼梦》 E.《聊斋志异》

20. 下列关于中国古代诗歌描述正确的有 _____ 。

A.《诗经》中最早的诗篇产生于西周初年，最晚到战国中叶

B. 以战国屈原《离骚》为代表的楚辞，开创了诗歌的浪漫主义传统

C. 词成为与唐诗并列的中国文学的另一座高峰，代表词人有韩愈、苏轼、欧阳修、李清照等。

D. 唐代进入了鼎盛时期，出现了李白、杜甫、白居易等世界闻名的大诗人。

E. 宋、元、明、清各代都留下了大量诗作，成就比肩唐代

第四节　中国书画艺术

一、单项选择题

1. 战国的 _____ ，被认为是我国早期书法艺术的代表。

A.《洛神赋》 B.《石鼓文》 C.《千字文》 D.《自叙帖》

2. 秦代创立 _____ ，使汉字的字形、字意复归统一，为今天的方块字奠定了基础。

A. 金文　　　　　B. 隶书　　　　　C. 小篆　　　　　D. 楷书

3. _____ 讲究"蚕头燕尾""一波三折"。

A. 楷书　　　　　B. 行书　　　　　C. 隶书　　　　　D. 草书

4. _____ 时期出现草书。

A. 汉代　　　　　B. 唐朝　　　　　C. 宋朝　　　　　D. 明朝

5. 东晋 _____ 擅长写楷书、行书和草书，被后人尊为"书圣"。

A. 钟繇　　　　　B. 王羲之　　　　C. 刘德升　　　　D. 赵孟頫

6. 曹魏时期的 _____ 创造了楷书，成为从唐代到明清官府文书和科举考试的正式文体。

A. 钟繇　　　　　B. 王羲之　　　　C. 刘德升　　　　D. 赵孟頫

7. 元代 _____ 的书画成就均高，影响最大，代表作有《洛神赋》。

A. 钟繇　　　　　B. 王羲之　　　　C. 刘德升　　　　D. 赵孟頫

8. 有"草圣"之称的是 _____ 。

A. 张旭　　　　　B. 怀素　　　　　C. 王羲之　　　　D. 蔡襄

9. _____ 的出现标志着汉字的方块化已经定型，汉字的字体演变已经成熟。

A. 楷书　　　　　B. 行书　　　　　C. 隶书　　　　　D. 草书

10. 王羲之的 _____ ，被誉为"天下第一行书"。

A.《洛神赋》　　　B.《自叙帖》　　C.《兰亭集序》D.《千字文》

11. 北宋的苏轼、黄庭坚、米芾、蔡襄书法成就主要体现在 _____ 上。

A. 楷书　　　　　B. 行书　　　　　C. 隶书　　　　　D. 草书

12. 中国画的历史可以追溯到 _____ 时期。

A. 龙山文化　　　B. 仰韶文化　　　C. 丁村文化　　　D. 大汶口文化

13. 汉代时 _____ 发展起来。

A. 山水画　　　　B. 人物画　　　　C. 花草画　　　　D. 工笔画

14. 三国时吴国的 _____ 是第一个画佛像的。

A. 黄公望　　　　B. 文徵明　　　　C. 曹不兴　　　　D. 石涛

15. _____ 时期，山水画、花鸟画作为独立画科蓬勃发展。

A. 春秋战国　　　　B. 秦汉　　　　C. 魏晋　　　　D. 唐宋

16. _____ 被称为"百代画圣"，代表作有《天王送子图》。

A. 吴道子　　　　B. 顾恺之　　　　C. 沈周　　　　D. 石涛

17. _____ 主张"诗中有画，画中有诗"，形成诗、书、画三位一体的独特风格，被奉为"文人画的始祖"。

A. 吴道子　　　　B. 唐寅　　　　C. 王维　　　　D. 石涛

18. _____ 开创了书法的"瘦金体"。

A. 文徵明　　　　B. 唐寅　　　　C. 赵佶　　　　D. 沈周

19. 宋朝 _____《清明上河图》是我国美术史上不朽的作品。

A. 张择端　　　　B. 顾恺之　　　　C. 沈周　　　　D. 仇英

20. 名画《送子天王图》的作者是 _____ 。

A. 吴道子　　　　B. 顾恺之　　　　C. 沈周　　　　D. 阎立本

二、多项选择题

1. 以下关于中国书法艺术发展叙述正确的有 _____ 。

A. 先秦时期开始有意识地将文字作为一种艺术

B. 隋朝发现的战国《石鼓文》，被认为是我国早期书法艺术的代表

C. 从汉到魏，书法艺术主要应用于碑文的书写

D. 秦朝创立隶书，使汉字的字形、字意复归统一，为今天的方块字奠定了基础

E. 楷书从唐代到明清始终作为官府文书和科举考试的正式文体

2. 宋代著名的书法"宋四家"有 _____ 。

A. 蔡襄　　　　B. 苏轼　　　　C. 欧阳修　　　　D. 黄庭坚　　　　E. 米芾

3. 下列属于唐朝著名书法家的有 _____ 。

A. 欧阳询　　　　B. 张旭　　　　C. 虞世南　　　　D. 赵孟頫　　　　E. 柳公权

4. 唐代著名的草书大家有 _____ 。

A. 欧阳询　　　　B. 张旭　　　　C. 颜真卿　　　　D. 柳公权　　　　E. 怀素

5. 北宋 _____ 的书法成就主要体现在行书上。

A. 苏轼　　　　B. 欧阳询　　　　C. 黄庭坚　　　　D. 米芾　　　　E. 蔡襄

6. 以下关于中国书法字体叙述正确的有 _____ 。

A. 草书始于汉初，分为章草、今草、狂草

B. 楷书结构简省，书写便捷，彰显个性

C. 因北魏立国时间最长，作品最精，遂以魏碑统称南北朝时期的碑刻书法作品

D. 魏碑字体规整、严谨、大气

E. 两汉之际，楷书、草书、行书三种书体走向定型化

7. "楷书四大家"指 _____ 。

A. 欧阳修　　　　B. 颜真卿　　　　C. 柳公权　　　　D. 赵孟頫　　　　E. 欧阳询

8. 中国画按绘画方法可分为 _____ 。

A. 工笔画　　　　　　B. 人物画　　　　　　C. 粗笔

D. 山水画　　　　　　E. 半工笔半写意画

9. 明代著名画家有 _____ 。

A. 石涛　　　　　B. 沈周　　　　　C. 文徵明　　　　D. 唐寅　　　　E. 仇英

10. 清代著名的画家有 _____ 。

A. 石涛　　　　　B. 朱耷　　　　　C. 郑板桥　　　　D. 赵孟頫　　　　E. 王维

11. 唐代画家以 _____ 最著名。

A. 阎立本　　　　B. 吴道子　　　　C. 唐寅　　　　D. 郑板桥　　　　E. 张择端

12. 下面关于中国绘画描述正确的有 _____ 。

A. 新时期时代的陶器上的刻画图案是中国绘画的起源

B. 吴道子作画人物衣带漂浮若定，被人们称为"吴带当风"

C. 元朝出现水墨山水画，代表有黄公望的《富春山居》、倪瓒的《雨后空林》

D. 东晋顾恺之擅长人物画，尤其是政治人物画

E. 王维山水画的代表有《芙蓉锦鸡》《池塘晚秋》

13. 东晋王羲之因擅长 _____ ，被后人尊其为"书圣"。

A. 楷书　　　　　　　B. 草书　　　　　　　C. 行书

D. 隶书　　　　　　　E. 魏碑

14. 唐宋时期，_____ 作为独立画科蓬勃发展起来。

A. 人物画　　　　　　B. 宗教画　　　　　　C. 花鸟画

D. 山水画　　　　　　E. 历史故事画

15. 东晋顾恺之有"才绝""画绝""痴绝"之称，擅长画人物画，代表作有_____。

A.《女史箴图》　　　　　B.《步辇图》　　　　　C.《洛神赋图》

D.《芙蓉锦鸡》　　　　　E.《雨后空林》

第五节　中国历史文化常识

一、单项选择题

1. 国是一个国家的名称、称号，以下国号根据谶语定的国号是_____。

A. 齐　　　　　　B. 吴　　　　　C. 汉　　　　　D. 元

2. 南朝的宋、齐、梁、陈四代中，"陈"是_____。

A. 以发迹地定国号　　　　　B. 以封爵定国号

C. 以政权的地域定国号　　　　D. 以建立者的姓氏定国号

3. "天子"之称出现于_____。

A. 商代　　　　　B. 西周　　　　　C. 春秋　　　　D. 战国

4. 中国古代_____社会的最高统治者，称"后""王""天子"。

A. 原始社会　　　B. 奴隶社会　　　C. 封建社会　　　D. 古代社会

5. "皇帝"之称从_____开始。

A. 周文王　　　　B. 秦王嬴政　　　C. 汉武帝　　　　D. 周公

6. 汉代的"大长公主"是皇帝的_____。

A. 姐姐　　　　　B. 妹妹　　　　　C. 外甥女　　　　D. 姑母

7. _____开创秘密立储制。

A. 明成祖　　　　B. 康熙皇帝　　　C. 雍正皇帝　　　D. 唐太宗

8. 明代的崇祯皇帝是通过_____继承皇位的。

A. 嫡长子继承制　　B. 秘密立储制　　C. 兄终弟及　　　D. 皇族推举制

9. 明代的建文皇帝是以_____身份登基的。

A. 皇太子　　　　B. 殿下　　　　　C. 皇太孙　　　　D. 东宫太子

10. 古代对死去的帝王、贵族、大臣按其生平事迹评定后，给予的褒贬或同情的称号，往往用固定的字表现出来的是 _____ 。

    A. 谥号   B. 年号   C. 庙号   D. 陵号

11. 某皇帝在位之年的名号，从汉武帝开始有的是 _____ 。

    A. 谥号   B. 年号   C. 庙号   D. 陵号

12. 以下属于褒扬的谥号是 _____ 。

    A. 汉哀帝   B. 隋炀帝   C. 汉文帝   D. 商纣王

13. 下列帝王称谓中属于庙号的是 _____ 。

    A. 隋炀帝   B. 宋太祖   C. 周平王   D. 乾隆

14. 隋朝开创了 _____ ，将秦汉时的丞相权力一分为三，加强了皇权。

    A. 三公九卿   B. 三省六部制   C. 行省制   D. 军机处

15. 元朝中央最高行政机构为 _____ 。

    A. 三公九卿   B. 三省六部制   C. 中书省   D. 军机处

16. 雍正时期，设 _____ ，是专治皇权高度发展的必然产物。

    A. 三公九卿   B. 三省六部制   C. 中书省   D. 军机处

17. _____ 之制始于南北朝，清代被废。

    A. 封爵   B. 品级   C. 补子   D. 勋官

18. 从 _____ 开始，官员分为九品，一品最高，九品最低。

    A. 周朝   B. 魏晋   C. 北朝   D. 清朝

19. _____ 出现了补子，清代更明文规定文官绣鸟，武官绣兽。

    A. 唐朝   B. 宋朝   C. 明朝   D. 清代

20. 下列全部属于地支的是 _____ 。

    A. 甲、寅、未、庚、子   B. 未、亥、己、酉、丙

    C. 卯、巳、戌、寅、子   D. 丙、辰、丑、未、午

21. 成语"寅吃卯粮"中的"寅"指的是 _____ 。

    A. 23 时至 1 时   B. 3 时至 5 时   C. 5 时至 7 时   D. 9 时至 11 时

22. 十二生肖，起源于战国，_____ 时已有明确记载。

    A. 东汉   B. 魏晋   C. 唐朝   D. 明清

23. 三垣中，_____ 居中，位于天空最高处，被认为是天帝居住之处。

A. 天市垣　　　　　B. 七曜　　　　　C. 太微垣　　　　　D. 紫微垣

24. 英国剧作家莎士比亚著名的喜剧名作《仲夏夜之梦》发生在 _____ 。

A. 三月　　　　　B. 四月　　　　　C. 五月　　　　　D. 六月

25. 中国称的北斗星，在西方称为 _____ 。

A. 大熊星座　　　B. 仙女星座　　　C. 射手星座　　　D. 金牛星座

26. 二十四节气是用来表示季节的更替和气候的变化。其中春天的第五个节气为 _____ 。

A. 清明　　　　　B. 谷雨　　　　　C. 芒种　　　　　D. 寒露

27. 找出下列五行与五色、五方、五脏、五季相对应的正确一项 _____ 。

A. 土、黄、中、脾、夏　　　　　B. 金、西、白、肾、春

C. 木、青、东、肝、秋　　　　　D. 火、红、西、心、冬

28. 后天八卦相传为 _____ 所创。

A. 黄帝　　　　　B. 炎帝　　　　　C. 伏羲　　　　　D. 周文王

29. 《周易》八卦中的"坤、巽、坎、兑"分别是指自然界中的 _____ 。

A. 地、风、水、泽　　　　　B. 地、山、风、雷

C. 水、风、火、天　　　　　D. 火、雷、水、泽

30. 下列五行相生相克全部正确的一组是 _____ 。

A. 水克金、水生木、土生金　　　　B. 水生木、火克木、木克土

C. 木生火、金克木、木克土　　　　D. 金生水、水克火、土克木

31. 科举制从隋大业元年开始，到清光绪三十一年废止，沿用了 _____ 多年。

A. 1290　　　　　B. 1300　　　　　C. 1350　　　　　D. 1460

32. 会试由礼部主持，考中者称 _____ 。

A. 秀才　　　　　B. 举人　　　　　C. 贡士　　　　　D. 进士

33. 在科举盛名中，最为荣耀的称号是 _____ 。

A. 连中三元　　　B. 独占鳌头　　　C. 蟾宫折桂　　　D. 金榜题名

34. "东北才子"辽阳王尔烈在乾隆时期的科举考试中曾考中二甲头名，"二甲"均称为 _____ 。

A. 赐进士及第　　　　　　　　　B. 赐同进士及第

C.赐进士出身　　　　　　　　D.赐同进士出身

35.《大学》《中庸》是从 _____ 中抽出的。

A.《诗经》　　　　B.《尔雅》　　　C.《仪礼》　　　D.《礼记》

36.宋代朱熹撰 _____ 始有"四书"之名。

A.《仪礼》　　　　　　　　　　B.《四书章句集注》

C.《公羊传》　　　　　　　　　D.《礼记》

37.明清时期科举取士的四书包括 _____ 。

A.《大学》《论语》《孟子》《中庸》

B.《论语》《孟子》《诗》《书》

C.《孟子》《论语》《易》《春秋》

D.《大学》《论语》《春秋》《中庸》

38. _____ 中已有最早的医学分类。

A.《周礼》　　　　B.《左传》　　　C.《仪礼》　　　D.《礼记》

39.对风湿病、腹痛、哮喘、腰背肌肉劳损治疗效果突出的中医治疗方法是 _____ 。

A.针灸　　　　　　B.推拿　　　　　C.刮痧　　　　　D.拔罐

40.中国古代十大名医中清代著名的中医是 _____ 。

A.皇甫谧　　　　　B.钱乙　　　　　C.朱震亨　　　　D.叶天士

二、多项选择题

1.下列国号中根据建立政权所在地而定的有 _____ 。

A.汉　　　　　　B.蜀　　　　　　C.吴　　　　　D.晋　　　　　E.秦

2.下列关于帝王称谓说法正确的有 _____ 。

A.夏、商、周三代统治者称"王"

B.西周出现"天子"称号,周衰落后,诸侯小国的君主们也称"天子"

C."皇""帝"二字可结合称皇帝,如"始皇帝";也可简称单字,如"唐明皇""汉武帝"

D.先秦时,"朕""寡人"为第一人称,人皆可用。秦始皇时规定只能皇帝自用

E.臣子尊称皇帝为"陛下"或"殿下"

3.下列皇族称谓正确的有 _____ 。

A.皇帝的曾祖母称"太皇太后",皇帝母亲称"太后"

B. 太皇太后和皇太后都可自称"哀家",含"悲哀先帝"之意

C. 皇帝即位之后,其弟即可称为"皇太弟",其孙即可称为"皇太孙"

D. 汉朝时皇帝的姐姐称长公主

E. 皇帝的女儿称公主,皇帝的女婿称驸马,清代称额驸

4. 以下属于中国古代君位继承制度的形式有 _____。

A. 嫡长子继承制　　B. 秘密立储制　　C. 兄终弟及　　D. 皇族推举制　　E. 禅让制

5. 下列关于古代帝王称谓表述正确的有 _____。

A. 纯皇帝——谥号　　　　B. 开皇——年号　　　　C. 唐高宗——庙号

D. 明长陵——陵号　　　　E. 高皇帝——庙号

6. 下列关于谥号的说法正确的有 _____。

A. 西汉开始使用谥号　　　　　　B. 景、烈、昭、庄属于褒扬类谥号

C. 哀、怀、愍属于同情类谥号　　D. 炀、灵、幽属于贬义类谥号

E. 谥号一般不独立使用,或与庙号结合或为全称的组成部分

7. 秦朝中央"三公"是指 _____。

A. 郎中令　　　　B. 丞相　　　　C. 太尉　　　　D. 少府　　　　E. 御史大夫

8. 下列称法中含有谥号的有 _____。

A. 文景之治　　　　B. 宋钦宗　　　　C. 康熙　　　　D. 隋炀帝　　　　E. 周幽王

9. 下列关于古代爵位的说法正确的有 _____。

A. 爵是古代贵族封号的等级

B. 周朝分封诸侯,分为公、侯、伯、子、男五等

C. 秦承周制,以后历代沿袭

D. 明朝爵位有三个系统,宗室爵位、异姓功臣爵位和蒙古爵位

E. 清顺治后,宗室爵位分十二级,凡贵族子弟都可封爵

10. 纪年方法有许多,下列属于年号纪年的有 _____。

A. 平王二年　　　B. 秦王一年　　　C. 丙子年　　　D. 贞观八年　　　E. 顺治五年

11. 下面关于清代官员补子图案对应正确的有 _____。

A. 三品武官—孔雀　　　B. 八品文官—鹌鹑　　　C. 五品武官—彪

D. 九品武官—海马　　　E. 七品文官—鸂鶒

12. 三垣指北方天空的三个星座，即 _____ 。

A. 青龙垣　　　B. 太微垣　　　C. 紫微垣　　　D. 玄武垣　　　E. 天市垣

13. 阴阳五行相生相克，下列说法正确的有 _____ 。

A. 木生火　　　B. 土生金　　　C. 金生木　　　D. 火克金　　　E. 水克木

14. 下列关于古代历史常识对应正确的是 _____ 。

A. 晦——每月初一　　　　　　　　B. 午时——中午 11—13 时

C. 唐太宗——徽号　　　　　　　　D. 额驸——皇帝的女婿

E. 坎——水

15. 下列关于科举考试叙述正确的有 _____ 。

A. 从唐朝开始，封建统治者通过科举考试选拔官吏

B. 殿试，也称"廷试"，是科举考试的最高级别，名义上由皇帝主考

C. 会试是每三年一次在京城举行的考试，考中者称为"贡士"

D. 乡试是每三年一次在各省省城举行的考试，考中者称为"举人"

E. 童试，又称郡试、道试、院试，是取得童生资格的考试，考中者称秀才

16. 殿试录取者分三甲。一甲也称鼎甲，共三人，分别是 _____ 。

A. 状元　　　B. 榜眼　　　C. 探花　　　D. 贡士　　　E. 进士

17. 科举考试中的连中三元是指 _____ 中连续获得第一名。

A. 乡试　　　B. 道试　　　C. 会试　　　D. 廷试　　　E. 院试

18. "十三经"为儒家十三部经典，历经汉、唐、宋形成，它们是 _____ 。

A.《大学》《中庸》《论语》《孟子》《诗经》《书经》

B.《诗经》《公羊传》《穀梁传》《左传》《尔雅》《礼记》

C.《孟子》《论语》《孝经》《尚书》《周礼》《仪礼》《周易》

D.《中庸》《荀子》《韩非子》《道德经》《墨子》《庄子》

E.《论语》《墨子》《中庸》《周礼》《春秋》《道德经》

19. "春秋三传"指的是 _____ 。

A.《春秋》　　　B.《左传》　　　C.《公羊传》　　　D.《穀梁传》　　　E.《尔雅》

20. 下列关于中医发展说法正确的有 _____ 。

A. 中医是指中华民族劳动人民全体创造出来的传统医学

B. 中医相传始于神农尝百草

C. 中医的理论基础是辩证论治原则，通过望、闻、问、切来诊断疾病，以阴阳五行制定治法

D. 中医的治疗手段有"汗、吐、下、和、温、清、补、消"等

E.16 世纪，我国还发明了"人痘接种法"，有效地防止了天花的扩散，这种方法通过俄国医生传到土耳其、英国及欧洲

第3章　中国旅游景观

第一节　中国旅游地理概况
第二节　地貌旅游景观

一、单项选择题

1. 截至 2015 年，我国的全国重点文物保护单位已达 _____ 处。

A. 1031　　　　　B. 5295　　　　　C. 3295　　　　　D. 4295

2. 珠穆朗玛峰的高度是 _____ 米，是世界第一高峰。

A. 8844.44　　　　B. 8500　　　　　C. 9003　　　　　D. 8844.43

3. _____ 是指受波浪、潮汐、海流以及生物等作用而形成的地貌。

A. 海岸地貌　　　B. 荒漠地貌　　　C. 冰川地貌　　　D. 丹霞地貌

4. 南岳衡山有 _____ 之誉。

A. 五岳独尊　　　B. 五岳独险　　　C. 五岳独秀　　　D. 五岳独奇

5. "无峰不奇，无石不峭，无寺不古"描述的是 _____ 。

A. 三清山　　　　B. 千山　　　　　C. 黄山　　　　　D. 泰山

6. 下列风景名山按花岗岩地貌、丹霞地貌、岩溶地貌排列顺序正确的一组是 _____ 。

A. 黄山、庐山、桂林山水　　　　　　B. 九华山、泰山、雁荡山

C. 丹霞山、华山、路南石林　　　　　D. 天涯海角、龙虎山、路南石林

7. 自然景观基本上是由自然地理环境的各要素组成的，如山地、水体、动植物等，常被称为旅游的第 _____ 环境。

A. 一　　　　　　B. 二　　　　　　C. 三　　　　　　D. 四

8. 历代帝王举行封禅大典的地方是 _____ 。

A. 衡山　　　　　B. 泰山　　　　　C. 华山　　　　　D. 五台山

9. 甘肃鸣沙山属于 _____ 地貌类型。

A. 花岗岩地貌　　　B. 流纹岩地貌　　　C. 海岸地貌　　　D. 荒漠地貌

10. _____ 的石刻可以说是中国文化史中的一朵奇葩，摩崖石刻居各名山之最。

A. 华山　　　　　B. 嵩山　　　　　C. 泰山　　　　　D. 黄山

11. "江作青罗带，山如碧玉簪"描绘的是 _____ 。

A. 漓江山水　　　B. 肇庆星湖　　　C. 路南石林　　　D. 四川南石林

12. _____ 群峰挺拔，气势磅礴，景象万千，以峻著称，古有"峻极于天"之说。

A. 北岳恒山　　　B. 南岳衡山　　　C. 东岳泰山　　　D. 中岳嵩山

13. 丹霞地貌因最早发现于 _____ 的丹霞山，故而得名。

A. 广东肇庆　　　　　　　　　B. 河北承德

C. 广东仁化　　　　　　　　　D. 福建厦门

14. "曲曲山回转，峰峰水抱流""三三秀水清如玉，六六奇峰翠插天"描述的是 _____ 。

A. 安徽齐云山　　　　　　　　B. 广东丹霞山

C. 福建武夷山　　　　　　　　D. 福建冠豸山

15. 以致密坚硬的火山流纹岩为主体的山岳名胜是 _____ 。

A. 雁荡山　　　　B. 庐山　　　　C. 武陵山地　　　D. 阿里山

16. 五岳中最高的山是 _____ 。

A. 华山　　　　　B. 泰山　　　　　C. 嵩山　　　　　D. 恒山

17. _____ 山中有一株 3000 年树龄的红桧，被誉为"神木"。

A. 黄山　　　　　B. 泰山　　　　　C. 雁荡山　　　　D. 阿里山

18. _____ 风景区，仍然保留着天然未凿的原始美，被称为"人间仙境"或"童话世界"。

A. 九寨沟　　　　B. 武陵源　　　　C. 雁荡山　　　　D. 黄龙

19. _____ 是我国东部丹霞地貌中最高的山地，有"一石插天，直入云汉，谓之齐云"之美称。

A. 福建冠豸山　　　　　　　　B. 广东丹霞山

C. 江西龙虎山　　　　　　　　D. 安徽齐云山

20. 黄龙风景区按其成因，在地貌上属于 _____ 。

A. 火山流纹岩   B. 石灰华山谷

C. 砂岩峰林峡谷地貌   D. 花岗岩地貌

21. 补充以下诗句："黄山归来不看山，_____ 归来不看水"。

A. 桂林   B. 西湖   C. 黄龙   D. 九寨

22. _____ 是世界上最大的独立纬向山系，同时也是世界上距离海洋最远的山系和全球干旱地区最大的山系。

A. 阿里山   B. 天山   C. 长白山   D. 祁连山

23. "奇险天下第一山""关东第一山""东南第一山"依次是 _____ 。

A. 华山、长白山、雁荡山   B. 庐山、天山、武陵源

C. 泰山、武夷山、三清山   D. 嵩山、雁荡山、阿里山

24. _____ 是世界上最典型的石英砂岩峰林峡谷地貌。

A. 浙江雁荡山   B. 四川九寨沟   C. 湖南张家界   D. 湖北神农架

25. 美庐别墅、三叠泉瀑布均位于 _____ 景区。

A. 庐山   B. 黄山   C. 苍山   D. 阿里山

二、多项选择题

1. 我国地势西高东低，呈阶梯状分布。_____ 约占陆地面积的 67%。

A. 平原   B. 山地   C. 高原   D. 丘陵   E. 盆地

2. 我国的两个特别行政是 _____ 。

A. 香港   B. 澳门   C. 台湾   D. 深圳   E. 重庆

3. 在岗岩名山具有主峰明显、群峰簇拥的特点，以下属于花岗岩名山的有 _____ 。

A. 华山、千山   B. 泰山、丹霞山   C. 天涯海角、普陀山

D. 崂山、桂林山水   E. 庐山、武陵源

4. 阿里山五奇是高山铁路、_____ 及晚霞。

A. 云海   B. 日出   C. 森林   D. 佛光   E. 瀑布

5. 泰山被称视为"五岳之首"，登泰山顶可观 _____ 四大名景。

A. 云海玉盘   B. 黄河金带   C. 旭日东升   D. 佛光倒影   E. 晚霞夕照

6. 安徽黄山的三大主峰是 _____ ，海拔均超过 1800 米。

A. 莲花峰   B. 玉皇顶   C. 天都峰   D. 祝融峰   E. 光明顶

7. 南岳衡山有"五岳独秀"之誉，其四绝是 _____ 。

A. 祝融峰之高   B. 藏经殿之秀   C. 方广寺之深

D. 水帘洞之奇   E. 南岳书院之幽

8. 我国的四大古建筑群是 _____ 。

A. 泰山岱庙   B. 北京故宫   C. 颐和园

D. 曲阜三孔   E. 承德避暑山庄

9. 以下关于山地类景观描述正确的有 _____ 。

A. 泰山主峰玉皇顶海拔 1545 米，有"登泰山而小天下"之感

B. 衡山历史上是读书人聚集讲学之地，建有白鹿洞书院、邺侯书院等

C. 武陵源主要景观为神奇峻峭的岩溶地貌

D. 著名的黄山"四绝"指奇峰、怪石、幽谷、温泉

E. 华山是由花岗岩岩株出露地表而成，是五岳中的最高者

10. 悬空寺为北岳恒山景观之最，其建筑特色可概括为 _____ 。

A. 幽   B. 秀   C. 奇   D. 悬   E. 巧

11. 黄龙风景区的地表钙华是其景观的最大特色，四绝是 _____ 。

A. 藏情   B. 彩池   C. 雪山   D. 峡谷   E. 森林

12. 雁荡三绝是 _____ 。

A. 洞穴   B. 灵峰   C. 灵岩   D. 大龙湫   E. 植被

13. 中国古代三大宫殿式建筑是 _____ 。

A. 沈阳故宫大政殿   B. 北京故宫太和殿   C. 曲阜孔庙大成殿

D. 避暑山庄澹泊敬诚殿   E. 泰山岱庙天贶殿

14. 以下地貌景观中属于冰川地貌的有 _____ 。

A. 四川海螺沟   B. 台湾野柳   C. 宁夏沙坡头

D. 江西龙虎山   E. 新疆喀纳斯湖

15. 福建武夷山属于典型的丹霞地貌，素有 _____ 之美誉。

A. "风花雪月"   B. "平地涌千峰"   C. "碧水丹山"

D. "奇秀甲东南"   E. "人间瑶池"

第三节 水体旅游景观

一、单项选择题

1. 我国海岸线总长度约为 3.2 万千米，其中大陆海岸线长 _____ 万千米，岛屿海岸线长 _____ 万千米。

　　A. 1.4　1.8　　　　　B. 1.6　1.6　　　　　C. 1.8　1.4　　　　　D. 2　1.2

2. 中国和俄罗斯的界河是 _____ ，在中国境内长 _____ 千米。

　　A. 黑龙江　2129　　　　　　　　B. 黑龙江　2965

　　C. 松花江　5464　　　　　　　　D. 松花江　2965

3. 京杭大运河，北起北京，南至杭州，从北向南依次沟通了海河、 _____ 、钱塘江五大水系。

　　A. 黄河、淮河、长江　　　　　　B. 淮河、黄河、长江

　　C. 长江、淮河、黄河　　　　　　D. 黄河、长江、淮河

4. 长江是我国第一长河，长度是 _____ 千米。

　　A. 6700　　　　　B.6500　　　　　C.6300　　　　　D.5464

5. _____ 具有"狂涛卷地，飞瀑撼天"的雄伟气势。

　　A. 虎跳峡　　　B. 三门峡　　　C. 龙门峡　　　D. 瞿塘峡

6. _____ 曾哺育了高度发达的原始文化，被誉为中华民族的母亲河。

　　A. 长江　　　　B. 黄河　　　　C. 黑龙江　　　D. 淮河

7. 长江三峡中的夔门以 _____ 著称。

　　A. 秀丽　　　　B. 惊险　　　　C. 平稳　　　　D. 雄伟

8. _____ 是世界上最早开凿的运河，全长约 1794 千米。

　　A. 苏伊士运河　　　　　　　　　B. 京杭大运河

　　C. 巴拿马运河　　　　　　　　　D. 基尔运河

9. 由地壳运动产生断裂凹陷形成的湖泊是 _____ 。

A. 火口湖　　　　B. 冰川湖　　　　C. 构造湖　　　　D. 堰塞湖

10. _____ 位于中越边境的广西大新县，为亚洲第一大跨国瀑布。

A. 九龙瀑布　　　B. 德天瀑布　　　C. 三叠泉瀑布　　D. 蛟龙瀑布

11. 蕈状石是 _____ 最具代表性的地形景观，"女王头"早已成为其标志。

A. 垦丁　　　　　B. 野柳　　　　　C. 阿里山　　　　D. 日月潭

12. 由于泥沙量大，_____ 下游河段长期淤积而抬升成举世闻名的"地上悬河"。

A. 长江　　　　　B. 钱塘江　　　　C. 黄河　　　　　D. 珠江

13. 黄河上最大的瀑布是 _____ 。

A. 黄果树瀑布　　　　　　　　　B. 壶口瀑布

C. 吊水楼瀑布　　　　　　　　　D. 蛟龙瀑布

14. 台湾最高的瀑布是 _____ ，瀑高约 800 米，远眺如玉柱擎天。

A. 九龙瀑　　　　　　　　　　　B. 大叠水瀑布

C. 三叠泉瀑布　　　　　　　　　D. 蛟龙瀑布

15. _____ 的西北有鸟岛，面积仅 0.11 平方千米。

A. 青海湖　　　　B. 西湖　　　　　C. 千岛湖　　　　D. 日月潭

16. 温泉指水温在 _____ 以上的泉。

A. 20℃　　　　　B. 21℃　　　　　C. 22℃　　　　　D.23℃

17. _____ 为川滇两省的界湖，尤其以摩梭人独特的文化和民族风俗而具有独特、丰富的内涵。

A. 纳木错　　　　B. 喀纳斯湖　　　C. 泸沽湖　　　　D. 青海湖

18. _____ 号称有 72 眼泉，"家家泉水，户户杨柳"，有"泉城"之誉。

A. 济南　　　　　B. 杭州　　　　　C. 镇江　　　　　D. 无锡

19. _____ 是一处著名的火山景观和以矿泉为特色的疗养胜地，被誉为"天然火山博物馆"。

A. 五大连池　　　B. 镜泊湖　　　　C. 洱海　　　　　D. 长白山天池

20. 具有"青山、碧海、绿树、红墙"之美景的城市是 _____ 。

A. 厦门　　　　　B. 三亚　　　　　C. 青岛　　　　　D. 北戴河

21. _____ 海岸具有开发海滨浴场的优越条件。

A.泥沙质　　　　B.基岩　　　　C.珊瑚礁　　　　D.红树林

22.我国水量最大、最宽的瀑布依次是 _____ 。

A.黄果树瀑布、吊水楼瀑布　　　　B.九龙瀑布、黄果树瀑布

C.壶口瀑布、诺日朗瀑布　　　　D.诺日朗瀑布、壶口瀑布

23.我国著名的鸟岛、蛇岛分别在 _____ 。

A.日月潭、青岛　　　　B.青海湖、旅顺

C.千岛湖、大连　　　　D.三亚、鼓浪屿

24.下列关于海滨风景区描述错误的是 _____ 。

A.大连旅顺口外礁岛棋布，其中蛇岛最为著名

B.青岛的栈桥及回澜阁是其象征

C.舟山群岛是中国的第一大群岛

D.三亚市的地形就像一只白鹭，所以被称为"鹭岛"

25.清人曾作霖的名句"山中有水水中山，山自凌空水自闲"描述的是 _____ 。

A.日月潭　　　B.镜泊湖　　　C.杭州西湖　　　D.鄱阳湖

二、多项选择题

1.长江和黄河都流经的省份有 _____ 。

A.青海　　　B.西藏　　　C.四川　　　D.云南　　　E.山东

2.长江三峡景区保留有众多的历史名胜古迹，主要有 _____ 。

A.严子陵钓台　B.白帝城　C.巴人悬棺　D.昭君故里　E.三游洞

3.长江三峡包括 _____ 。

A.虎跳峡　B.瞿塘峡　C.巫峡　D.西陵峡　E.三门峡

4.以下湖泊中属于构造湖的有 _____ 。

A.长白山天池　B.五大连池　C.滇池　D.洱海　E.太湖

5.以下湖泊中属于河成湖的有 _____ 。

A.鄱阳湖　B.洞庭湖　C.洪泽湖　D.滇池　E.千岛湖

6.云南的三江并流指的是 _____ 三条大江在云南省境内并流。

A.金沙江　B.澜沧江　C.汉江　D.岷江　E.怒江

7.以下位于黑龙江省的湖泊有 _____ 。

A.洱海　　　　　B.镜泊湖　　　　C.长白山天池　D.五大连池　　E.纳木错

8.以下关于我国著名湖泊描述正确的有 _____ 。

A.喀纳斯湖位于新疆，是有名的"变色湖"

B.日月潭是世界上海拔最高的大型湖泊

C.长白山天池是中国最大的火山口湖，也是中国最深的湖泊

D.青海湖是我国最大的咸水湖

E.洞庭湖是我国第一大淡水湖

9. _____ 被称为最具吸引力的旅游资源。

A.雪山　　　　　B.蓝天　　　　　C.阳光　　　　D.沙滩　　　　E.海水

10.历史上有"天下第一泉"之称的名泉有 _____ 。

A.杭州虎跑泉　　B.镇江中泠泉　C.庐山谷帘泉　D.北京玉泉　　E.济南趵突泉

第四节　气象、气候和天象旅游景观
第五节　动植物旅游景观

一、单项选择题

1.我国雾凇出现的最多的地方是 _____ 。

A.沈阳市　　　　B.长春市　　　　C.哈尔滨市　　D.吉林市

2.我国的 _____ 被誉为"玻璃世界"。

A.峨眉山雨凇　　B.吉林市树挂　C.庐山雨凇　　D.西湖断桥残雪

3.我国的"冰城"指的是 _____ 。

A.哈尔滨　　　　B.漠河　　　　　C.长春　　　　D.乌鲁木齐

4. _____ 是光线衍射作用中产生的一种特殊的自然现象。

A.极光　　　　　B.佛光　　　　　C.蜃景　　　　D.日食

5.日食和月食都是罕见的天象景观，日食只发生于 _____ ，月食只发生于 _____ 。

A.朔日、望日　　B.望日、朔日　C.朔日、晦日　D.胐日、望日

6. 观赏北京香山红叶适合在 _____ 。

A. 春季 　　　B. 夏季 　　　C. 秋季 　　　D. 冬季

7. 齐齐哈尔的扎龙有世界上最大的 _____ 繁殖地。

A. 长臂猿 　　B. 丹顶鹤 　　C. 大象 　　　D. 梅花鹿

8. 蜀南竹海位于 _____ 。

A. 四川宜宾 　B. 四川卧龙 　C. 湖北宜昌 　D. 云南丽江

9. 我国最大的亚洲象聚居地是 _____ 。

A. 扎龙 　　　B. 卧龙 　　　C. 鼎湖山 　　D. 西双版纳

10. 一般上现蜃景多出现在 _____ 。

A. 沙漠地区 　B. 森林地区 　C. 湖泊地区 　D. 海滨地区

二、多项选择题

1. 以下景观中属于冰雪景观的有 _____ 。

A. 断桥残雪 　B. 太白积雪 　C. 林海雪原 　D. 巴山夜雨 　E. 峨眉宝光

2. 我国保留了一批古老而稀有的孑遗树种，如 _____ 等被称为"化石植物"。

A. 水杉 　　　B. 银杉 　　　C. 珙桐 　　　D. 雪松 　　　E. 银杏

3. 以下景观中属于月色景观的有 _____ 。

A. 雷峰夕照 　B. 三潭印月 　C. 洞庭秋月 　D. 二泉映月 　E. 晚霞夕照

4. _____ 并称花中四君子。

A. 梅 　　　　B. 松 　　　　C. 兰 　　　　D. 竹 　　　　E. 菊

5. 大连老虎滩极地海洋馆主要的体验场馆有 _____ 。

A. 极地馆 　　B. 大象馆 　　C. 熊猫馆 　　D. 百鸟园 　　E. 珊瑚馆

第六节　中国的世界遗产及其他

一、单项选择题

1. 我国的第一个自然保护区成立于 _____ 年。

A. 1949　　　　B. 1951　　　　C. 1956　　　　D. 1978

2. 以保护完整的自然生态环境为主的自然保护区是 _____ 。

A. 梵净山　　　B. 卧龙　　　　C. 九寨沟　　　　D. 五大连池

3. 目前，我国已有 _____ 个自然保护区纳入世界自然保护区网。

A. 10　　　　　B. 15　　　　　C. 20　　　　　D. 100

4. 我国的自然保护区分为四大类型，广西花坪银杉保护区属于 _____ 。

A. 综合型　　　B. 生物型　　　C. 自然风景型　　D. 自然历史遗迹型

5. 我国审批风景名胜区的工作自 _____ 年开始。

A.1982　　　　B.1972　　　　C.1989　　　　D.1999

6. 我国的风景名胜区分为九大类型，西双版纳属于 _____ 的风景名胜区。

A. 海滨风景型　　B. 宗教名胜型　　C. 森林风景型　　D. 石林溶洞瀑布风景型

7. 联合国教科文组织于 1972 年 11 月 16 日在 _____ 通过了《保护世界文化和自然遗产公约》。

A. 伦敦　　　　B. 纽约　　　　C. 威尼斯　　　　D. 巴黎

8. 截至 2015 年 7 月，我国共有 48 个项目列入《世界遗产名录》，位居世界第二位，仅次于 _____ 。

A. 西班牙　　　B. 法国　　　　C. 意大利　　　　D. 英国

9. 山西五台山于 2009 年 6 月加入《世界遗产名录》，它属于 _____ 。

A. 文化遗产　　　　　　　　B. 自然遗产

C. 文化与自然双重遗产　　　D. 文化景观

10. 中国文化遗产日是 _____ 。

A.6 月 22 日　　　　　　　B. 每年 6 月第二周的星期六

C.9 月 23 日　　　　　　　D. 每年 9 月第二周的星期六

11. 截至 2015 年 7 月，世界共有 _____ 个项目列入《世界遗产名录》，其中中国有 _____ 项。

A. 1031　48　　B. 1031　45　　C. 2588　212　　D. 125　17

12. _____ 是世界上拥有遗产项目数量最多的城市，共有 7 项。

A. 苏州　　　　B. 罗马　　　　C. 北京　　　　D. 巴黎

13. 2015 年我国已有 _____ 处地质公园纳入世界地质公园网络。

A. 17   B. 33   C. 125   D. 225

14. 以下世界遗产中，2015 年被列入《世界遗产名录》的是 _____ 。

A. 丝绸之路   B. 丽江古城   C. 元上都遗址   D. 土司遗址

15. 截至 2013 年，我国共有昆曲、古琴艺术、珠算等 _____ 项目列入非物质文化遗产，成为拥有非物质文化遗产最多的国家。

A. 30 个   B. 40 个   C. 50 个   D. 60 个

16. 南京大屠杀档案被列入 _____ 。

A.《世界遗产名录》   B.《人类非物质文化遗产代表作名录》

C.《世界记忆遗产名录》   D.《急需保护的非物质文化遗产名录》

17. 云台山世界地质公园位于 _____ 。

A. 山西省   B. 河北省   C. 山东省   D. 河南省

18. 截至 2016 年 3 月，国家旅游局共评定了 _____ 家国家 AAAAA 级旅游风景区。

A. 66   B. 212   C. 215   D. 225

19. 中国的《全球重要农业文化遗产》中，茉莉花种植与茶文化系统位于 _____ 。

A. 江苏   B. 浙江   C. 广东   D. 福建

20. 截至 2015 年 6 月，国务院已审批的历史文化名城有 _____ 座。

A. 24   B. 50   C. 125   D. 215

二、多项选择题

1. 我国的自然保护区大致可分为 _____ 四大类型。

A. 综合型   B. 生物型

C. 自然风景型   D. 自然历史遗迹型   E. 火山类型

2. 下列自然保护区保护珍稀动植物的有 _____ 。

A. 西双版纳   B. 卧龙   C. 庞泉沟

D. 武夷山   E. 天津滨海贝壳堤古海岸遗迹

3. 我国有 15 个自然保护区加入世界自然保护网，以下 _____ 都属于。

A. 鼎湖山   B. 湖北神农架   C. 庐山

D. 新疆博格达峰   E. 江苏盐城滩涂

4. 世界遗产包括五大类，其中属于物质文化遗产的是 _____ 。

A. 文化遗产   B. 自然遗产   C. 自然与文化双遗产

D. 人类口述与非物质遗产   E. 文化景观遗产

5. 被联合国列为自然遗产的有 _____ 。

A. 九寨沟   B. 丝绸之路   C. 中国丹霞

D. 三江并流景区   E. 黄龙

6. 世界自然与文化遗产数量最多的国家有 _____ ，均为 4 项。

A. 意大利   B. 中国   C. 澳大利亚   D. 美国   E. 俄罗斯

7. 以下被列入《人类非物质文化遗产代表作名录》的中国项目有 _____ 。

A. 西安鼓乐   B. 清代大金榜   C. 中国剪纸

D. 红河哈尼梯田   E. 热贡艺术

8. 以下旅游景区中属于 AAAAA 级的景区有 _____ 。

A. 北海公园   B. 大足石刻   C. 苏州园林   D. 嘉兴南湖   E. 安阳殷墟

9. 2015 年我国已有 33 处地质公园纳入世界地质公园网络，其中属于安徽省的有 _____ 。

A. 嵩山世界地质公园   B. 龙虎山世界地质公园   C. 延庆世界地质公园

D. 黄山世界地质公园   E. 天柱山世界地质公园

10. 2014 年，中国的"丝绸之路"与 _____ 跨国申报世界遗产成功，正式成为《世界遗产名录》中的一员。

A. 哈萨克斯坦   B. 塔吉克斯坦   C. 巴基斯坦

D. 吉尔吉斯斯坦   E. 蒙古人民共和国

第4章 中国的民族与民俗

一、单项选择题

1.除 _____ 使用汉语外，其余 54 个民族都有自己的语言。

A.维吾尔族、汉族   B.藏族、回族

C.回族、汉族   D.蒙古族、傣族

2. _____ 起源于原始社会的腊祭。

A.春节   B.清明节   C.端午节   D.中秋节

3.下列哪个少数民族信仰东巴教 _____ 。

A.黎族   B.傣族   C.维吾尔族   D.纳西族

4."旗袍"是 _____ 的传统服饰。

A.满族   B.蒙古族   C.回族   D.维吾尔族

5.饺子、粽子、月饼依次是 _____ 的节日食品。

A.清明节、春节、端午节   B.泼水节、端午节、春节

C.春节、中秋节、清明节   D.春节、端午节、中秋节

6.荡秋千为 _____ 的习俗，盛行于 _____ 代。

A.清明节　唐   B.端午节　唐

C.中秋节　汉   D.清明节　汉

7.相传爱国诗人屈原于农历 _____ 投汨罗江而死，因此有了纪念他的节日——端午节。

A.八月十八   B.五月初五   C.正月十五   D.四月十五

8."口袋房，曼子炕"是 _____ 特有的住房形式。

A.土家族   B.满族   C.壮族   D.傣族

9.我国地域辽阔，民族众多，其中壮族、蒙古族、藏族的重要居住地依次是 _____ 。

A.西藏、辽宁、湖南   B.广西、内蒙古、西藏

C.新疆、黑龙江、贵州   D.新疆、吉林、云南

10. 一般在春、秋两季举行，为壮族人民所喜爱的一种群众性节庆活动是 _____ 。

A. 芦笙节　　　　B. 火把节　　　　C. 五谷祭　　　　D. 歌圩节

11. 唐代歌仙刘三姐是 _____ 人。

A. 蒙古族　　　　B. 汉族　　　　C. 藏族　　　　D. 壮族

12. "雕题""天菩萨"分别是 _____ 的装扮。

A. 黎族、彝族　　　　　　　　　B. 纳西族、彝族

C. 彝族、黎族　　　　　　　　　D. 壮族、苗族

13. "阿注婚"是 _____ 特有的婚俗习惯。

A. 白族　　　　B. 纳西族　　　　C. 黎族　　　　D. 苗族

14. 泼水节、芦笙节、三月节、三朵节分别是 _____ 的节日。

A. 壮族、白族、彝族、苗族　　　　B. 傣族、苗族、白族、纳西族

C. 苗族、壮族、白族、黎族　　　　D. 傣族、苗族、黎族、白族

15. _____ 的女装将银饰钉在衣服上，称为"银衣"，头上戴有形如牛角的银饰。

A. 土家族　　　　B. 藏族　　　　C. 苗族　　　　D. 彝族

16. 爱吃各种油煎食品，有油香和馓子，爱喝盖碗茶、八宝茶的是 _____ 。

A. 满族　　　　B. 蒙古族　　　　C. 藏族　　　　D. 回族

17. 彝族在住房的一端筑高耸的 _____ ，是彝族传统建筑的象征。

A. 宝塔　　　　B. 烟囱　　　　C. 碉楼　　　　D. 吊脚楼

18. _____ 是纳西族千百年来笃信的保护神。

A. 东巴　　　　B. 毕摩　　　　C. 三朵　　　　D. 喇嘛

19. 在藏族民族节日中，世俗百姓向喇嘛供奉酸奶和喇嘛们纵情游玩的日子是 _____ 。

A. 雪顿节　　　　B. 望果节　　　　C. 藏历年　　　　D. 酥油花灯节

20. 坎儿井是 _____ 的灌溉形式。

A. 回族　　　　B. 维吾尔族　　　　C. 壮族　　　　D. 土家族

21. 不称"猪肝"称"猪湿"，不称"猪舌"称"猪利"是 _____ 的禁忌。

A. 满族　　　　B. 回族　　　　C. 侗族　　　　D. 壮族

22. 以下关于少数民族禁忌说法错误的是 _____ 。

A. 藏族人忌说杀字，只说宰鸡宰羊

B. 傣族人忌女子招待男客，男子招待女客

C. 黎族妇女文身忌男人参与或偷看

D. 满族最突出的忌讳是不准杀狗，不吃狗肉，不戴狗皮帽子

23. _____ 儿女成年后就住在屋外的"寮房"里，俗称"放寮"。

A. 黎族　　　　　B. 壮族　　　　　C. 苗族　　　　　D. 纳西族

24. 维吾尔族能歌善舞，_____ 是最普遍的民间集体舞蹈。

A. 顶碗舞　　　　B. 赛乃姆　　　　C. 大鼓舞　　　　D. 孔雀舞

25. 以下信仰藏传佛教的是 _____ 。

A. 蒙古族　　　　B. 朝鲜族　　　　C. 纳西族　　　　D. 黎族

26. 以下关于土家族的描述正确的是 _____ 。

A. 能歌善舞、喜摔跤、爱赛马，表现了游牧民族的特色

B. 迷信鬼神、崇拜土王、尊奉土老师、相信兆头

C. 歌圩节上除对歌外，还举行抛绣球、碰红蛋、踢毽子、抢花炮等活动

D. 房屋布局一般为"一正两耳""三房一照壁""四合五天井"

27. 藏族的 _____ 是世界上最长的史诗之一。

A.《十二木卡姆》　　　　　　B.《长调》

C.《热贡艺术》　　　　　　　D.《格萨尔王传》

28. _____ 男子头上都蓄有一蓬头发，这是他最高贵的地方，忌旁人用手触摸。

A. 白族　　　　　B. 彝族　　　　　C. 土家族　　　D. 满族

29. 萨其马、酥油茶、砂锅弓鱼分别是 _____ 的特色饮食。

A. 壮族、白族、苗族　　　　　B. 满族、藏族、白族

C. 苗族、壮族、白族　　　　　D. 傣族、土家族、白族

30. "白衣民族"指的是 _____ 。

A. 朝鲜族　　　　B. 蒙古族　　　　C. 白族　　　　　D. 黎族

31. _____ 起源于古代的祭敖包。

A. 回甲节　　　　B. 赶年　　　　　C. 那达慕大会　　D. 三月三

32. _____ 是中国少数民族中散居全国、分布最广的民族。

A. 回族　　　　　B. 壮族　　　　　C. 朝鲜族　　　　D. 汉族

33. 回族的婚礼多在 _____ 举行。

A. 星期六　　　　B. 开斋节　　　　C. 回婚节　　　　D. 主麻日

34. _____ 家庭"男主外、女主内"风俗盛行。

A. 白族　　　　　B. 苗族　　　　　C. 朝鲜族　　　　D. 藏族

35. 歌圩节是壮族的民间传统歌节，节日期间举行许多活动，不属于其活动的是 _____ 。

A. 抛绣球　　　　B. 赛马　　　　　C. 碰红蛋　　　　D. 抢花炮

36. 根据 2010 年第六次人口普查的数据显示，汉族人口比重最大，约占全国总人口的 _____ 。

A. 8.49%　　　　B. 91.51%　　　　C. 71.51%　　　　D. 99.51%

37. "草原之舟"指的是 _____ 。

A. 勒勒车　　　　B. 骆驼　　　　　C. 牦牛　　　　　D. 牛皮船

38. "巴扎"是 _____ 传统的贸易集市，民族风情浓郁。

A. 壮族　　　　　B. 朝鲜族　　　　C. 蒙古族　　　　D. 维吾尔族

39. 彝族实行一夫一妻制，有 _____ 之俗。

A. 哭嫁　　　　　B. 抢婚　　　　　C. 走婚　　　　　D. 放寮

40. 回族的 _____ 被列入 国家级非物质文化遗产名录。

A. 重刀武术　　　B. 花儿　　　　　C. 锅庄舞　　　　D. 祭敖包

41. 中秋节的吉祥物是 _____ 。

A. 香袋　　　　　B. 月饼　　　　　C. 嫦娥　　　　　D. 兔爷

42. 土家族的 _____ 被称为"中国戏剧的活化石"。

A. 摆手舞　　　　B. 藏戏　　　　　C. 安代舞　　　　D. 傩戏

43. 鼻箫、独他尔分别是 _____ 的传统乐器

A. 黎族、维吾尔族　　　　　　　　　B. 白族、蒙古族

C. 彝族、纳西族　　　　　　　　　　D. 傣族、土家族

44. _____ 与南京的云锦、成都的蜀锦、苏州的宋锦并称"中国四大名锦"。

A. 土家锦　　　　B. 黎族织绣　　　C. 壮锦　　　　　D. 苗绣

45.《阿凡提的故事》是 _____ 老幼皆知的民间故事。

A. 蒙古族　　　B. 维吾尔族　　　C. 塔塔尔族　　　D. 塔吉克族

46. _____ 是蒙古族自娱性的传统民间舞蹈。

A. 赛乃姆　　　B. 竹竿舞　　　C. 东巴舞蹈　　　D. 安代舞

47. _____ 是傣族民间流传最广的男子舞蹈。

A. 孔雀舞　　　B. 象脚鼓舞　　　C. 赞哈　　　D. 茅古斯

48. 在满族习俗中，以 _____ 为上，特别忌讳坐 _____ 炕。

A. 东　　　B. 西　　　C. 南　　　D. 北

49. "弹酒礼""分鸡心"分别是 _____ 的礼俗。

A. 壮族、白族　　　B. 彝族、傣族　　　C. 藏族、苗族　　　D. 满族、回族

50. "草原骄子""马背上的民族"是 _____ 。

A. 维吾尔族　　　B. 朝鲜族　　　C. 蒙古族　　　D. 满族

二、多项选择题

1. 民族有狭义和广义两种概念，以下属于广义民族概念的有 _____ 。

A. 古代民族　　　B. 中华民族　　　C. 汉族　　　D. 蒙古族　　　E. 白族

2. 民俗作为文化现象，一般具有 _____ 四大特性。

A. 社会性和集体性　　　B. 针对性和周期性　　　C. 类型性和模式性

D. 稳定性和变异性　　　E. 传承性和播布性

3. _____ 起源于古代的桃符。

A. 贴春联　　　B. 放鞭炮　　　C. 闹元宵　　　D. 吃年糕　　　E. 挂年画

4. 中秋节的别称有 _____ 。

A. 女儿节　　　B. 天中节　　　C. 团圆节　　　D. 聪明节　　　E. 踏青节

5. 蒙古族的 _____ 已被收入《人类非物质文化遗产代表作名录》。

A. 花儿　　　B. 藏戏　　　C. 长调　　　D. 呼麦　　　E. 农乐舞

6. 全民信仰伊斯兰教的有 _____ 。

A. 维吾尔族　　　B. 藏族　　　C. 回族　　　D. 土家族　　　E. 彝族

7. 以下风味食品中，属于藏族的有 _____ 。

A. 抓饭　　　B. 泡菜　　　C. 青稞酒　　　D. 糌粑　　　E. 砂锅弓鱼

8. 那达慕大会是蒙古族人民盛大节日，三项主要竞技是 _____ 。

A. 赛马   B. 田径   C. 射箭   D. 摔跤   E. 斗牛

9. 以下民居中 _____ 的民居属于吊脚楼形式。

A. 苗族   B. 彝族   C. 傣族   D. 土家族   E. 壮族

10. 以下民族关于节日的搭配正确的是 _____ 。

A. 土家族—赶年—农历正月初一

B. 苗族—芦笙节—农历正月十六至二十

C. 蒙古族—那达慕大会—腊月二十三

D. 纳西族—三朵节—农历二月初八

E. 回族—火把节—农历六月二十四、二十五

11. 以下关于维吾尔族描述正确的有 _____ 。

A. 发明古代水利工程坎儿井

B. 男女老少不可少的帽子为小白帽

C. 很少吃蔬菜，夏季多拌食瓜果

D.《十二木卡姆》是维吾尔族的大型民族音乐舞蹈史诗

E. 维吾尔族的节日跟伊斯兰教的信仰有关，古尔邦节最为隆重

12. 纳西族的特色食品有 _____ 。

A. 火腿粑粑   B. 琵琶猪   C. 螺狮酱   D. 托托肉   E. 酸鱼、鱼干

13. 下面关于我国少数民族民俗特点描述正确的有 _____ 。

A. 傣族主要分布在云南省，80% 以上聚居在大理

B. 回族妇女戴披肩盖头，年轻姑娘用绿色，已婚中年妇女用青色，老年用白色

C. 壮族喜欢吃腌制的酸食，以生鱼片为佳肴

D. 土家族的房屋依山而建，呈虎坐形

E. 朝鲜族招待客人时的特制饮食，主要是抓饭

14. 尚白的少数民族有 _____ 。

A. 朝鲜族   B. 白族   C. 纳西族   D. 蒙古族   E. 壮族

15. 壮族创造的灿烂文化有 _____ 。

A. 铜鼓   B. 花山崖壁画   C. 壮歌   D. 壮锦   E. 摆手歌

16. 以下民族中住在干栏式民居的有 _____ 。

A. 傣族　　　　B. 藏族　　　　C. 壮族　　　　D. 白族　　　　E. 回族

17. 下列少数民族与服饰特点对应正确的有 _____ 。

A. 纳西族—披星戴月　　　　　　B. 黎族—男子头扎 "英雄结"

C. 白族—男子多穿唐装　　　　　D. 藏族—银饰重达 200 两

E. 土家族—爱用青布包头

18. 维吾尔族的民间乐器有 _____ 。

A. 马头琴　　　　B. 独他尔　　　　C. 巴拉曼　　　　D. 鼻箫　　　　E. 达甫

19. _____ 是土家族人民的艺术之花。

A. 孔雀舞　　　　B. 土家锦　　　　C. 农乐舞　　　　D. 摆手舞　　　　E. 傩戏

20. 蒙古族的服饰大体可分为 _____ 四部分。

A. 首饰　　　　B. 长袍　　　　C. 筒裙　　　　D. 腰带　　　　E. 靴子

21. 下列节日中属于蒙古族的有 _____ 。

A. 雪顿节　　　　B. 望果节　　　　C. 那达慕大会　　D. 敖包祭祀　　E. 大年

22. 以下属于藏族禁忌的有 _____ 。

A. 转经筒、转寺院、叩长头要按顺时针方向进行

B. 忌手摸上方束有鸡毛草绳的松木叉 "代口神"

C. 忌讳当着当事人的面谈其婚事

D. 忌互不熟悉的男女在一个碗内揉糌粑与吃糌粑

E. 忌摸小和尚的头顶

23. 蒙古人热情好客，用 _____ 款待客人。

A. 手抓羊肉　　　B. 抓饭　　　　C. 糯米粑粑　　　D. 油香　　　　E. 清水煮全羊

24. 以下能歌善舞的少数民族有 _____ 。

A. 蒙古族　　　　B. 朝鲜族　　　　C. 黎族　　　　D. 藏族　　　　E. 回族

25. 彝族凉山地区的男子服饰独特，符合其特征的选项有 _____ 。

A. 英雄结　　　　B. 文身　　　　C. 儋耳　　　　D. 天菩萨　　　　E. 无须为美

26. 以下关于汉族民俗说法错误的有 _____ 。

A. 汉族的图腾由龙与凤组成，代表了世间阴阳、男女的平和，吉祥如意

B. 茶叶和咖啡是汉族的传统饮料

C. 各个朝代因崇尚不同的服饰颜色，形成了汉服中的夏黑、商白、周赤、秦黑、汉赤、唐黄、明赤的讲究

D. 居住上，江浙一带的土楼庞大而美观

E. 汉族自古对各种宗教采取兼容并蓄的态度

27. 满族旧称女真族，在中国历史上建立了 _____ 王朝。

A. 宋朝　　　　B. 金朝　　　　C. 清朝　　　　D. 元朝　　　　E. 汉朝

28. 中国的"三大史诗"是 _____ 。

A.《创世纪》　　　　B.《阿诗玛》　　　　C.《格萨尔王传》

D.《江格尔》　　　　E.《玛纳斯》

29. 白族民间最普遍的舞蹈有 _____ 。

A. 摆手舞　　　　B. 八宝铜铃舞　　　　C. 霸王鞭

D. 八角鼓舞　　　　E. 孔雀舞

30. 藏族的 _____ 被联合国列入《人类非物质文化遗产代表作名录》。

A. "热贡艺术"　　　　B. 藏戏　　　　C.《格萨尔王传》

D. 藏医药　　　　E. 唐卡

31. 满族信仰的宗教有 _____ 。

A. 伊斯兰教　　　B. 萨满教　　　C. 东巴教　　　D. 藏传佛教　　　E. 基督教

32. 以下少数民族的节日被列入国家级非物质文化遗产的有 _____ 。

A. 泼水节　　　B. 绕三灵　　　C. 那达慕　　　D. 三朵节　　　E. 雪顿节

33. 中国民族地理分布的特点是 _____ 。

A. 大杂居　　　　B. 小聚居　　　　C. 相互交错居住

D. 东南密　　　　E. 西北疏

34. 朝鲜族喜爱的传统体育项目有 _____ 。

A. 高空走绳　　　B. 踢足球　　　C. 射箭　　　D. 荡秋千　　　E. 跳板

35. 以下少数民族的舞蹈被列入国家级非物质文化遗产的有 _____ 。

A. 顶水舞　　　B. 顶碗舞　　　C. 芦笙舞　　　D. 打柴舞　　　E. 锅庄舞

第5章　中国的宗教文化

第一节　中国宗教概述
第二节　佛教

一、单项选择题

1. 修行最简便的法门，在民间影响最大的教派是 _____ 。

A. 律宗　　　　　B. 禅宗　　　　　C. 净土宗　　　　D. 密宗

2. 在西藏势力最大，俗称黄教的教派是 _____ 。

A. 宁玛派　　　　B. 萨迦派　　　　C. 噶举派　　　　D. 格鲁派

3. 毗卢遮那佛与文殊菩萨、普贤菩萨合称为 _____ 。

A. 三身佛　　　　B. 华严三圣　　　C. 东方三圣　　　D. 弥陀三尊

4. 佛教四谛中提出佛教出世间的最高理想是 _____ 。

A. 苦　　　　　　B. 集　　　　　　C. 灭　　　　　　D. 道

5. 传入斯里兰卡、缅甸、泰国、老挝、柬埔寨及中国云南傣族等少数民族地区的佛教，通称为 _____ 。

A. 北传佛教　　　B. 南传佛教　　　C. 藏传佛教　　　D. 大乘佛教

6. 藏传佛教格鲁派创始人宗喀巴所建的第一座寺院和祖庭是 _____ 。

A. 塔尔寺　　　　B. 拉卜楞寺　　　C. 哲蚌寺　　　　D. 甘丹寺

7. 手持如意珠，骑六牙大象的菩萨是 _____ 。

A. 文殊菩萨　　　B. 地藏菩萨　　　C. 观音菩萨　　　D. 普贤菩萨

8. 浙江普陀山自 _____ 开始建佛寺"不肯去观音院"。

A. 东汉　　　　　B. 西汉　　　　　C. 五代　　　　　D. 唐代

9. 我国的第一座佛教寺院是 _____ ，历来有"释源"之誉。

A. 白马寺　　　　B. 显通寺　　　　C. 少林寺　　　　D. 玄中寺

10.明清以来，我国的佛寺建筑格局已成定局，在下列各组佛教建筑中，一般按中轴线自南向北排列正确的一组是 _____。

A. 天王殿、法堂、大雄宝殿　　　　B. 法堂、天王殿、大雄宝殿

C. 大雄宝殿、法堂、天王殿　　　　D. 天王殿、大雄宝殿、法堂

11.代表佛教真理凝聚所成的佛身是 _____。

A. 释迦牟尼佛　　B. 阿弥陀佛　　C. 卢舍那佛　　D. 毗卢遮那佛

12.佛祖四大圣迹中，释迦牟尼的涅槃地是 _____。

A. 蓝毗尼花园　　B. 菩提伽耶　　C. 鹿野苑　　　　D. 拘尸那迦

13.五台山的 _____ 是传说中文殊菩萨的居住处，为五台山黄庙之首。

A. 显通寺　　　　B. 殊像寺　　　C. 罗睺寺　　　　D. 菩萨顶

14.蒙古族、德昂族依次信仰 _____。

A. 伊斯兰教、上座部佛教　　　　B. 基督教、道教

C. 藏传佛教、上座部佛教　　　　D. 大乘佛教、喇嘛教

15.841 年，藏王 _____ 废佛，佛教在西藏的传播中断 136 年。

A. 朗达玛　　　　B. 松赞干布　　C. 宗喀巴　　　　D. 达赖

16.佛教戒律和规章制度的汇集是 _____。

A.《经藏》　　　　B.《律藏》　　　C.《论藏》　　　D.《圣训》

17.中国规模最大的寺院是 _____。

A. 雍和宫　　　　B. 灵隐寺　　　C. 哲蚌寺　　　　D. 扎什伦布寺

18. _____ 地宫发掘出土了释迦牟尼佛指舍利。

A. 哲蚌寺　　　　B. 大明寺　　　C. 法门寺　　　　D. 雍和宫

19.佛教殿堂中，供奉大肚弥勒佛、韦陀的殿堂一般为 _____。

A. 山门殿　　　　B. 天王殿　　　C. 罗汉殿　　　　D. 大雄宝殿

20.大势至菩萨，"以智慧光普照一切，令离三涂得无上力"。相传他的道场在 _____。

A. 山西五台山　　　　　　　　B. 江苏南通狼山

C. 浙江普陀山　　　　　　　　D. 安徽九华山

21.在我国，信仰伊斯兰教的少数民族，大致分布在 _____ 地区。

A. 东北　　　　　B. 西南　　　　C. 东南　　　　D. 西北

22. ＿＿＿＿＿＿ 是祭祀恶鬼王面然的活动。

A. 水陆法会 B. 增福延寿道场

C. 众姓道场 D. 焰口施食

23. 传说唐代时，新罗国王宗室金乔觉曾栖止 ＿＿＿＿＿＿ ，遂成为地藏菩萨的道场。

A. 峨眉山 B. 五台山 C. 九华山 A. 普陀山

24. 四大天王是指 ＿＿＿＿＿＿ 。

A. 东方持国天王、南方增长天王、西方广目天王、北方多闻天王

B. 东方增长天王、南方持国天王、西方多闻天王、北方广目天王

C. 东方多闻天王、南方广目天王、西方增长天王、北方持国天王

D. 东方广目天王、南方多闻天王、西方持国天王、北方增长天王

25. 有"戈壁明珠"之誉的是 ＿＿＿＿＿＿ 。

A. 克孜尔千佛洞 B. 敦煌莫高窟

C. 云冈石窟 D. 大足石刻

26. 中国内地城市中最大的一座藏传佛教寺院是 ＿＿＿＿＿＿ 。

A. 塔尔寺 B. 雍和宫 C. 甘丹寺 D. 色拉寺

27. 佛教天台宗、华严宗、法相宗、三论宗的祖庭分别在 ＿＿＿＿＿＿ 。

A. 浙江天台山、陕西西安、江苏南京、江苏扬州

B. 浙江天台山、江苏南京、江苏扬州、陕西西安

C. 浙江天台山、陕西长安、陕西西安、江苏南京

D. 江苏南京、陕西长安、陕西西安、江苏扬州

28. 某佛寺大雄宝殿内供奉释迦牟尼佛、药师佛和弥勒佛，它体现了 ＿＿＿＿＿＿ 。

A. 佛在空间位置上的关系 B. 佛在时间上的传承关系

C. 天台宗佛有三身的义理 D. 华严宗的华藏义理

29. 据佛经记载，释迦牟尼 ＿＿＿＿＿＿ 岁时成道。

A. 29 B. 35 C. 45 D. 80

30. "律宗第一名山"是 ＿＿＿＿＿＿ ，现为全国唯一的律寺。

A. 隆昌寺 B. 大明寺 C. 道宣律师塔 D. 慈恩寺

31. 小乘佛教修行的最高果位是 ＿＿＿＿＿＿ 。

A. 佛　　　　　　B. 菩萨　　　　　C. 罗汉　　　　　D. 护法神将

32. 禅宗的实际创始人是 _____ 。

A. 菩提达摩　　　B. 弘忍　　　　　C. 神秀　　　　　D. 慧能

33. 大肚弥勒佛的原形是 _____ 。

A. 契此　　　　　B. 济公　　　　　C. 玄奘　　　　　D. 关羽

34. _____ 时期是中国佛教的创造阶段和鼎盛时期。

A. 两汉　　　　　　　　　　　　　B. 三国、两晋、南北朝

C. 隋、唐　　　　　　　　　　　　D. 宋、元、明、清

35. 对于四大天王手持法器及所表示的意义，描述错误的是 _____ 。

A. 东方持国天王手持琵琶，表示做事要合乎公道，恰到好处

B. 南方增长天王手持锡杖，代表斩断烦恼

C. 西方广目天王右手缠龙或蛇，左手持宝珠，代表变化，象征世上一切人和事变化
无常

D. 北方多闻天王手持宝伞，代表遮挡世上的种种污染

36. _____ 是著名的汉化伽蓝神。

A. 韦陀　　　　　B. 那罗延天　　　C. 密迹金刚　　　D. 关羽

37. 佛教中"四众弟子"是指 _____ 。

A. 比丘、比丘尼、沙弥、沙弥尼

B. 优婆塞、优婆夷、沙弥、沙弥尼

C. 比丘、式叉摩那、沙弥、优婆塞

D. 比丘、比丘尼、优婆塞、优婆夷

38. 据玄奘译 _____ ，释迦牟尼令十六罗汉常住人间普济众生。

A.《华严经》　　B.《法注记》　　C.《法华经》　　D.《心经》

39. 佛教的最高礼节是 _____ 。

A. 合十　　　　　B. 绕佛　　　　　C. 五体投地　　　D. 跪拜

40. 佛教中为活着的人做道场，用红纸表示的佛事活动是 _____ 。

A. 水陆法会　　　　　　　　　　　B. 众姓道场

C. 增福延寿道场　　　　　　　　　D. 焰口施食

41. 以下石窟艺术中以彩色泥塑著称，有塑像馆之誉的是 _____ 。

A. 敦煌莫高窟　　B. 云冈石窟　　C. 龙门石窟　　D. 麦积山石窟

42. 内蒙古地区现存唯一完整的藏传佛教寺院是 _____ 。

A. 雍和宫　　　　B. 五当召　　　C. 塔尔寺　　　D. 总佛寺

43. _____ 是我国也是世界上现存的规模最大的佛教艺术宝库。

A. 云冈石窟　　　B. 敦煌石窟　　C. 龙门石窟　　D. 乐山大佛

44. _____ 为藏传佛教特有。

A. 活佛转世　　　　　　　B. 男子少年时期当和尚

C. 供斋醮神　　　　　　　D. 做礼拜

45. 佛教没有传入西藏以前，藏族群众信奉原始的 _____ 。

A. 苯教　　　　　B. 花教　　　　C. 黄教　　　　D. 东巴教

二、多项选择题

1. 地藏菩萨的胁侍是 _____ 。

A. 龙女　　　　　B. 关平　　　　C. 道明　　　　D. 闵公　　　　E. 善财童子

2. 中国佛教内容包含的佛教的三大主要体系是 _____ 。

A. 北传佛教　　　B. 部派佛教　　C. 南传佛教　　D. 藏传佛教　　E. 西传佛教

3. 三方佛（横三世佛）是指 _____ 。

A. 卢舍那佛　　　B. 释迦牟尼佛　C. 阿弥陀佛　　D. 药师佛　　　E. 毗卢遮那佛

4. 下列选项中，符合佛教教义说法的有 _____ 。

A. 把社会人生判定为"苦"，全无幸福欢乐可言

B. 宇宙间一切事物和现象都是由色、受、想、行、识聚合而成

C. 从身、口、意三方面规范教徒的行为思想

D. 内养和外养是教徒的基本修炼方法

E. 通向涅槃的修行方法主要有"六度"和"八正道"

5. 关于护法天神说法正确的有 _____ 。

A. 二王尊指的是密迹金刚和那延罗天

B. 四大天王是佛教传说中住在须弥山腰的犍陀罗山，各护持一方天下的神

C. 韦陀像在天王殿弥勒佛背后，脸朝大雄宝殿

D. 关羽是最著名的汉化伽蓝神，其左胁侍是周仓，右胁侍是关平

E. 护法天神本是古印度神话中惩恶护善的人物，是护持佛法的天神

6. 佛教初传中国的两大历史事件是 _____ 。

A. 东山法门 　　　B. 永平求法 　　　C. 鉴真东渡 　　　D. 伊存授经 　　　E. 玄奘西行

7. 拉萨三大寺是 _____ 。

A. 雍和宫 　　　B. 甘丹寺 　　　C. 哲蚌寺 　　　D. 色拉寺 　　　E. 塔尔寺

8. 世界性的三大宗教指 _____ 。

A. 佛教 　　　B. 道教 　　　C. 伊斯兰教 　　　D. 基督教 　　　E. 印度教

9. 以下属于佛教的人物有 _____ 。

A. 韦驮 　　　B. 吕洞宾 　　　C. 降龙 　　　D. 济公 　　　E. 易普拉欣

10. 我国少数民族中信仰伊斯兰教的有 _____ 。

A. 纳西族 　　　B. 回族 　　　C. 塔塔尔族 　　　D. 哈萨克族 　　　E. 柯尔克孜族

11. 佛教净土宗的祖庭有 _____ 。

A. 玄中寺 　　　B. 香积寺 　　　C. 大明寺 　　　D. 东林寺 　　　E. 华严寺

12. 佛教的业报轮回说的是众生流转在"六道"之中，即天道、人道和 _____ 。

A. 畜生道 　　　B. 地狱道 　　　C. 阴曹地府道 　　　D. 饿鬼道 　　　E. 阿修罗道

13. 以下对菩萨描述正确的有 _____ 。

A. 菩萨指自觉、觉他者，地位仅次于佛

B. 普贤菩萨人称大行菩萨

C. 文殊菩萨掌管智慧，身骑六牙白象

D. 观世音菩萨因避讳唐武则天，称为观音菩萨

E. 地藏王菩萨的道场在安徽九华山

14. 关于韦驮描述错误的有 _____ 。

A. 手持金刚杵，在古印度地位相当于寺院的土地神

B. 塑像位于大雄宝殿正面，护持释迦牟尼佛

C. 原为南方增长天王手下的神将

D. 汉化韦驮为身穿甲胄的少年武将形象，手持法器金刚杵

E. 是宋朝萨真人的弟子

15. 在"永平求法"这一历史事件中，涉及的人物有 _____ 。

A. 景卢　　　　B. 摄摩腾　　　　C. 竺法兰　　　　D. 蔡愔　　　　E. 秦景

16. 藏传佛教的四大特色是 _____ 。

A. 咒术性　　　　B. 对喇嘛的异常尊崇　　　　C. 活佛转世思想

D. 尊崇释迦牟尼的纪念物　　　　E. 政教合一

17. 集谛是对造成痛苦与烦恼原因的分析，大体可概括为 _____ 。

A. 五蕴聚合说　　　B. 原罪救赎说　　C. 十二因缘说

D. 天堂地狱说　　　E. 业报轮回说

18. 以下描述中，符合小乘佛教的有 _____ 。

A. 认为十方世界都有佛　　　　B. 修行的果位为罗汉、菩萨、佛三级

C. 弘扬菩萨和菩萨行　　　　D. 认为世界上只有一个佛，即释迦牟尼佛

E. 教义重自我解脱，修行的最高果位为罗汉

19. 我国佛教石刻有三个高潮时期，分别是 _____ 。

A. 北朝　　　　B. 两汉　　　　C. 盛唐　　　　D. 两宋　　　　E. 明清

20. 云南上座部佛教著名的寺塔有 _____ 。

A. 西双版纳总佛寺　　　　B. 曼飞龙佛塔　　　　C. 景真八角亭

D. 布达拉宫　　　　E. 塔尔寺

21. 佛祖四大圣迹是 _____ 。

A. 蓝毗尼花园　　B. 菩提伽耶　　C. 鹿野苑　　　D. 拘尸那迦　　E. 耶路撒冷

22. 南宗慧能一系成为禅宗主流，后发展为临济宗、_____ 五家，合称禅门五宗。

A. 天台宗　　　B. 沩仰宗　　　C. 曹洞宗　　　D. 云门宗　　　E. 法眼宗

23. 藏传佛教四大教派是 _____ 。

A. 宁玛派　　　B. 萨迦派　　　C. 噶举派　　　D. 苯教　　　E. 格鲁派

24. 当代中国佛教界将佛教的宗旨归纳为 _____ 。

A. 诸恶莫作　　B. 众善奉行　　C. 涅槃寂静　　D. 庄严国土　　E. 利乐有情

25. 我国少数民族中信仰东正教的有 _____ 。

A. 俄罗斯族　　B. 鄂温克族　　C. 白族　　　D. 撒拉族　　　E. 畲族

26. 佛教的经典叫《大藏经》，包括 _____ 。

A. 经藏　　　　　　B. 律藏　　　　　　C. 论藏　　　　　　D. 道藏　　　　　　E. 法藏

27. 隋唐时期，被列为"天下四大丛林"的是 _____ 。

A. 少林寺　　　　　B. 栖霞寺　　　　　C. 国清寺　　　　　D. 灵岩寺　　　　　E. 玉泉寺

28. 五代时 _____ 二位在十六罗汉后加画两个罗汉，变成十八罗汉。

A. 苏轼　　　　　　B. 贯休　　　　　　C. 张玄　　　　　　D. 玄奘　　　　　　E. 庆友

29. 五台山五大禅处有显通寺、_____ 。

A. 塔院寺　　　　　B. 罗睺寺　　　　　C. 佛光寺　　　　　D. 菩萨顶　　　　　E. 殊像寺

30. 峨眉山三大奇观是 _____ 。

A. 奇峰　　　　　　B. 日出　　　　　　C. 云海　　　　　　D. 佛光　　　　　　E. 瀑布

第三节　道教

一、单项选择题

1. _____ 是唯一受儒、释、道三教共同尊崇的偶像。

A. 关羽　　　　　　B. 王重阳　　　　　C. 赵公明　　　　　D. 真武大帝

2. 道教的创始人、创立时间、地点依次是 _____ 。

A. 张陵、东汉、江西龙虎山　　　　　　B. 老子、东汉、四川鹤鸣山

C. 王重阳、西汉、湖北武当山　　　　　D. 张陵、东汉、四川鹤鸣山

3. 最受民间欢迎的福、禄、寿三星是 _____ 。

A. 天官、文曲星、魁星　　　　　　　　B. 元始天尊、灵宝天尊、道德天尊

C. 天官、地官、水官　　　　　　　　　D. 天官、员外郎、南极仙翁

4. _____ 是五岳中海拔最高的一座山，也是五岳中唯一为道观独占的名山。

A. 泰山　　　　　　B. 华山　　　　　　C. 衡山　　　　　　D. 嵩山

5. 道教护法神将中，地位与佛教的韦驮相当的是 _____ 。

A. 关羽　　　　　　B. 玄武　　　　　　C. 王灵官　　　　　D. 白虎

6. 我国妈祖庙的祖庭、真武大帝的道场分别在 _____ 。

A. 湖北武当山、江西龙虎山　　　　　　B. 福建湄洲岛、湖北武当山

C. 福建湄洲岛、四川鹤鸣山　　　D. 广州三元宫、苏州玄妙观

7. 中国道教协会所在地是 _____ 。

A. 北京白云观　　　　　　　　B. 成都青羊宫

C. 苏州玄妙观　　　　　　　　D. 广州三元宫

8. "道观之祖"位于 _____ 。

A. 四川青城山　　　　　　　　B. 陕西终南山

C. 江苏茅山　　　　　　　　　D. 广东罗浮山

9. 道教奉为海上保护神的是 _____ 。

A. 妈祖　　　　B. 文昌帝君　　　　C. 二郎神　　　　D. 赵公明

10. 道教中执掌阴阳生育、万物之美与大地山河之秀的女神是 _____ 。

A. 玉皇大帝　　　　　　　　　B. 紫微北极大帝

C. 勾陈南极大帝　　　　　　　D. 后土皇地祇

11. 道教中总执天道之神是 _____ 。

A. 玉皇大帝　　　　　　　　　B. 紫微北极大帝

C. 勾陈南极大帝　　　　　　　D. 后土皇地祇

12. 以道教壁画著称于世，有道教壁画艺术宝库之誉的是 _____ 。

A. 成都青羊宫　　　　　　　　B. 广州三元宫

C. 北京白云观　　　　　　　　D. 芮城永乐宫

13. 历史上唯有武则天选择 _____ 礼祭封禅。

A. 中岳嵩山　　　B. 东岳泰山　　　C. 西岳华山　　　D. 南岳衡山

14. 岭南香火最盛、信众最多的道观是 _____ 。

A. 沈阳上清宫　　　　　　　　B. 北京白云观

C. 广州三元宫　　　　　　　　D. 武汉长春宫

15. 许多道教宫观以"太清宫""上清宫"命名，"太清"和"上清"分别是指 _____ 。

A. 灵宝天尊和元始天尊　　　　B. 元始天尊和道德天尊

C. 道德天尊和灵宝天尊　　　　D. 灵宝天尊和道德天尊

16. 东晋的 _____ 是中国道教史上著名的炼丹家，代表作是《抱朴子》。

A. 陆修静　　　　B. 寇谦之　　　　C. 张道陵　　　　D. 葛洪

17. 龙门派的开创者是 _____ 。

A. 张道陵　　　　B. 张亚子　　　　C. 王重阳　　　　D. 丘处机

18. 正一道奉持的经典是 _____ 。

A.《道德经》　　B.《太平经》　　C.《正一经》　　D.《华严经》

19. _____ 曾说"中国的根柢全在道教"。

A. 鲁迅　　　　　B. 郭沫若　　　　C. 胡适　　　　　D. 茅盾

20. _____ 呈龟蛇形象，为星宿神。

A. 真武大帝　　　B. 魁星　　　　　C. 文昌帝君　　　D. 妈祖

21. 八仙过海的故事发生在 _____ 。

A. 崂山　　　　　B. 蓬莱阁　　　　C. 文昌宫　　　　D. 平都山

22. 五岳大帝中主治江河湖海的是 _____ 。

A. 南岳大帝　　　B. 东岳大帝　　　C. 西岳大帝　　　D. 北岳大帝

23. 王重阳埋骨处是 _____ 。

A. 终南山　　　　B. 白云观　　　　C. 永乐宫　　　　D. 青羊宫

24. _____ 的文昌宫是全国文昌庙的祖庭。

A. 七曲山　　　　B. 湄洲岛　　　　C. 蓬莱阁　　　　D. 武当山

25. 教外人士对道士、道姑一般可统称为 _____ 。

A. 道士　　　　　B. 监院　　　　　C. 道长　　　　　D. 天师

二、多项选择题

1. "三清"是道教的最高神团，是指 _____ 。

A. 玉皇大帝　　B. 玄武大帝　　C. 灵宝天尊　　D. 元始天尊　　E. 太上老君

2. 在原始道教阶段以 _____ 为代表。

A. 五斗米道　　B. 太平道　　　C. 正一道　　　D. 全真道　　　E. 符箓派

3. 下列受文人崇拜的道教诸仙有 _____ 。

A. 关羽　　　　B. 魁星　　　　C. 文昌帝君　　D. 王灵官　　　E. 天妃娘娘

4. 下列关于真武大帝说法正确的有 _____ 。

A. 相传为净乐国太子，后在武当山修炼，得道飞升

B. 真武原指黄道圈上二十八宿中的北方七宿玄武，呈龟蛇形，为星宿神

C. 在唐代被人格化，成为道教大神

D. 元代真武被尊为北方最高神，明代真武信仰达到了鼎盛

E. 海上的保护神

5. "四御"指的是 _____ 。

A. 南极仙翁 　　　　B. 玉皇大帝 　　　　C. 紫微北极大帝

D. 勾陈南极大帝 　　　　E. 后土皇地祇

6. 魁星是道教供奉的重要神仙，以下关于魁星的正确说法有 _____ 。

A. 道教最高的护法神将

B. 道教主管文运之神，备受读书人崇拜

C. 唯一受儒、佛、道三教共同尊崇的偶像

D. 北斗七星中组成斗形的四颗星

E. 一赤发蓝面鬼

7. 道教的主要殿堂有 _____ 。

A. 三清殿 　　B. 三官殿 　　C. 大雄宝殿 　　D. 玉皇殿 　　E. 天王殿

8. 道教的基本教义、教理包括 _____ 。

A. 气化宇宙 　　B. 自然无为 　　C. 柔弱不争 　　D. 清静寡欲 　　E. 诸行无常

9. 丹鼎派的名山有 _____ 。

A. 葛仙岭 　　B. 罗浮山 　　C. 茅山 　　D. 龙虎山 　　E. 青城山

10. 以下建筑中属于道教宫观的有 _____ 。

A. 河南少林寺 　　　　B. 广州怀圣寺 　　　　C. 芮城永乐宫

D. 苏州玄妙观 　　　　E. 北京白云观

11. 我国的三大妈祖庙是 _____ 。

A. 陕西终南山楼观 　　　　B. 福建湄洲岛的妈祖庙

C. 山东崂山太清宫 　　　　D. 天津天后宫 　　　　E. 台湾北港朝天宫

12. 我国四大古建筑群是 _____ 。

A. 泰山岱庙 　　　　B. 北京故宫 　　　　C. 沈阳故宫

D. 曲阜三孔 　　　　E. 承德避暑山庄

13. 五岳中，三教荟萃之区有 _____ 。

A. 中岳嵩山　　　　B. 东岳泰山　　　　C. 西岳华山　　　　D. 南岳衡山　　　　E. 北岳恒山

14. 道教的法术众多，自古有"无术不成道"之说，主要有 _____ 。

A. 外丹　　　　B. 内丹　　　　C. 礼拜　　　　D. 占验术　　　　E. 忏法

15. 关羽的称呼有 _____ 。

A. 文圣人　　　　B. 武圣人　　　　C. 伽蓝神　　　　D. 关圣帝君　　　　E. 文曲星

第四节　基督教

一、单项选择题

1. 耶稣受难是因为十二门徒中 _____ 的出卖造成的。

A. 彼得　　　　B. 约翰　　　　C. 犹大　　　　D. 犹太

2. 中国国内最高的哥特式建筑是 _____ 。

A. 北京南堂　　　　　　　　B. 哈尔滨圣索非亚教堂

C. 上海徐家汇天主堂　　　　D. 广州圣心大教堂

3. 关于基督教在中国的传播，错误的是 _____ 。

A. 基督教第一次传入中国是在唐朝，时称"景教"

B. 景教在宋朝复兴，称"也里可温教"或"十字教"

C. 明清之际，西方传教士又在华展开了广泛深入的传教活动

D. 近代，西方传教士在不平等条约的保护下强行传教，并取得最后的成功

4. 基督教最早传入中国是在 _____ ，当时叫 _____ 。

A. 东汉　景教　　　　　　　B. 西汉　胡教

C. 唐代　景教　　　　　　　D. 元代　十字教

5. 与宋氏家族关联而著名的教堂是 _____ 。

A. 上海徐家汇天主教堂　　　B. 上海景灵堂

C. 上海国际礼拜堂　　　　　D. 上海沐恩堂

6. 天主教的最高首领叫 _____ ，东正教的最高首领叫 _____ 。

A. 教皇　牧首　　　　　　　B. 牧师　牧首

C. 教皇　主教　　　　　　　D. 牧首　大主教

7. 北京现存最古老的天主教堂是 _____ 。

A. 北京南堂 　　　　　　　B. 北京崇文门教堂

C. 北京北堂 　　　　　　　D. 利玛窦墓

8. 天主教管理堂区的负责人叫 _____ 。

A. 主教 　　　　B. 神父 　　　　C. 牧首 　　　　D. 牧师

9. 关于基督教两次分裂说法错误的是 _____ 。

A. 第一次分裂是由于争夺教权而引发，发生在 11 世纪中叶

B. 第二次分裂是由于宗教改革而引发，发生在 16 世纪中叶

C. 第一次分裂为东西两派，东派叫天主教，西派叫东正教

D. 第二次分裂，从天主教分化出一个新的教派，叫新教

10. _____ 分别是北京、天津最大的天主教教堂。

A. 北京南堂、徐家汇天主堂 　　　B. 利玛窦墓、圣三一堂

C. 北京南堂、利玛窦墓 　　　　　D. 北京北堂、老开西教堂

11. 基督教的第二次分裂发生在 _____ 世纪。

A.10 　　　　　B.11 　　　　　C.15 　　　　　D.16

12. 明万历年间，意大利传教士 _____ 主张将中国的传统文化与天主教的教义体系相融合，以求基督教文化在中国的生存与发展。

A. 南怀仁 　　　B. 汤若望 　　　C. 司考特 　　　D. 利玛窦

13. _____ 的哥特式钟塔由斯考特爵士设计。

A. 上海圣三一堂 　　　　　　B. 上海徐家汇天主堂

C. 上海沐恩堂 　　　　　　　D. 北京南堂

14. 哈尔滨圣索非亚教堂是现存最大的东正教堂，属于 _____ 教堂。

A. 巴洛克式 　　　B. 罗马式 　　　C. 哥特式 　　　D. 拜占庭

15. _____ 属于美国学院哥特式风格，为典型的"社交堂"。

A. 上海圣三一堂 　　　　　　B. 上海徐家汇天主堂

C. 上海沐恩堂 　　　　　　　D. 上海国际礼拜堂

二、多项选择题

1. 以下属于基督教的教派有 _____ 。

A. 东正教 　　　B. 天主教 　　　C. 格鲁派 　　　D. 新教 　　　E. 黑教

2.新教又称为 _____ 。

A. 基督教　　　　B. 耶稣教　　　　C. 天主教　　　　D. 东正教　　　　E. 公教

3.以下教堂是纯哥特式的有 _____ 。

A. 哈尔滨圣索非亚教堂　　　B. 上海徐家汇天主堂　　　C. 上海佘山圣母大教堂

D. 广州圣心大教堂　　　　　E. 上海圣母大教堂

4.基督教的教义包括 _____ 。

A. 十二因缘说　　　B. 上帝创世说　　C. 天堂地狱说　　D. 原罪救赎说　　E. 业报轮回说

5.以下关于耶稣的描述，正确的有 _____ 。

A. 耶稣是巴基斯坦拿撒人

B. 上帝的独生子，由童贞女玛利亚所生

C. 耶稣传教受到罗马当权者的嫉恨，将其钉死在十字架上

D. 据说，耶稣死后第 10 日复活，并在第 40 日升天

E. 耶稣受难是因为十二门徒中犹大的出卖造成的

6.新中国成立以后，基督教（即新教）倡导 _____ "三自"爱国运动。

A. 自治　　　　　B. 自理　　　　　C. 自传　　　　　D. 自救　　　　　E. 自养

7.基督教宣称，上帝只有一个，但包括 _____ 三个位格。

A. 圣母　　　　　B. 圣父　　　　　C. 圣子　　　　　D. 圣灵　　　　　E. 圣贤

8.天主教的最高级主教称 _____ 。

A. 教皇　　　　　B. 教宗　　　　　C. 大主教　　　　D. 枢机主教　　　E. 红衣主教

9.现存的东正教教堂主要集中在 _____ 。

A. 北京　　　　　B. 上海　　　　　C. 哈尔滨　　　　D. 天津　　　　　E. 青岛

10.以下属于东正教教堂的有 _____ 。

A. 上海佘山圣母大教堂　　　B. 天津老西开教堂　　　C. 上海沐恩堂

D. 哈尔滨圣索非亚教堂　　　E. 上海圣母大教堂

第五节　伊斯兰教

一、单项选择题

1.伊斯兰教的创始人穆罕默德归真于 _____ 。

A. 622 年　　　　　B. 630 年　　　　C. 632 年　　　　D. 640 年

2. _____ 以高 36.6 米的仿阿拉伯式的邦克塔"光塔"著称于世。

A. 西安化觉寺　　　　　　　　　B. 广州怀圣寺

C. 泉州清净寺　　　　　　　　　D. 北京牛街清真寺

3. 穆斯林一日五次礼拜，依次为 _____ 。

A. 晨拜、晌拜、晡拜、昏拜、宵拜

B. 晡拜、晨拜、晌拜、宵拜、昏拜

C. 晨拜、晌拜、晡拜、昏拜、宵拜

D. 晡拜、晨拜、昏拜、晌拜、宵拜

4. _____ 为使者之集大成者，是封印使者。

A. 穆罕默德　　　　B. 安拉　　　　C. 耶稣　　　D. 易普拉欣

5. _____ 是我国现存规模最大、保存最完整的清真寺。

A. 西安化觉寺　　　　　　　　　B. 广州怀圣寺

C. 泉州清净寺　　　　　　　　　D. 北京牛街清真寺

6. 逊尼派用以称穆斯林的领袖为 _____ 。

A. 伊玛目　　　　B. 阿訇　　　　C. 神父　　　D. 毛拉

7. 中国的清真寺分中国传统式清真寺和阿拉伯风格两种，以下说法错误的是 _____ 。

A. 中国传统样式的清真寺，分几进四合院，有明显的中轴线

B. 主要建筑有大殿、经堂、浴室等，少数大型清真寺有望月楼、宣礼楼

C. 阿拉伯风格清真寺没有明显的中轴线，风格简洁、明快、开敞，色彩多白色

D. 传统式清真寺礼拜正殿和殿内壁龛必须背向麦加，阿拉伯风格清真寺的正殿可以随意布局

8. 中国的穆斯林大多属于 _____ 。

A. 什叶派　　　　B. 逊尼派　　　　C. 符箓派　　　D. 丹鼎派

9. 相传为穆罕默德十六世孙普哈丁所建的清真寺是 _____ 。

A. 泉州清净寺　　　　　　　　　B. 扬州仙鹤寺

C. 杭州真教寺　　　　　　　　　D. 广州怀圣寺

10. _____ 是中国现存最古老的典型阿拉伯清真寺。

A. 西安化觉寺　　　　　　　　B. 广州怀圣寺

C. 泉州清净寺　　　　　　　　D. 北京牛街清真寺

11. _____ 是伊斯兰教国家立法、道德规范和思想学说的基础，穆斯林必须无条件信仰，并以此作为最高办事准则。

A.《圣经》　　　　B.《古兰经》　　　C.《三藏经》　　　D.《道藏》

12. _____，穆罕默德迁往麦地那，建立了政教合一的宗教公社。

A. 622 年　　　　　　B. 630 年　　　　　　C. 632 年　　　　　　D. 640 年

13. 穆斯林为阿拉伯的音译，本意为 _____。

A. 救世主　　　　　　B. 顺服者　　　　　　C. 不服者　　　　　　D. 懂礼者

14. _____ 是宣礼员按时登高召唤穆斯林每日五次礼拜的地方。

A. 宣礼楼　　　　　　B. 望月楼　　　　　　C. 经堂　　　　　　D. 大殿

15. 新疆伊斯兰教最高学府所在地是 _____。

A. 西安化觉寺　　　　　　　　B. 扬州仙鹤寺

C. 新疆艾提尕尔清真寺　　　　　D. 广州怀圣寺

二、多项选择题

1. 以下属于伊斯兰教信仰的有 _____。

A. 信安拉　　　　B. 信教会　　　　C. 信天使　　　　D. 信三位一体　　　E. 信经典

2. 以下对伊斯兰教"五功"描述不正确的有 _____。

A. 念功是指念诵"万物非主，惟有真主，穆罕默德是主的使者"，中国穆斯林称其为"清真言"

B. 礼功是一日礼拜五次，礼拜方向全球一致，都向西方

C. 斋功是指斋月期间必须吃斋

D. 朝功是指去麦加克尔白朝拜

E. 课功是指每天必须学习《古兰经》

3. 伊斯兰教的主要教派有 _____。

A. 正一派　　　　B. 逊尼派　　　　C. 符箓派　　　　D. 丹鼎派　　　　E. 什叶派

4. 对以下宗教节日描述正确的有 _____。

A. 圣纪节是纪念安拉的诞辰和归真，时间是回历 3 月 12 日

B. 圣诞节是耶稣诞辰，时间是 12 月 25 日

C. 新疆穆斯林称的古尔邦节就是开斋节

D. 宰牲节的时间是回历 12 月 10 日

E. 开斋节在新疆称肉孜节

5. 以下属于阿拉伯风格的清真寺是 _____ 。

A. 西安化觉寺　　　　B. 泉州清净寺　　　　C. 扬州仙鹤寺

D. 北京牛街真教寺　　E. 喀什艾提尕尔清真寺

6. 中国沿海伊斯兰教四大古寺是 _____ 。

A. 北京牛街清净寺　　B. 扬州仙鹤寺　　　　C. 广州怀圣寺

D. 杭州真教寺　　　　E. 泉州清净寺

7. 伊斯兰教的主要称谓有 _____ 。

A. 伊玛目　　　B. 神父　　　C. 牧首　　　D. 阿訇　　　E. 毛拉

8. 伊斯兰教的三大节日是 _____ 。

A. 开斋节　　　B. 宰牲节　　　C. 圣诞节　　　D. 万圣节　　　E. 圣纪节

9. 下列关于伊斯兰教经典、标记说法错误的有 _____ 。

A. 伊斯兰教的经典为《古兰经》和《圣经》

B. 伊斯兰教的标记是十字架

C.《古兰经》是伊斯兰教最基本的经典

D.《圣训》又名《哈迪斯》，是穆罕默德的言行录

E. "古兰"意为"诵读""读本"

10. 关于伊斯兰教的礼俗说法正确的有 _____ 。

A. 进礼拜殿前必须做大净、小净和脱鞋

B. 伊斯兰教规定饮食要洁净，不吃自死动物、血液、猪肉

C. 穆斯林敬茶、端饭、握手时均用左手，用右手被视为不礼貌

D. 妇女出门必须戴面纱、盖头

E. 穆斯林可以喝酒

第6章　中国的古代建筑

第一节　中国古代建筑概述

一、单项选择题

1. 在我国的古代建筑历史沿革中，_____ 出现较为成熟的夯土技术，并能建造规模相当大的宫室和陵墓。

　　A. 商代　　　　　　B. 西周　　　　　C. 战国时期　　　D. 秦汉时期

2. 中国古代建筑体系的大转变时期是在 _____ 。

　　A. 汉代　　　　　　B. 南北朝　　　　C. 唐朝　　　　　D. 宋朝

3. 我国现存最早的木结构建筑的实物是在 _____ 。

　　A. 秦代　　　　　　B. 汉代　　　　　C. 唐代　　　　　D. 宋代

4. "减柱法"是 _____ 所创。

　　A. 唐代　　　　　　B. 宋代　　　　　C. 辽代　　　　　D. 元代

5. 作为各种建筑的设计、结构、用料和施工的"规范"是 _____ 。

　　A.《园冶》　　　　　　　　　　　B.《工部工程做法则例》

　　C.《周礼·考工记》　　　　　　　D.《营造法式》

6. 宋代建筑的特点是 _____ 。

　　A. 屋顶坡度平缓，出檐深远　　　B. 屋顶坡度平缓，出檐较浅

　　C. 屋顶坡度陡，出檐较深　　　　D. 屋顶坡度增大，出檐较浅

7. 减柱法成为大小建筑的共同特点，梁架结构有新创造，许多构件多用自然弯材稍加砍削而成的建筑风格是在 _____ 。

　　A. 辽代　　　　　　B. 元代　　　　　C. 明代　　　　　D. 宋代

8. 下列屋顶规格按从高到低排列的是 _____ 。

　　A. 重檐歇山顶、攒尖顶、硬山顶、悬山顶

　　B. 重檐庑殿顶、重檐歇山顶、庑殿顶、歇山顶

C.重檐攒尖顶、硬山顶、庑殿顶、悬山顶

D.重檐歇山顶、重檐庑殿顶、悬山顶、硬山顶

9._____ 是中国传统建筑中天花板上的一种装饰，一般位于寺庙佛座上或宫殿的宝座上方。

A.山墙   B.轩辕镜   C.日晷   D.藻井

10.四面斜坡，有一条正脊和四条斜脊，屋面稍有弧度，又称为 _____ 。

A.四阿顶   B.歇山顶   C.悬山顶   D.硬山顶

11."墙倒屋不塌"体现了中国古代建筑 _____ 的特点。

A.布局合理   B.造型优美   C.装饰丰富   D.以木构架为主

12.屋顶双坡，两侧伸出山墙之外。屋面上有一条正脊和四条垂脊，又称挑山顶的屋顶是 _____ 。

A.歇山顶   B.硬山顶   C.悬山顶   D.卷棚顶

13.我国古籍中最完整的一部建筑艺术专著《营造法式》，正式刊行全国的时间是北宋 _____ 。

A.元祐六年   B.崇宁二年   C.绍圣四年   D.崇宁五年

14.建筑物的纵深间数称为 _____ 。

A.面阔   B.开间   C.间   D.进深

15._____ 是我国古建筑中所特有的构件。

A.彩画   B.斗拱   C.脊兽   D.藻井

16.彩画原为防潮、防腐、防蛀功能，后来突出其装饰性，其中等级最高的彩画是 _____ 。

A.苏式彩画   B.旋子彩画   C.和玺彩画   D.民间彩画

17._____ 中间的画面由各种不同的龙或凤的图案组成，间补以花卉图案。

A.苏式彩画   B.旋子彩画   C.和玺彩画   D.普通彩画

18.下列组合中，属于我国古代建筑中等级最高的是 _____ 。

A.三级须弥座、旋子彩画、重檐歇山顶

B.须弥座、旋子彩画、重檐歇山顶

C.最高级台基、和玺彩画、重檐庑殿顶

D.须弥座、和玺彩画、重檐庑殿顶

19. 中国古代的建筑彩画等级思想严格，下列关于旋子彩画的错误阐述是 _____ 。

A. 画面用简化形式的旋花，不可以使用龙凤图案

B. 一般用于次要的宫殿或寺庙

C. 彩画的边框一般用《 》框起

D. 可以贴金粉或不贴

20. _____ 屋面双坡，没有明显的正脊，即前后坡相交处不用脊而砌成弧形曲面。

A. 歇山顶　　　　B. 硬山顶　　　　C. 悬山顶　　　　D. 卷棚顶

21. 斗拱是我国古建筑中的独特构件，关于斗拱的错误说法是 _____ 。

A. 方形木块为斗　　　　　　B. 弓形短木为拱

C. 斜置长木为昂　　　　　　D. 一般位于屋顶之上

22. 台基又称基座，是高出地面建筑的底座，用来承托建筑物，还可以 _____ 。

A. 采光　　　　B. 防干燥　　　C. 防潮、防蛀　D. 防潮、防腐

23. 下列关于魏晋南北朝时期我国古建筑的情况说法正确的是 _____ 。

A. 我国建筑的成熟时期

B. 大量兴建道教建筑

C. 砖结构被大规模地应用到地面建筑

D. 最具代表性现存的建筑为佛光寺

24. 现存元代的建筑有 _____ 。

A. 山西大同华严寺　　　　　B. 山西芮城永乐宫

C. 天津蓟县独乐寺　　　　　D. 福建泉州清真寺

25. 皇家园林和私家园林在传统基础上有了很大的发展，在明末出现了一部总结造园经验的著作是 _____ 。

A.《工部工程做法则例》　　　B.《营造法式》

C.《园冶》　　　　　　　　　D.《考工记》

二、多项选择题

1. 隋唐时期是中国古代建筑体系的成熟时期，下列各项中属于唐代建筑特点的有 _____ 。

A. 建筑门窗多采用直棂窗　B. 出檐不如前代深远　　C. 斗拱比例较大

D. 建筑风格渐趋柔和　　　E. 屋顶坡面平缓

2. 斗拱是我国古代建筑的独特构件，关于斗拱的描述，正确的选项有 _____ 。

A. 用来支撑荷载梁架、挑出屋檐，兼有装饰作用

B. 弓形短木叫斗，方形木块叫拱

C. 斜置长木叫昂　　　　　　　D. 置于柱头和额枋、屋面之间

E. 由斗形木块、弓形短木、斜置长木组成，逐层挑出，形成上大下小的托座

3. 中国古代的建筑以木构架为主要的建筑形式，木构架结构具有以下优点 _____ 。

A. 不利于防震、抗震　　　　　B. 首先承重与围护结构分工明确

C. 由于墙壁不承重，这种结构赋予建筑物极大的灵活性

D. 具有"墙倒屋不塌"的效果

E. 木材具有的特性，而构架的结构所用斗拱和榫卯又都有若干的伸缩余地，因此在一定限度内可减少地震对这种构架所引起的危害

4. 下列大殿中基座为三级须弥座的有 _____ 。

A. 故宫中和殿　　　　　B. 故宫太和殿　　　　　C. 故宫保和殿

D. 岱庙大殿　　　　　　E. 晋祠圣母殿

5. 中国现存古建筑中开间为十一间的有 _____ 。

A. 故宫太和殿　　　　　B. 故宫保和殿　　　　　C. 太庙大殿

D. 大明宫含元殿　　　　E. 天坛祈年殿

6. 宋朝是中国古代建筑体系的大转变时期，下列各项中属于宋代建筑特点的有 _____ 。

A. 屋顶坡度增大　　　　B. 出檐深远　　　　　C. 建筑风格渐趋柔和华丽

D. 多采用直棂窗　　　　E. 官式建筑高度标准化、定型化

7. 中国古建筑的木构架包括 _____ 。

A. 抬梁式　　　B. 穿斗式　　　C. 井干式　　　D. 框架式　　　E. 穿枋式

8. 下列属于中国古建筑的特点的有 _____ 。

A. 主要建筑材料为石材和砖瓦

B. 中国古代建筑的平面布局具有一种简明的组织规律

C. 中国古代建筑造型优美　　　D. 中国古代建筑装饰丰富多彩

E. 中国古代建筑特别注意与周边自然环境的协调

9. 下列关于中国古代建筑说法正确的有 _____ 。

A. 山西五台山南禅寺和佛光寺的部分建筑属于唐代建筑

B. 福建泉州清净寺是宋代建筑

C. 北京故宫和沈阳故宫为明清宫殿建筑的典型实例

D. 洪洞广胜寺为元代建筑

E. 河南登封嵩岳寺塔是北齐建筑

10. 中国古代建筑的装饰丰富多彩,明清时规定 _____ 为至尊至贵之色。

A. 朱　　　　　B. 黑　　　　　C. 黄　　　　　D. 紫　　　　　E. 白

第二节　中国古代城市规划与城防建筑

一、单项选择题

1. 历代长城中规模最大的是 _____ 。

A. 明长城　　　　B. 汉长城　　　　C. 秦长城　　　　D. 赵长城

2. 以下古城中未受中原建城礼制的影响,城中道路网不规则,没有森严的城墙的是 _____ 。

A. 明南京城墙　　B. 西安古城墙　　C. 平遥古城墙　　D. 丽江古城

3. _____ 是我国现存完好的四大古城之一,是研究我国明代县城建置的实物资料。

A. 明南京城墙　　B. 西安古城墙　　C. 平遥古城墙　　D. 丽江古城

4. _____ 建于元末至正二十六年(1366年)到明洪武十九年(1386年),城垣内侧周长33千米,为世界第一。

A. 明南京城墙　　B. 西安古城墙　　C. 平遥古城墙　　D. 丽江古城

5. 明朝的 _____ 是在元大都的基础上改建和扩建面成的,由皇城、内城和外城三部分组成。

A. 长安城　　　　B. 北京城　　　　C. 南京城　　　　D. 洛阳城

6. _____ 是万里长城第一关。

A. 嘉峪关　　　　B. 山海关　　　　C. 娘子关　　　　D. 居庸关

7. 秦汉都城,其设计除适应作为大城市的经济生活上的需要以外,还充分显示了政治上和礼制上的规格。根据调查发掘证明，_____ 的形制、布局基本上与《周礼·考工记》的规制相符合。

A. 汉长安城　　　B. 商殷　　　C. 西周镐京　　D. 商偃师

8. _____ 被誉为"第二八达岭"。

A. 八达岭长城　　　　　　　B. 金山岭长城

C. 居庸关长城　　　　　　　D. 山海关长城

9. _____ 是明代万里长城西端的终点，丝绸之路的交通咽喉。

A. 嘉峪关　　　B. 山海关　　　C. 娘子关　　　D. 居庸关

10. "居庸关"一名始自 _____ ，相传因"徙居庸徒"到此修筑长城而得名。现关城建于明初，是北京西北的门户。

A 秦代　　　B. 隋代　　　C. 唐代　　　D. 战国

二、多项选择题

1. 随着生产力的发展和统治集团政治上的需要，在商代早期出现了规模较大、有防御设施的都城。根据考古发掘，可以确认的有 _____ 。

A. 河南偃师商城　　　B. 郑州商城　　　C. 安阳殷墟

D. 西安丰镐遗址　　　E. 扶风周原遗址

2. 北宋拆除坊墙，居民区由原坊内小街发展成横列的胡同，商业城市大街布置，一直延续到清代，_____ 是较典型的代表。

A. 元大都　　　B. 明清北京　　C. 唐长安　　D. 汉洛阳　　E. 秦咸阳

3. 秦始皇灭六国完成统一后，为了防御北方匈奴贵族的南侵，于前214年把 _____ 三国的长城连起来，绵延一万里。

A. 韩国　　　B. 赵国　　　C. 秦国　　　D. 燕国　　　E. 魏国

4. 关于明长城的正确表述的有 _____ 。

A. 明代初年徐达督修长城　　　B. 为了防御北方匈奴人的南侵

C. 西起嘉峪关，东至鸭绿江　　D. 长10000千米，规模最大

E. 1987年被列入《世界遗产名录》

5. 长城上有三个著名的关隘，即 _____ 。

A. 嘉峪关　　　B. 山海关　　C. 娘子关　　D. 居庸关　　E. 雁门关

第三节　宫殿与坛庙

一、单项选择题

1. _____ 是中国古代建筑中最高级、最豪华的一种类型。

A. 坛庙　　　　　B. 陵墓　　　　　C. 城防　　　　　D. 宫殿

2. 北京故宫布局中的所谓"左祖"，是在宫殿左前方设 _____，祭祀祖先，称为太庙。

A. 社稷坛　　　　B. 家庙　　　　　C. 祖庙　　　　　D. 尧庙

3. 下列关于我国古代宫殿的布局的描述，不正确的是 _____。

A. 中国的礼制思想，有一个重要的内容是崇敬祖先、提倡孝道；祭祀土地神和粮食神

B. 宫殿建筑采取严格的中轴对称

C. 所谓"前朝"即为帝王生活居住的地方

D. 社稷坛是帝王祭祀土地神、粮食神的地方

4. _____ 起源于墓碑，竖立于皇宫和帝王陵园之前，将其作为皇家建筑的特殊标志。

A. 石狮　　　　　B. 嘉量　　　　　C. 吉祥缸　　　　D. 华表

5. 故宫的内外陈设中象征国家统一和强盛的是 _____。

A. 华表　　　　　B. 轩辕镜　　　　C. 太平有象　　　D. 嘉量

6. 吉祥缸一般为铜铸，置于宫殿前，其功能主要是 _____。

A. 燃烧檀香和松枝的器具

B. 防患火灾

C. 装有饮用水，用于宫殿日常饮用

D. 作为陈设品，具有吉祥寓意

7. _____ 利用太阳的投影和地球自转的原理，借指针所生阴影的位置来显示时间。

A. 华表　　　　　B. 嘉量　　　　　C. 日晷　　　　　D. 门海

8. 下列有关宫殿外的陈设的说法中，正确的是 _____。

A. "门海"是建造在宫殿前灭火的方池

B. 鼎式香炉是用来象征长寿，庆祝享受天年

C. 石狮象征着国家的统一与强盛

D. 嘉量有统一度量衡的意义

9. 世界上现存规模最大、最完整的古代木构建筑群是 _____ 。

A. 沈阳故宫　　　　B. 太庙　　　　C. 天坛　　　　D. 北京故宫

10. 故宫是世界上现存规模最大、最完整的古代木构建筑群，为明清两代的皇宫，清代后期 _____ 作为殿试的场所。

A. 太和殿　　　　B. 中和殿　　　　C. 保和殿　　　　D. 交泰殿

11. 北京故宫是明清两代的皇宫，历史上有 _____ 位皇帝相继在此登基执政。

A. 20　　　　B. 24　　　　C. 21　　　　D. 23

12. 北京故宫中，皇帝即位、诞辰以及举行节日庆典和出兵征伐等重大国典在 _____ 举行。

A. 太和殿　　　　B. 中和殿　　　　C. 保和殿　　　　D. 乾清宫

13. 北京故宫中清代后八位皇帝居住和处理日常政务的地方是 _____ 。

A. 太和殿　　　　B. 保和殿　　　　C. 乾清宫　　　　D. 养心殿

14. 皇帝前往太和殿途中小憩之处，先在此接受内阁、礼部、侍卫执事朝拜的宫殿是 _____ 。

A. 太和殿　　　　B. 中和殿　　　　C. 保和殿　　　　D. 乾清宫

15. 曲阜的 _____ 是历代孔子嫡裔衍圣公的官署和私邸，又称衍圣公府。

A. 孔庙　　　　B. 孔林　　　　C. 孔府　　　　D. 孔宅

16. 天坛由四组建筑组成，其中祈求丰收的是 _____ 。

A. 祈年殿　　　　B. 皇穹宇　　　　C. 圜丘坛　　　　D. 斋宫

17. 沈阳故宫东、中、西路建筑的代表分别为 _____ 。

A. 清宁宫、大政殿、文溯阁　　　　B. 大政殿、崇政殿、文溯阁

C. 凤凰楼、崇政殿、文溯阁　　　　D. 大政殿、清宁宫、凤凰楼

18. 沈阳故宫是清朝入关以前的皇宫，位于沈阳市旧城中心，始建于 _____ 。

A. 宋靖康元年　　　　B. 元大德五年

C. 明永乐四年　　　　D. 后金天命十年

19. 沈阳故宫的布局有浓厚的民族和地方特色。依其布局建筑群分东、中、西三部分，

第三部分的建筑包括 _____。

  A. 文溯阁、崇政殿、凤凰楼   B. 文溯阁、仰熙斋、嘉荫堂

  C. 戏台、大政殿、清宁宫   D. 凤凰楼、崇政殿、嘉荫堂

20. 沈阳故宫中的文溯阁专为收藏《四库全书》之用，建筑形式仿浙江 _____ 而建。

  A. 文渊阁   B. 天一阁   C. 佛香阁   D. 文津阁

21. _____ 是皇太极日常处理军政要务和接见外国使臣、边疆少数民族代表之所。

  A. 清宁宫   B. 崇政殿   C. 文溯阁   D. 大政殿

22. 故宫博物院成立于 _____。

  A. 1919 年   B. 1924 年   C. 1925 年   D. 1949 年

23. _____ 用五色土覆盖坛面，以象征"普天之下莫非王土"，并祈求全国风调雨顺、五谷丰登。

  A. 北京太庙   B. 社稷坛   C. 天坛   D. 地坛

24. 历史上许多皇帝，如秦始皇、汉武帝等，都要登 _____ 祭祀，称封禅大典。

  A. 泰山   B. 衡山   C. 恒山   D. 华山

25. 目前，全国各地保存的历代孔庙很多，其中尤以 _____ 规模最大、时代最早。

  A. 山东曲阜孔庙   B. 平遥文庙   C. 太原文庙   D. 北京文庙

二、多项选择题

1. 孔庙是祭祀我国古代著名的思想家、教育家、儒家学派的创始人孔子的场所，它与 _____ 并称"三孔"。

  A 孔林   B 孔碑   C 孔府   D 孔墓   E. 孔陵

2. 下列说法中，对我国宫殿布局的正确表述有 _____。

  A. 严格遵守中轴对称的布局形式，中轴线纵长深远，以显示帝王宫殿的华贵及皇权的神秘

  B. 祭祀帝王祖先的祖庙位于宫殿的右前方

  C. 所谓"前朝"即为帝王上朝、举行大典之处的地方

  D. 所谓"后寝"即为帝王和后妃生活居住的地方

  E. 社稷坛是帝王祭祀土地神、谷神的地方

3. 北京天坛是中国礼制建筑中规模最大、等级最高的建筑群，建筑由内外两重城墙环绕，主要建筑有 _____。

A. 圜丘坛　　　　B. 皇穹宇　　　　C. 崇政殿　　　　D. 仰熙斋　　　　E. 祈年殿

4. 我们今天所能看到的、保存完好的宫殿主要有两处，即 _____ 。

A. 北京故宫　　　B. 沈阳故宫　　　C. 台北故宫　　　D. 南京故宫　　　E. 上海故宫

5. 秦汉以来，宫殿规模更为宏大，著名的古代宫殿有 _____ 。

A. 唐代的大明宫　　　　　　B. 汉代的未央宫　　　　　　C. 秦代的阿房宫

D. 汉代的建章宫　　　　　　E. 元代的永乐宫

6. 历代皇帝登基都要郊祭，下列对祭祀的时间、地点表述不正确的有 _____ 。

A. 去天坛祭天，在南郊，在冬至日

B. 去地坛祭天，在北郊，在冬至日

C. 去日坛祭日，在东郊，在夏至日

D. 去月坛祭月，在西郊，在立夏日

E. 去日坛祭日，在南郊，在冬至日

7. 对石狮描述正确的有 _____ 。

A. 从石狮爪下所踩之物可以分辨雄雌，爪下为球的是雄狮，爪下为幼狮的是雌狮

B. 石狮子和它所蹲的石上刻有凤凰和牡丹的图案，总称为三王狮

C. 中华大地还有北狮、南狮之分，北狮活泼有趣，南狮雄壮威严

D. 石狮有辟邪的作用

E. 因为狮子是兽中之王，所以代表尊贵和威严

8. 下列属于沈阳故宫的建筑有 _____ 。

A. 大政殿　　　　B. 大内宫阙　　　C. 崇政殿　　　　D. 文溯阁　　　　E. 坤宁宫

9. 下列关于北京故宫描述正确的有 _____ 。

A. 旧称紫禁城，始建于 1406 年，历时 24 年才竣工

B. 分为前后两大部分，即前朝和内廷

C. 世界上现存规模最大、最完整的古代木结构建筑群，明清两代皇宫

D. 内廷主要有四座花园即宁寿宫花园、慈宁宫花园、御花园及建福宫花园

E. 养心殿西间是慈禧太后垂帘听政的地方

10. _____ 是中国文化中的神灵动物，用来象征长寿，庆贺享受天年。

A. 龟　　　　　　B. 龙　　　　　　C. 鹤　　　　　　D. 凤　　　　　　E. 鹿

第四节　陵墓建筑

一、单项选择题

1. 大约从 _____ 开始，出现了"封土为坟"的做法。

A. 周代　　　　　B. 夏代　　　　　C. 商代　　　　　D. 春秋

2. 下列四组帝王陵墓中，采用"方上""宝城宝顶""以山为陵"封土形制的依次是 _____。

A. 秦始皇陵、明定陵、明昭陵　　　B. 清孝陵、明泰陵、秦始皇陵

C. 秦始皇陵、明长陵、唐乾陵　　　D. 唐乾陵、清东陵、汉茂陵

3. _____ 的方上其规模要比秦汉时代的小得多。

A. 北齐　　　　　B. 北魏　　　　　C. 隋代　　　　　D. 宋代

4. 早在 _____ 时，在王陵和贵族墓室上方就出现了供祭祀用的房屋建筑。

A. 商代　　　　　B. 西周　　　　　C. 春秋　　　　　D. 秦

5. 下述古代陵墓的表述，不正确的是 _____。

A. 进入阶级社会后，墓葬制度中存在着严格的阶级和等级的差别，统治阶级的陵墓有着十分宏大的规模

B. 从汉代开始，普遍采用砖石筑墓室，木椁墓逐渐被取代

C. 西汉晚期开始出现石室墓，墓室中雕刻着画像，故称"画像石墓"

D. 新石器晚期已经出现棺椁

6. 湖南长沙马王堆汉墓，属于 _____。

A. 木椁墓　　　　B. 砖室墓　　　　C. 石室墓　　　　D. 黄肠题凑

7. 从 _____ 开始，普遍采用砖石筑墓室。

A. 原始社会末期　B. 阶级社会　　　C. 汉代　　　　　D. 唐

8. 中国古代墓制度的一次划时代的大变化是 _____ 的普遍采用。

A. 木椁墓　　　　B. 砖石墓　　　　C. 土穴墓　　　　D. 黄肠题凑

9. 从 _____ 以后，随葬品中增添了一种颇为特殊的明器。

A. 商代后期　　　　B. 西周早期　　　C. 西汉中期　　　D. 东汉中期

10. _____ 既是中国古代最大的一座帝王陵墓，也是世界上最大的一座陵墓。

A. 汉茂陵　　　　　B. 北宋陵　　　　C. 唐乾隆　　　　D. 秦始皇陵

11. _____ 是唐代十八陵中保存最完整的一座。

A. 秦始皇陵　　　　B. 汉茂陵　　　　C. 唐乾陵　　　　D. 北宋陵

12. 中国现存古代帝王陵墓前，竖立着"无字碑"的是 _____ 。

A. 唐乾陵　　　　　B. 秦始皇陵　　　C. 明长陵　　　　D. 清东陵

13. _____ 是西汉帝王陵墓中规模最大的一座。

A. 汉长陵　　　　　B. 汉茂陵　　　　C. 汉义陵　　　　D. 汉阳陵

14. _____ 中陈列着 16 块珍贵的西汉石雕，具有珍贵的历史价值和艺术价值，是文物中的瑰宝。

A. 唐乾陵　　　　　B. 汉茂陵　　　　C. 明长陵　　　　D. 清东陵

15. _____ 中有当时曾参加高宗葬礼的少数民族首领和外国使臣的石像 61 尊。

A. 唐乾陵　　　　　B. 秦始皇陵　　　C. 明长陵　　　　D. 清东陵

16. 明十三陵中 _____ 为朱棣之墓，位于陵区正中，以其宏伟的地面建筑而闻名于世。

A. 长陵　　　　　　B. 孝陵　　　　　C. 景陵　　　　　D. 永陵

17. _____ 是明代第十三帝神宗朱翊钧及其二后的陵墓，是最著名的地下宫殿。

A. 长陵　　　　　　B. 定陵　　　　　C. 景陵　　　　　D. 永陵

18. 清代皇帝陵墓分建于四地，位于河北易县的是 _____ 。

A. 清永陵　　　　　B. 清福陵　　　　C. 清西陵　　　　D. 清东陵

19. 在清朝帝王陵墓中，_____ 在关内诸陵中最为壮观。

A. 清裕陵　　　　　B. 清泰陵　　　　C. 慈禧陵　　　　D. 清孝陵

20. 清东陵的地面建筑以 _____ 的最为考究，其内部装修和雕刻工艺之豪华精致，在全部清陵中堪称独一无二。

A. 清裕陵　　　　　B. 清泰陵　　　　C. 慈禧陵　　　　D. 清孝陵

二、多项选择题

1. 以下皇陵中，位于陕西的有 _____ 。

A. 秦始皇陵　　　B. 汉茂陵　　　C. 唐乾陵　　　D. 北宋陵　　　E. 明十三陵

2. 古代墓室结构主要有 _____ 三种形式。

A. 土穴墓　　　　　B. 祭祀区　　　　　C. 木椁墓　　　　　D. 御路　　　　　E. 砖室墓

3. 帝王陵墓的封土形制使用"方上"的朝代有 _____ 。

A. 宋朝　　　　　B. 唐朝　　　　　C. 两汉　　　　　D. 秦朝　　　　　E. 明清

4. 下列对清陵描述正确的有 _____ 。

A. 由永陵、福陵和昭陵、清东陵、清西陵四部分组成

B. 清东陵及清西陵的平面布置沿袭了明代诸陵的旧制，只是在其坟丘上增设了月牙城

C. 慈禧陵位于清西陵，是西陵最为考究的陵墓

D. 永陵位于辽宁，其他三个陵区都位于河北

E. 孝陵在关内诸陵中最为壮观

5. 清代帝王陵墓主要集中在 _____ 。

A. 辽宁新宾　　　　B. 河北易县　　　　C. 辽宁沈阳　　　　D. 河北遵化　　　　E. 北京

6. 下列符合封建帝王陵墓建筑的说法有 _____ 。

A. 周代出现了"封土为坟"，封土地大小自定

B. 秦、汉和宋代都使用"方上"，但宋代"方上"的规模较秦汉时期要大

C. 护陵监是保护和管理陵园的机构

D. 自产生灵魂观念后，人们开始产生筑坟的念头

E. 唐代李渊为了防止水土流失和盗墓，改为"依山为陵"的形式

7. 下列对秦始皇陵描述正确的有 _____ 。

A. 中国古代最大的一座帝王陵墓

B. 1998 年列入《世界遗产名录》

C. 在此发现的秦兵马俑坑被誉为"世界第八大奇迹"

D. 秦始皇陵与汉茂陵同为"方上"

E. 1974 年发现了秦始皇兵马俑，先后发掘了三处

8. 北宋陵共七皇帝八陵，附葬皇后 20 多个，陪葬宗室及王公大臣，如 _____ 等 300 余座陪葬墓。

A. 寇准　　　　　B. 卫青　　　　　C. 霍光　　　　　D. 司马光　　　　　E. 包拯

9. 在河南巩义的北宋陵中，除 _____ 被金俘虏后囚死漠北外，均葬于此。

A. 宋徽宗   B. 宋真宗   C. 宋高宗   D. 宋神宗   E. 宋钦宗

10. 历史上各时期的随葬品，与所在时期对应正确的有 _____ 。

A. 原始社会早期，随葬品主要是死者生前喜欢和使用过的物品

B. 周代流行用活人来殉葬的制度

C. 战国开始用木俑陶俑的风俗已盛，这可以看作是人殉的替代

D. 宋至明代随葬品以实用物品和珍宝为主，包括陶瓷器、金银器和玉器

E. 从西汉中期以后，随葬品中增添了各种专为随葬而作的陶质明器

第五节　中国著名的楼阁、佛塔、古桥

一、单项选择题

1. 黄鹤楼、岳阳楼、滕王阁分别位于 _____ 。

A. 湖北武汉、江西南昌、湖南岳阳

B. 湖南岳阳、江西南昌、湖北武汉

C. 江西南昌、湖北武汉、湖南岳阳

D. 湖北武汉、湖南岳阳、江西南昌

2. 岳阳楼的"天下四绝"指的是 _____ 。

A. 滕子京修楼、范仲淹作《岳阳楼记》、苏舜钦手书、邵𫗧篆刻

B. 范仲淹修楼、滕子京作《岳阳楼记》、邵𫗧手书、苏舜钦篆刻

C. 苏舜钦修楼、范仲淹作《岳阳楼记》、邵𫗧手书、滕子京篆刻

D. 邵𫗧修楼、范仲淹作《岳阳楼记》、苏舜钦手书、滕子京篆刻

3. 以下名楼中，因"三王文词"而著称的是 _____ 。

A. 黄鹤楼   B. 岳阳楼   C. 滕王阁   D. 鹳雀楼

4. 许多楼阁与名诗息息相关，其中"落霞与孤鹜齐飞，秋水共长天一色"描写的是 _____ 。

A. 黄鹤楼   B. 岳阳楼   C. 滕王阁   D. 鹳雀楼

5. 唐高祖李渊之子滕王 _____ 出任洪州都督，耗资巨万，营造城阁，故取名滕王阁。

A. 李世民　　　　　B. 李元婴　　　　C. 李元霸　　　　D. 李元吉

6. 我国建筑年代最早、规模最大的一座喇嘛塔是 _____ 。

A. 五台山大白塔　　　　　　　　　B. 应县木塔

C. 北海公园大白塔　　　　　　　　D. 北京妙应寺白塔

7. _____ 是玄奘西行求法，归国译经的纪念建筑物，具有重要的历史价值。

A. 西安大雁塔　　　　　　　　　　B. 嵩岳寺塔

C. 妙应寺白塔　　　　　　　　　　D. 应县木塔

8. _____ 建于北魏正光年间，是中国现存年代最为久远的砖塔。

A. 妙应寺白塔　　　　　　　　　　B. 应县木塔

C. 西安大雁塔　　　　　　　　　　D. 嵩岳寺塔

9. 我国金刚宝座式塔共有五座，_____ 是我国同类塔中年代最早、雕刻最精美的一座。

A. 北京碧云寺的金刚宝座塔

B. 北京西黄寺的清净化域塔

C. 内蒙古呼和浩特五塔寺的金刚宝座舍利塔

D. 北京真觉寺金刚宝座塔

10. 北京妙应寺白塔和真觉寺塔分别属于 _____ 。

A. 楼阁式塔　密檐式塔　　　　　　B. 密檐式塔　楼阁式塔

C. 覆钵式塔　金刚宝座塔　　　　　D. 金刚宝座塔　覆钵式塔

11. _____ 位于广西三江侗族自治县，建于 1916 年，木石结构，桥墩上建有侗族风格的五座楼亭。

A. 河北安济桥　　B. 泉州洛阳桥　　C. 程阳永济桥　　D. 苏州宝带桥

12. 始建于北宋，为了使桥基和桥墩胶结牢固，采用了"种蛎固基法"的是 _____ 。

A. 泸定桥　　　　B. 宝带桥　　　　C. 赵州桥　　　　D. 万安桥

13. _____ 始建于金代，是北京现存的最古老的连拱石桥。

A. 泸定桥　　　　B. 灵江浮桥　　　C. 赵州桥　　　　D. 卢沟桥

14. _____ 开创了桥梁的新类型，是世界桥梁工程中的首创，也是世界现存最大的敞肩桥。

A. 河北安济桥　　　　　　B. 泉州洛阳桥

C. 苏州宝带桥　　　　　　D. 程阳永济桥

15. 泉州洛阳桥为北宋泉州郡守 _____ 主持建造，工程十分艰难，是我国古代著名的梁式石桥。

A. 李春　　　　B. 蔡襄　　　　C. 苏轼　　　　D. 王安石

16. 我国现存最古、最高的一座木构大塔是 _____ 。

A. 应县木塔　　B. 西安大雁塔　C. 西安小雁塔　D. 崇圣寺三塔

17. 为了保存佛教大师义净从印度带回的佛经、佛像而建造的塔是 _____ 。

A. 西安大雁塔　　　　　　B. 西安小雁塔

C. 江南大理千寻塔　　　　D. 登封嵩岳寺塔

18. _____ 是大理"文献名邦"的象征，是云南古代历史文化的象征。

A. 崇圣寺三塔　　B. 小雁塔　　C. 应县木塔　　D. 嵩岳寺塔

19. _____ 是中国古代第一座开启活动式石桥。

A. 泉州洛阳桥　　B. 苏州宝带桥　C. 潮州广济桥　D. 程阳永济桥

20. 桥梁指架在水上或空中以便通行的建筑物，其中 _____ 出现得较早，应用最普遍。

A. 渠桥　　　　B. 浮桥　　　　C. 索桥　　　　D. 拱桥

二、多项选择题

1. 下列关于佛塔类型描述正确的有 _____ 。

A. 楼阁式塔早期为木结构，隋唐以后多为砖石结构

B. 密檐式塔以外檐层数多且间隔小而得名

C. 覆钵式塔又称喇嘛塔，为藏传佛教所常用

D. 覆钵式塔其造型仿照印度佛陀迦耶精舍而建，具有浓厚的印度风格

E. 金刚宝座式塔的下方为一个方形巨大高台，台上建有五个正方形的密檐小塔

2. 下列古塔中属密檐式塔的有 _____ 。

A. 西安小雁塔　　　　　　B. 西安大雁塔　　　　　　C. 大理千寻塔

D. 登封嵩岳寺塔　　　　　E. 应县木塔

3. 中国著名的楼阁很多，下列关于中国江南三大名楼说法正确的有 _____ 。

A. 黄鹤楼其名最早出现在《南齐书》上

B. 滕王阁位于江西南昌，北宋滕子京重修

C. 岳阳楼其名起源于唐肃宗时

D. "三王文词"是指王勃的《滕王阁赋》，王绪《滕王阁序》，王仲舒《滕王阁记》

E. 现在的岳阳楼是清光绪年间的建筑

4. 以下关于古代桥梁描述正确的有 _____。

A. 安济桥又名赵州桥，建于隋代

B. 泉州洛阳桥是我国孔数最多的桥

C. 程阳永济桥位于广西三江侗族自治县，建于1916年，木石结构，桥墩上建有侗族风格的五座楼亭

D. 苏州宝带桥为纤道桥，不设栏板

E. 卢沟桥桥身两侧雕有望柱140根，柱头上雕有大小485个（现修复后为501个）石狮

5. 佛塔起源于印度，中国佛塔可以分为 _____ 等类型。

A. 楼阁式   B. 密檐式   C. 覆钵式   D. 金刚宝座式   E. 花楼式

6. 黄鹤楼位于湖北武汉，今天重建的新楼有五层大厅，分别设计了五个主题，以下描述正确的有 _____。

A. 一楼表现"神话"   B. 二楼表现"人文"   C. 三楼表现"历史"

D. 四楼表现"传统"   E. 五楼表现"哲理"

7. 以下与广西程阳永济桥有关的选项有 _____。

A. 又名风雨桥   B. 梁式石桥   C. 侗族风格

D. 七七事变   E. 纤道桥

8. 由隋代著名工匠李春设计建造的桥，名称有 _____。

A. 风雨桥   B. 洛阳桥   C. 赵州桥   D. 万安桥   E. 安济桥

9. 滕王阁载誉古今，先后有 _____ 吟诗作赋，人称"三王文词"。

A. 王之涣   B. 王勃   C. 王绪   D. 王维   E. 王仲舒

10. 以下佛塔中，属于楼阁式塔的有 _____。

A. 小雁塔   B. 大雁塔   C. 嵩岳寺塔   D. 应县木塔   E. 北海白塔

第7章 中国的古代园林

第一节 中国古代园林的起源、特色与分类

一、单项选择题

1. 根据文献记载，早在商周时期我们的祖先就已经开始了利用自然的山泽、水泉、树木、鸟兽进行的初期造园活动。最初的形式为 _____ 。

A. 园   B. 宫苑   C. 苑   D. 囿

2. 公元前 11 世纪，_____ 曾建 "灵囿"。

A. 周武王   B. 周幽王   C. 周平王   D. 启

3. _____ 时期的园林中已经有了成组的风景，既有土山又有池沼或台。

A. 春秋战国   B. 秦汉   C. 明清   D. 唐宋

4. _____ 时期出现了以宫室建筑为主的宫苑。

A. 春秋   B. 秦汉   C. 商周   D. 唐宋

5. _____ 时期是中国园林发展史中的转折点。

A. 春秋战国   B. 秦汉   C. 明清   D. 魏晋南北朝

6. _____ 时期园林达到成熟阶段，官僚及文人墨客自建园林或参与造园工作，将诗与画融入园林的布局与造景中。

A. 春秋   B. 秦汉   C. 商周   D. 唐宋

7. _____ 时期，园林艺术进入精深发展阶段，无论是江南的私家园林，还是北方的帝王宫苑，在设计和建造上都达到了高峰。

A. 魏晋南北朝   B. 唐宋   C. 宋元   D. 明清

8. 现代保存下来的园林大多属于 _____ 时代，这些园林充分表现了中国古代园林的独特风格和高超的造园艺术。

A. 魏晋南北朝   B. 明清   C. 唐宋   D. 宋元

9. 下列选项中不属于皇家园林的是 _____ 。

A. 颐和园　　　　　　　　　　B. 北海公园

C. 承德避暑山庄　　　　　　　D. 留园

10. 下列选项中不属于按园林所处的地理位置划分的是 _____ 。

A. 北方类型　　　　　　　　　B. 亚热带类型

C. 岭南类型　　　　　　　　　D. 江南类型

11. 下列选项中不属于私家园林特征的是 _____ 。

A. 规模较小　　　　　　　　　B. 园林风格典雅

C. 建筑小巧玲珑　　　　　　　D. 富丽堂皇

12. 南方园林的代表大多集中于南京、上海等地,其中尤以 _____ 为代表。

A. 无锡　　　　B. 苏州　　　　C. 杭州　　　　D. 扬州

13. _____ 是供皇家的宗室外戚、王公官吏、富商大贾等休闲的园林。

A. 皇家园林　　　B. 江南园林　　　C. 私家园林　　　D. 北方园林

14. _____ 因地域宽广,所以范围较大;又因大多为古都所在,所以建筑富丽堂皇。

A. 皇家园林　　　B. 江南园林　　　C. 私家园林　　　D. 北方园林

15. _____ 因为其地处亚热带,终年常绿,又多河川,所以造园条件比北方、南方都好。

A. 岭南园林　　　B. 江南园林　　　C. 私家园林　　　D. 北方园林

二、多项选择题

1. 下列关于中国古代园林的起源与发展,说法正确的有 _____ 。

A. 早在商周时期,人们就已经开始利用自然的山泽、鸟兽进行初期的造园运动

B. 秦汉时期园林的组成要素都已具备,园林不再是简单的囿了

C. 明清时期,无论私家园林和皇家园林,在设计和建造上都达到了顶峰

D. 唐宋写意山水园在体现自然美的技巧上取得了很大的成就

E. 魏晋南北朝时期佛教的传入和老庄哲学的流行,使园林建造的理念转向崇尚自然

2. 下列关于中国古代园林的分类,表述正确的有 _____ 。

A. 皇家园林特点是规模宏大,真山真水较多

B. 江南园林因为其地处亚热带,终年常绿,又多河川,所以造园条件比北方、南方都好

C. 私家园林的特点是规模较小，所以常用假山假水，建筑小巧玲珑，表现其淡雅素净的色彩

D. 江南园林面积小，略感局促

E. 皇家园林中建筑富丽堂皇，建筑体型高大

3. 中国古代园林按占有者身份分可以分为 _____。

A. 皇家园林　　　　B. 江南园林　　　C. 私家园林　　　D. 北方园林　　　E. 岭南园林

4. 中国古代园林按所处地理位置分可以分为 _____。

A. 皇家园林　　　　B. 江南园林　　　C. 岭南园林　　　D. 北方园林　　　E. 私家园林

5. 下列属于私家园林的有 _____。

A. 恭王府　　　　B. 拙政园　　　C. 留园

D. 豫园　　　　　E. 颐和园

6. 下列属于皇家园林的有 _____。

A. 颐和园　　　　B. 北海公园　　　C. 留园　　　　D. 避暑山庄　　　E. 可园

7. 下列属于岭南类型园林的有 _____。

A. 顺德的清晖园　　　　B. 东莞的可园　　　C. 番禺的馀荫山房

D. 避暑山庄　　　　　E. 个园

8. 下列属于私家园林的特点有 _____。

A. 常用假山假水　　　　B. 建筑小巧玲珑　　　C. 色彩淡雅素净

D. 规模较大　　　　　E. 建筑富丽堂皇，建筑体型高大

9. 以下名园中，位于苏州的有 _____。

A. 豫园　　　　B. 网师园　　　C. 拙政园　　　D. 可园　　　E. 沧浪亭

10. 下列属于岭南园林的特点有 _____。

A. 具有热带风光　　　　B. 建筑物都较高而宽敞　　　C. 色彩淡雅素净

D. 面积小，略感局促　　　E. 皇家园林中建筑色彩富丽堂皇，建筑体型高大

第二节 中国古代园林之造园艺术

一、单项选择题

1. 中国古代营造园林，早在 _____ 开创了人为造山的先例。

A. 战国　　　　　B. 秦汉　　　　C. 明清　　　　D. 唐宋

2. _____ 时期，人们建造园林时开始由对神仙世界向往，转向对自然山水的模仿，标志着造园艺术以现实生活作为创作起点。

A. 战国　　　　　B. 东汉　　　　C. 明清　　　　D. 唐宋

3. _____ 写意式的叠山，比自然主义模仿大大前进一步。

A. 魏晋南北朝　　B. 东汉　　　　C. 明清　　　　D. 唐宋

4. _____ 以后，由于山水诗、山水画的发展和玩赏艺术的发展，对叠山艺术更为讲究。

A. 魏晋南北朝　　B. 东汉　　　　C. 明清　　　　D. 唐宋

5. 爱石成癖的宋徽宗，他所筑的 _____ 是历史上规模最大、结构最奇巧、以石为主的假山。

A. 清晖园　　　　B. 艮岳　　　　C. 馀荫山房　　D. 避暑山庄

6. 明代《园冶》中所说的"疏水若为无尽，断处通桥"，说的是古代园林理水之法的 _____ 。

A. 掩　　　　　　B. 破　　　　　C. 隔　　　　　D. 堵

7. _____ 造园家，创造了穹形洞壑的叠砌方法，比明代以条石封合收顶的叠法合理得多、高明得多。

A. 清代　　　　　B. 汉代　　　　C. 明代　　　　D. 唐代

8. 花木对园林山石景观起着衬托的作用，又往往和园主追求的精神境界有关，如 _____ 象征人品清逸和气节高尚。

A. 兰花　　　　　B. 松柏　　　　C. 竹　　　　　D. 梅

9. 明代 _____ 在《园冶》的"掇山"一节中，列举了园山、厅山、楼山、池山等 17 种形式，总结了明代的造山技术。

A. 计成　　　　　B. 李诫　　　　C. 李贽　　　　D. 鲁班

10. _____ 是小巧玲珑、开敞精致的建筑物，室内简洁雅致，室外或可临水观鱼，或可品评花木，或可极目远眺。

A. 榭　　　　　B. 轩　　　　　C. 亭　　　　　D. 廊

11. _____ 可用来观赏风景，储存书画，还可以供佛。

A. 书房　　　　B. 厅堂　　　　C. 亭　　　　　D. 楼阁

12. _____ 建于水边或花畔，借以成景。

A. 榭　　　　　B. 楼阁　　　　C. 书房　　　　D. 馆

13. _____ 是待客与集会活动的场所，也是园林中的主体建筑。

A. 书房　　　　B. 厅堂　　　　C. 亭　　　　　D. 楼阁

14. _____ 是仿造舟船造型的建筑，常建于水际或池中。

A. 榭　　　　　B. 斋　　　　　C. 舫　　　　　D. 厅

15. _____ 为一种开敞的小型建筑物，主要供人休憩观景，可眺望，可观赏，可休息，可娱乐。

A. 舫　　　　　B. 亭　　　　　C. 轩　　　　　D. 阁

16. 复廊是两条单廊的复合，于中间分隔墙上开设众多花窗，两边可对视成景，既移步换形增添景色，又扩大了园林的空间。其中 _____ 的复廊最负盛名。

A. 苏州沧浪亭　　B. 苏州拙政园　　C. 扬州何园　　D. 东莞可园

17. _____ 是指悬置于门楣之上的题字牌。

A. 匾额　　　　B. 楹联　　　　C. 刻石　　　　D. 题记

18. _____ 有五条龙墙，即伏卧龙、穿云龙、双龙抢珠、睡眠龙，将园林分割成若干院落。

A. 苏州拙政园　　　　　　　　B. 苏州留园

C. 杭州竹素园　　　　　　　　D. 上海豫园

19. _____ 的浮翠阁引自苏东坡诗中的"三峰已过天浮翠"。

A. 苏州拙政园　　　　　　　　B. 苏州留园

C. 杭州竹素园　　　　　　　　D. 上海豫园

20. 古代园林理水之法，一般有三种，包括破、掩和 _____ 。

A. 疏　　　　　B. 遮　　　　　C. 隔　　　　　D. 堵

二、多项选择题

1. 中国古典园林中的花木常被人赋予人格象征，象征荣华富贵的花木有 _____ 。

A. 紫薇　　　　　　B. 玉兰　　　　　　C. 玫瑰　　　　　　D. 牡丹　　　　　　E. 桂花

2. 楼阁是园林中二类建筑，属于较高层次的建筑。下列选项中属于楼阁的有 _____ 。

A. 沧浪亭　　　　　B. 天一阁　　　　　C. 佛香阁　　　　　D. 清华轩　　　　　E. 五峰仙馆

3. 以下关于花木含义表述正确的有 _____ 。

A. 兰花象征幽居隐士　　　　B. 石榴象征多子多福　　　　C. 紫薇象征高官厚禄

D. 松柏象征坚强和长寿　　　　E. 竹子象征洁净无瑕

4. 厅堂是待客与集会的场所，下列选项中属于厅堂的有 _____ 。

A. 留园的涵碧山房　　　　　B. 狮子林的荷花厅　　　　　C. 怡园的鸳鸯厅

D. 拙政园的远香堂　　　　　E. 拙政园的香洲

5. 馆可供宴客之用，其体量有大有小，其中大型的馆有 _____ 。

A. 留园的五峰仙馆　　　　　B. 林泉耆石馆　　　　　　　C. 拙政园的香洲

D. 怡园的鸳鸯厅　　　　　　E. 拙政园的松风亭

6. 古典园林中的亭按其位置可分为 _____ 。

A. 桥亭　　　　　　B. 路亭　　　　　　C. 井亭　　　　　　D. 廊亭　　　　　　E. 梅花亭

7. 舫是仿造舟船造型的建筑，下列选项中属于舫的有 _____ 。

A. 煦园的不系舟　　　　　　B. 拙政园的香洲　　　　　　C. 沧浪亭的复廊

D. 拙政园的远香堂　　　　　E. 文津阁

8. 以下 _____ 都是明清时代园林造山的佳作。

A. 苏州拙政园　　　　　　　B. 常熟的燕园　　　　　　　C. 上海的豫园

D. 北海公园　　　　　　　　E. 颐和园

9. 中国古典园林构成的基本要素有 _____ 。

A. 筑山　　　　　　　　　　B. 雕塑　　　　　　　　　　C. 植物

D. 动物　　　　　　　　　　E. 匾额、楹联、刻石

10. 亭是园林中一种开敞的小型建筑物，下列选项中属于亭的有 _____ 。

A. 苏州沧浪亭中的沧浪亭　　B. 拙政园中的松风亭　　　　C. 怡园的鸳鸯厅

D. 嘉实亭　　　　　　　　　E. 拙政园的浮翠阁

第三节 中国古代园林的常见构景手段

一、单项选择题

1. 园林入口处常迎门挡以假山，这种处理叫作 _____ 。

A. 借景 　　　　　B. 添景 　　　　　C. 抑景 　　　　　D. 框景

2. 当人们站在北京颐和园昆明湖南岸的垂柳下观赏万寿山的远景时，万寿山因为有倒挂的柳丝作为装饰而生动起来，这种构景手法叫 _____ 。

A. 借景 　　　　　B. 添景 　　　　　C. 抑景 　　　　　D. 框景

3. 无锡寄畅园因园外惠山的景色而显得更加秀丽，运用了 _____ 。

A. 借景 　　　　　B. 对景 　　　　　C. 抑景 　　　　　D. 框景

4. 园林中的建筑的门、窗、洞，或乔木、树枝抱合成的景框，往往把远处的山水美景或人文景观包含其中，这种构景手法叫 _____ 。

A. 借景 　　　　　B. 对景 　　　　　C. 抑景 　　　　　D. 框景

5. 园林的围墙上，或走廊（单廊或复廊）一侧或两侧的墙上，常常设以漏窗，透过漏窗的窗隙，可见园外或院外的美景，这种构景手法叫 _____ 。

A. 漏景 　　　　　B. 借景 　　　　　C. 框景 　　　　　D. 夹景

6. 中国古典园林中，借景的方法有多种，如借池塘中的鱼称为 _____ 。

A. 远借 　　　　　B. 邻借 　　　　　C. 仰借 　　　　　D. 俯借

7. 借空中的飞鸟采用的是 _____ 构景手法。

A. 邻借 　　　　　B. 远借 　　　　　C. 仰借 　　　　　D. 俯借

8. "山重水复疑无路，柳暗花明又一村"采用的是 _____ 。

A. 借景 　　　　　B. 夹景 　　　　　C. 抑景 　　　　　D. 对景

9. 借四季的花或其他自然景象，叫 _____ 。

A. 借景 　　　　　B. 夹景 　　　　　C. 应时而借 　　D. 对景

10. 如果两侧用建筑物或树木花卉屏障起来，使某风景点显得更有诗情画意，这种构景手法为 _____ 。

A. 抑景 　　　　　B. 添景 　　　　　C. 夹景 　　　　　D. 借景

第四节　中国现存的著名园林

一、单项选择题

1. _____ 是我国现有大型皇家园林中最为完整、最为典型的一个，也是世界著名园林之一。

　　A. 圆明园　　　　　　　　　　B. 承德避暑山庄

　　C. 颐和园　　　　　　　　　　D. 北海公园

2. 普宁寺的"大乘之阁"有一尊高 22 米的千手千眼观世音菩萨，是我国最大的木雕佛像，其位于 _____ 。

　　A. 承德避暑山庄　　B. 颐和园　　　C. 北海公园　　D. 颐和园

3. 颐和园中的"谐趣园"是仿 _____ 而建。

　　A. 苏州拙政园　　　　　　　　B. 苏州网师园

　　C. 无锡寄畅园　　　　　　　　D. 扬州个园

4. 江南三大名石之一的"玉玲珑"位于 _____ 。

　　A. 扬州何园　　　B. 上海豫园　　　C. 苏州留园　　D. 苏州狮子林

5. _____ 中"四季假山"的布局之奇、用石之妙堪称中国古典园林之最。

　　A. 拙政园　　　　B. 留园　　　　　C. 个园　　　　D. 可园

6. 颐和园全园的构图中心是 _____ 。

　　A. 佛香阁　　　　B. 昆明湖　　　　C. 排云殿　　　D. 谐趣园

7. 原为乾隆时期双槐园旧址，山水建筑浑然一体，有城市山水之誉的园林是 _____ 。

　　A. 何园　　　　　B. 狮子林　　　　C. 拙政园　　　D. 留园

8. _____ 由于运用了"咫尺山林"的手法，故能在有限的空间里再现大自然的景色。

　　A. 圆明园　　　　B. 可园　　　　　C. 颐和园　　　D. 北海公园

9. _____ 是广东"四大园林"中保存原貌最好的古典园林。

　　A. 馀荫山房　　　B. 清晖园　　　　C. 可园　　　　D. 十二石斋

10. 建于辽代，中国现存历史悠久而规模宏大的皇家花园是 _____ 。

A. 圆明园　　　　B. 北海公园　　　C. 避暑山庄　　　D. 颐和园

11. 广东四大名园的 ＿＿＿＿＿ 内，所有装饰图案无一雷同，且大都以岭南佳果为题材。

A. 清晖园　　　　B. 可园　　　　C. 十二石斋　　　D. 馀荫山房

12. 江南奇石"冠云峰"在 ＿＿＿＿＿ 。

A. 苏州拙政园　　B. 苏州留园　　C. 杭州竹素园　　D. 上海豫园

13. 留园西部以 ＿＿＿＿＿ 为主。

A. 建筑院落　　　B. 田园风光　　C. 土山枫林　　　D. 山水景色

14. 以下不属于广东四大名园的是 ＿＿＿＿＿ 。

A. 可园　　　　B. 个园　　　　C. 清晖园　　　D. 十二石斋

15. 面积仅为 5300 平方米，但小中见大、布局严谨、主次分明又富于变化，全园清新有韵味，被认为是苏州古典园林中以少胜多的典范的是＿＿＿＿＿ 。

A. 拙政园　　　　B. 留园　　　　C. 网师园　　　D. 狮子林

16. 上海豫园的园主是 ＿＿＿＿＿ 。

A. 梁九图　　　　B. 石涛　　　　C. 潘允端　　　D. 刘恕

17. 根据王羲之的诗句"三春启群品，寄畅在所因"而建的园林是 ＿＿＿＿＿ 。

A. 苏州拙政园　　B. 苏州网师园　　C. 无锡寄畅园　　D. 扬州个园

18. 原为清代画家石涛故居，清嘉庆、道光年间大盐商黄应泰修建为住宅花园的是 ＿＿＿＿＿ 。

A. 可园　　　　B. 个园　　　　C. 何园　　　　D. 留园

19. 广东四大名园中现已废圮的是 ＿＿＿＿＿ 。

A. 可园　　　　B. 清晖园　　　C. 馀荫山房　　　D. 十二石斋

20. 园主是四川布政使潘允端，他为"愉悦老亲"而建的园林是 ＿＿＿＿＿ 。

A. 苏州拙政园　　B. 苏州留园　　C. 杭州竹素园　　D. 上海豫园

二、多项选择题

1. 上海豫园的特色景观有 ＿＿＿＿＿ 。

A. 黄石假山　　B. 龙墙　　　C. 砖雕　　　D. 竹园　　　E. 圆雕

2. 下列名园中，属于广东四大名园的有 ＿＿＿＿＿ 。

A. 清晖园　　　B. 留园　　　C. 何园　　　D. 可园　　　E. 个园

3. 苏州四大名园是 _____ 。

A. 沧浪亭　　　　B. 拙政园　　　　C. 留园　　　　D. 狮子林　　　E. 何园

4. 以下皇家园林内的建筑或景点与所在园林搭配正确的有 _____ 。

A. 颐和园—五龙亭　　　　B. 北海公园—白塔　　　C. 承德避暑山庄—普宁寺

D. 北海公园—九龙壁　　　E. 颐和园—佛香阁

5. 以下私家园林内的建筑或景点与所在园林搭配正确的有 _____ 。

A. 拙政园—真砚斋　　　　B. 留园—冠云峰　　　C. 豫园—玉玲珑

D. 清晖园—惜阴书屋　　　E. 个园—寿芝园

第8章 中国饮食文化

一、单项选择题

1. 中国烹饪、法国烹饪和 _____ ，被认为是三大烹饪流派。

A. 日本烹饪　　　　B. 美国烹饪　　　C. 意大利烹饪　D. 土耳其烹饪

2. 世界三大烹饪流派中，_____ 由于历史最悠久、特色最丰富、文化内涵最博大精深、使用人口最多等特点而首屈一指。

A. 中国烹饪　　　　B. 法国烹饪　　　C. 土耳其烹饪　D. 意大利烹饪

3. _____ 出现"帮口""帮口菜"的名称，20 世纪 _____ 年代出现"菜系"一词，始有"四大菜系"之说。

A. 清代　50　　　　B. 民国　50　　　C. 民国　20　　D. 清代　20

4. 关于四大菜系的说法，下列选项准确的是 _____ 。

A. 苏菜、鲁菜、川菜、粤菜　　　　B. 苏菜、湘菜、徽菜、粤菜

C. 京菜、沪菜、川菜、鲁菜　　　　D. 浙菜、鲁菜、沪菜、粤菜

5. 素食从 _____ 开始形成流派。

A. 东晋　　　　　　B. 汉朝　　　　　C. 南朝梁　　　　D. 明清

6. 我国最早的古籍之一《周易·鼎》中，就出现了" _____ "一词。

A. 烹饪　　　　　　B. 料理　　　　　C. 烹调　　　　　D. 烹饪工艺

7. 下列选项中，属于川菜代表菜肴的是 _____ 。

A. 九转大肠　　　　B. 脆皮乳猪　　　C. 樟茶鸭子　　　D. 霸王别姬

8. 叫花鸡、东江盐焗鸡、锅塌豆腐分别是 _____ 菜。

A. 苏、粤、鲁　　　B. 晋、鲁、川　　C. 苏、浙、川　　D. 晋、粤、湘

9. 山东风味菜肴以 _____ 为主组成。

A. 济南菜、孔府菜　　　　　　　　B. 济南菜、胶东菜

C. 胶东菜、孔府菜　　　　　　　　D. 胶东菜、素斋菜

10. 以下属于广东风味的著名小吃是 _____ 。

A. 叶儿耙   B. 大良双皮奶   C. 黄桥烧饼   D. 虾爆鳝面

11. 以下属于湖南风味的著名菜肴是 _____ 。

A. 龙井虾仁   B. 佛跳墙   C. 腊味合蒸   D. 问政山笋

12. 下列著名面点小吃中，辽宁风味的是 _____ 。

A. 龙须面   B. 鸽蛋圆子   C. 馓子   D. 老边饺子

13. 蚝煎、大救驾、蟹壳黄、过桥米线等面点小吃分别属于 _____ 。

A. 广东、浙江、福建、湖南   B. 安徽、北京、上海、东北

C. 福建、安徽、上海、云南   D. 四川、江苏、北京、西北

14. 牛羊肉泡馍是 _____ 名食的"总代表"。

A. 甘肃   B. 陕西   C. 新疆   D. 青海

15. 清宫菜以 _____ 食风为主。

A. 满族   B. 蒙古族   C. 汉族   D. 回族

16. 宫廷菜原指历代皇宫内由御厨制作的专供皇帝、后妃们食用的菜肴，唯有 _____ 的宫廷菜较为完整地流传下来。

A. 明代   B. 清代   C. 元代   D. 唐代

17. 仿古风味菜肴之首是 _____ 。

A. 仿官府菜   B. 红楼菜   C. 仿宫廷菜   D. 随园菜

18.《 _____ 》全面总结了历代烹饪技术的经验教训，收录了苏、浙、皖及京、鲁、粤等地方菜，堪称是官府菜谱代表作。

A. 红楼食单   B. 随园食单   C. 谭家食单   D. 孔府食单

19. 仿随园菜是南京 _____ 原膳食部根据《随园食单》挖掘研制而成的，现已成为该饭店的膳食特色之一。

A. 北京饭店   B. 来今雨轩   C. 金陵饭店   D. 仿膳饭庄

20. 红楼菜的研制始于 20 世纪 _____ 年代初。

A. 50   B. 20   C. 90   D. 80

21. 民间素菜以 _____ 为代表。

A. 素局   B. 御膳房   C. 素菜馆   D. 香积厨

22. 根据 20 世纪 80 年代出版的《中国小吃》所收的材料，经过精选的品种已有

_____ 多种。

    A. 1400   B. 2400   C. 3400   D. 400

23. 吉林省著名传统风味之一，已有百年历史的著名小吃是 _____ 。

    A. 李连贵熏肉大饼   B. 桂发祥大麻花

    C. 狗不理包子   D. 豌豆黄

24. 苏式点心中以 _____ 制品为佳。

    A. 米面   B. 米粉   C. 面粉   D. 粥品

25. 号称"江南粽子大王"，有"东方快餐"之称的是 _____ 。

    A. 诸老大粽子   B. 玫瑰粽子   C. 宁波粽子   D. 嘉兴五芳斋粽子

26. 牛羊肉泡馍是陕西著名的风味美馔，尤以 _____ 最享盛名。

    A. 关中   B. 临潼   C. 西安   D. 岐山

27. 素有"面食之乡"之称的是 _____ 。

    A. 陕西   B. 山西   C. 河南   D. 山东

28. 山西最具代表性的面条，堪称天下一绝的是 _____ 。

    A. 刀削面   B. 拨鱼儿   C. 剔尖面   D. 手擀面

29. _____ 是茶树的原产地，又是最早发现茶叶功效、栽培茶树和制成茶叶的国家。

    A. 印度   B. 中国   C. 斯里兰卡   D. 土耳其

30. _____ 茶圣陆羽的《茶经》是中国也是世界第一部茶叶科学专著。

    A. 汉代   B. 南北朝   C. 唐代   D. 明代

31. _____ 深受西北、西南少数民族的喜欢，也称边销茶。

    A. 花茶   B. 乌龙茶   C. 紧压茶   D. 黑茶

32. 被称为"金镶玉"的名茶是 _____ 。

    A. 君山银针   B. 武夷岩茶   C. 祁门红茶   D. 白毫银针

33. 花茶出现于 _____ ，深受我国北方人民的喜爱。

    A. 汉代   B. 唐代   C. 宋代   D. 元代

34. 被世人誉为"色绿、香郁、味甘、形美"的绿茶是 _____ 。

    A. 太湖碧螺春   B. 黄山毛峰   C. 君山银针   D. 西湖龙井

35. 具有"绿茶红镶边"特点的茶叶是 _____ 。

A. 红茶　　　　　B. 乌龙茶　　　　C. 白茶　　　　D. 花茶

36. "蜻蜓头，蛤蟆背，砂绿润，品具岩骨花香，带有一香二清三甘四活的岩韵"形容的是 _____ 。

A. 武夷岩茶　　　B. 祁门红茶　　　C. 黄山毛峰　　　D. 冻顶乌龙

37. 下列选项中，属于乌龙茶的是 _____ 。

A. 黄山毛峰　　　B. 君山银针　　　C. 白毫银针　　　D. 凤凰单枞

38. 享有"茶中之王"美誉的是 _____ 。

A. 铁罗汉　　　　B. 大红袍　　　　C. 白鸡冠　　　　D. 水金龟

39. 下列中国名茶中，_____ 是黄茶。

A. 君山银针　　　B. 黄山毛峰　　　C. 白牡丹　　　　D. 凤凰单枞

40. 被誉为"龙井之巅"的西湖龙井产于 _____ 。

A. 龙井村　　　　B. 狮子峰　　　　C. 虎跑泉　　　　D. 西湖

41. 中国是世界上最早的酿酒国家之一，早在 _____ 年前就已经开始酿酒，_____ 时期已出现了制曲方法、酿酒职官和工艺。

A. 3000　夏商　　B. 5000　商周　C. 2000　秦汉　D. 4000　两晋

42. 南北朝贾思勰的《齐民要术》记录了 _____ 种酒曲的制作法、_____ 种酒的酿造法和 _____ 种药酒的配制法。

A. 9　39　2　　　B. 39　2　9　　　C. 2　39　9　　　D. 9　2　39

43. 宋代出现了较全面的酿酒专著 _____ 的《北山酒经》，详细记述了制曲酿酒的方法。

A. 贾思勰　　　　B. 陆羽　　　　　C. 宋应星　　　　D. 朱翼中

44. 高度酒中含酒精成分在 _____ 。

A. 20° 以下　　　B. 20°—40°　　　C. 40° 以上　　　D. 18°—38°

45. 属于酱香型、清香型、米香型、窖香型酒的分别是 _____ 。

A. 茅台酒、五粮液、汾酒、郎酒

B. 泸州老窖、茅台酒、宋河粮液、西凤酒

C. 西凤酒、宝丰酒、三花酒、董酒

D. 茅台酒、汾酒、桂林三花酒、五粮液

46. 下列国家名白酒中，属于兼香型的是 _____ 。

A. 郎酒   B. 双沟大曲   C. 宝丰酒   D. 西凤酒

47. 黄酒是中国特有的一种酿造酒，产区主要集中在 _____ 一带。

A. 长江下游   B. 长江中游   C. 黄河下游   D. 黄河中游

48. _____ 是中国最古老的饮料酒，也是中国特有的酿造酒。

A. 黄酒   B. 白酒   C. 葡萄酒   D. 啤酒

49. 我国黄酒中的最名贵者是 _____ ，其制作历史有 _____ 余年。

A. 绍兴酒 3400   B. 沉缸酒 2400

C. 绍兴酒 2400   D. 沉缸酒 3400

50. 国内国际市场上的"酒中明珠"，素有"国酒"之誉的是 _____ 。

A. 古井贡酒   B. 茅台酒   C. 剑南春   D. 武陵酒

51. 比较适合全国广大消费者口味，因此在白酒中所占比例最大的香型是 _____ 。

A. 酱香型   B. 窖香型   C. 清香型   D. 米香型

52. 我国用葡萄酿酒的历史悠久，_____ 西域地区就以酿葡萄酒驰名，_____ 我国西北地区已用葡萄蒸制葡萄烧酒，饮葡萄酒之风非常兴盛。

A. 汉代 唐代   B. 秦代 汉代

C. 唐代 宋代   D. 商代 元代

53. 中国最早的近代葡萄酒酿造企业是 1892 年华侨张弼士创建的 _____ 。

A. 中国长城葡萄酒厂   B. 山东烟台张裕葡萄酒厂

C. 山东青岛葡萄酒厂   D. 天津葡萄酒厂

54. 中浓度啤酒的麦汁浓度、酒精含量是 _____ 。

A. 7°—8° 2%   B. 11°—12° 3.1%—3.8%

C. 14°—20° 4.9%—5.6%   D. 9°—13° 2.5%—6.0%

55. 河北张家口的长城干白的含糖量在 _____ 。

A. 2.5%—7%   B. 0.5% 以下   C. 0.5%—2.5%   D. 7% 以上

56. 也叫麦酒，含有丰富的营养，有"液体面包"美称的酒是 _____ 。

A. 白酒   B. 果酒   C. 啤酒   D. 露酒

57. 白酒是用蒸馏法制成的 _____ 的高浓度酒。

A.40°—65°　　　　B.16°—18°　　　C.45°—70°　　D.38°—60°

58.竹叶青以汾酒作酒基，用高度汾酒冷浸竹叶、当归、公丁香等 _____ 种名贵中药材的浸取液和冰糖，按传统工艺配制而成。

A. 10　　　　　　B. 12　　　　　C. 15　　　　　D. 18

59.啤酒是近代从 _____ 传入的。

A. 美洲　　　　　B. 澳洲　　　　C. 西亚　　　　D. 欧洲

60.以创制人官职名称命名的川菜是 _____。

A. 问政山笋　　　B. 太爷鸡　　　C. 叫花鸡　　　D. 宫保鸡丁

二、多项选择题

1. 十二大菜系即"十大菜系"加上 _____ 等两个菜系。

A. 北京　　　　　B. 河南　　　　C. 上海　　　　D. 陕西　　　　E. 湖南

2. 从功用上划分，中国烹饪流派可分为 _____。

A. 保健医疗风味　　　　B. 普通食品风味　　　C. 荤食风味

D. 现代风味　　　　　　E. 民间风味

3. 素食到清代形成 _____ 三大派别。

A. 宫廷　　　　　B. 寺院　　　　C. 民间　　　　D. 市肆　　　　E. 仿古

4. 八大菜系即"四大菜系"再加上 _____ 等四个菜系。

A. 沪　　　　　　B. 浙　　　　　C. 徽　　　　　D. 湘　　　　　E. 闽

5. 从生产者主体划分，中国烹饪流派可分为 _____。

A. 寺院风味　　　B. 市肆风味　　C. 仿古风味　　D. 食堂风味　　E. 家庭风味

6. 下列关于鲁菜，说法错误的有 _____。

A. 口味以鲜咸为主而善于用葱香调味

B. 南北朝时已初具规模，明清时形成稳定流派

C. 山东菜对京菜、河南菜的形成有重要影响

D. 代表菜肴有清蒸加吉鱼、葱爆海参、麻婆豆腐、水晶肴蹄等

E. 代表菜肴品种繁多，百菜百味

7. 下列关于苏菜的选项正确的有 _____。

A. 由淮扬、京宁、苏锡、徐海等地方风味组成

B. 取料广、博、奇、杂而重"生猛"，烹调方法多而善于变化

C. 春秋战国时已露端倪，唐宋成为"南食"的重要组成部分，元代已具规模，明清完全形成流派

D. 代表菜肴有清炖狮子头、松鼠鳜鱼、叫花鸡、大煮干丝等

E. 口味以鲜咸香为主

8. 川菜味型丰富，百菜百味，以 _____ 等擅长。

A. 咸鲜味　　　　B. 麻辣味　　　　C. 鱼香味　　　　D. 怪味　　　　E. 原味

9. 谭家菜出自清末官僚谭宗浚家中，代表名菜有 _____ 。

A. 红烧鱼翅　　　　B. 把儿鱼翅　　　　C. 葵花鸭子

D. 草菇蒸鸡　　　　E. 八仙鸭子

10. 中国烹饪的特点，具体到每道菜肴，则讲究 _____ 均为上等。

A. 器　　　　B. 色　　　　C. 香　　　　D. 味　　　　E. 形

11. 谭家菜在烹制海味中，以 _____ 和 _____ 的烹制最为出名。

A. 燕窝　　　　B. 鲍鱼　　　　C. 鱼翅　　　　D. 海参　　　　E. 海蜇

12. 北京饭店四大菜是 _____ 。

A. 川菜　　　　B. 粤菜　　　　C. 淮扬菜　　　　D. 仿膳　　　　E. 谭家菜

13. 随园菜的特点有 _____ 。

A. 十分讲究原料的选择　　　　B. 加工、烹调精细而卫生

C. 讲究原汁原味　　　　D. 讲究色香味器形

E. 注重筵席的制作艺术

14. 下列小吃中，属于蒸类的有 _____ 。

A. 安徽大救驾　　　　B. 天津狗不理包子　　　　C. 扬州翡翠烧卖

D. 淮安茶馓　　　　E. 武汉三鲜豆皮

15. 谭家菜的特点有 _____ 。

A. 甜咸适口，南北均宜　　　　B. 讲究原汁原味　　　　C. 选料精，加工细

D. 火候足，下料重，菜肴软烂，易于消化，适于老年人食用

E. 具有浓厚的乡土气息

16. 素菜的特征主要有 _____ 。

A.豪华奢侈，讲究礼仪　　　　　　B.以时鲜为主，清爽素净

C.花色繁多，制作考究　　　　　　D.富含营养，健身疗疾

E.味美可口，是食疗的一部分

17.素菜从制作方法上，大致可分为 _____ 三类。

A.蒸货类　　　B.煮货类　　　C.卷货类　　　D.卤货类　　　E.炸货类

18.以下属于山西面点小吃的有 _____ 。

A.担担面　　　B.刀削面　　　C.佘子面　　　D.拨鱼儿　　　E.臊子面

19.晋式流派风味名吃包括 _____ 三大类。

A.晋式面点　　　B.面类小吃　　　C.山西面饭　　　D.糕团点心　　　E.豆品小吃

20.北京的点心、小吃具有 _____ 风味、_____ 风味和 _____ 风味的特色。

A.汉族　　　B.满族　　　C.宫廷　　　D.山东　　　E.清真

21.北方风味京式流派点心小吃的基本特点有 _____ 。

A.糕团松软，香甜油润　　　　　　B.原料广泛，品种繁多

C.馅心多样，重视调味　　　　　　D.技法多样，工艺精巧

E.口味爽滑，柔软松嫩

22.下列属于河南的点心、小吃有 _____ 。

A.艾窝窝　　　B.烩面　　　C.福山拉面　　　D.大枣锅盔　　　E.老边饺子

23.以下属于广式小吃的选项有 _____ 。

A.钟水饺　　　B.臊子面　　　C.肠粉　　　D.云吞面　　　E.赖汤圆

24.以下属于初加工茶类的选项有 _____ 。

A.绿茶　　　B.青茶　　　D.黑茶　　　D.花茶　　　E.乌龙茶

25.以茶树鲜叶为原料，经过杀青工艺加工制成的茶叶有 _____ 。

A.绿茶　　　B.红茶　　　C.黄茶　　　D.黑茶　　　E.白茶

26.杭州"双绝"是 _____ 。

A.苏绣　　　B.西湖龙井　　　C.虎跑泉水　　　D.碧螺春　　　E.宋锦

27.下列选项中，属于绿茶的中国名茶有 _____ 。

A.武夷岩茶　　　B.西湖龙井　　　C.黄山毛峰　　　D.白牡丹　　　E.铁观音

28.下列选项中，属于全发酵茶的有 _____ 。

A.祁门红茶　　　B.凤凰单枞　　　C.云南滇红　　　D.乌伐茶　　　E.黄山毛峰

29. 按茶树品种，武夷岩茶可分为 _____ 。

A. 单枞　　　B. 名枞　　　C. 水仙　　　D. 奇种　　　E. 乌龙

30. 武夷岩茶四大传统名枞是 _____ 。

A. 大红袍　　　B. 白鸡冠　　　C. 铁罗汉　　　D. 水金龟　　　E. 凤凰茶

31. 下列关于中国名茶的说法，错误选项有 _____ 。

A. 碧螺春原名"吓煞人香"，经清代乾隆皇帝改名为"碧螺春"

B. 祁红是安徽人余干臣于 1875 年仿效福建"闽红"制法试制成功

C. 白茶主要产于湖南岳阳市，名品有白毫银针、白牡丹等

D. 黄茶按芽叶嫩度分为黄芽茶、黄小茶、黄大茶

E. 乌龙茶的产地主要集中在福建、广东、台湾一带

32. 世界三大饮料是 _____ 。

A. 茶叶　　　B. 咖啡　　　C. 可可　　　D. 可乐　　　E. 红酒

33. 下列名白酒中，属于酱香型的有 _____ 。

A. 洋河大曲　　　B. 茅台酒　　　C. 郎酒　　　D. 武陵酒　　　E. 宝丰酒

34. 获得 1915 年巴拿马万国博览会金奖的中国名白酒有 _____ 。

A. 贵州茅台　　　B. 泸州老窖　　　C. 四川五粮液　　　D. 陕西西凤酒　　　E. 山西汾酒

35. 1952 年至 1984 年，在四届全国评酒会上评为国家名酒的黄酒有 _____ 。

A. 绍兴加饭酒　　　B. 龙岩沉缸酒　　　C. 山西竹叶青　　　D. 湖北园林青　　　E. 绍兴花雕酒

36. 绍兴酒品种甚多，风格各异，主要有 _____ 。

A. 加饭酒　　　B. 元红酒　　　C. 善酿酒　　　D. 花雕酒　　　E. 沉缸酒

37. 山东烟台张裕葡萄酒厂生产的 _____ ，在 1915 年巴拿马国际博览会上一举拿到四块金质奖章。

A. 红葡萄酒　　　B. 味美思　　　C. 雷司令　　　D. 金奖白兰地　　　E. 干白葡萄酒

38. 根据是否杀菌，啤酒可分为 _____ 。

A. 鲜啤酒　　　B. 熟啤酒　　　C. 黄啤酒　　　D. 黑啤酒　　　E. 扎啤酒

39. 中国的酒按酿造方法分为 _____ 。

A. 发酵酒　　　B. 大曲酒　　　C. 蒸馏酒　　　D. 配制酒　　　E. 高度酒

40. 1952—1984 年，在四届全国评酒会上评为国家名酒的有 _____ 。

A. 龙岩沉缸酒　　　B. 青岛啤酒　　　C. 山西竹叶青　　　D. 烟台味美思　　　E. 绍兴元红酒

第9章　中国的风物特产

第一节　中国陶瓷器
第二节　中国三大名锦与四大刺绣

一、单项选择题

1. 陶器是经 _____ 的炉温焙烧而成的无釉或上釉的日用品和陈设品。

A.600℃—700℃　　　　　　　B.900℃—1000℃

C.700℃—800℃　　　　　　　D.1100℃—1200℃

2. 中国陶瓷制造历史悠久，早在 _____ 就烧出原始瓷器， _____ 时烧制出了真正的瓷器。

A. 新石器时代　商代　　　　　B. 商代　东汉

C. 南北朝　隋唐　　　　　　　D. 宋元　明清

3. 山东淄博美术陶瓷中的 _____ 被称为"中国之奇"、陶瓷之谜,在日本称"天目釉",是茶道中的精品。

A. 栗黄釉　　　B. 淡绿釉　　　C. 雨点釉　　　D. 茶叶末釉

4. 有"白如玉、薄如纸、明如镜、声如磬"美誉的中国名瓷是 _____ 。

A. 德化白瓷　　　　　　　　　B. 醴陵釉下彩瓷

C. 龙泉青瓷　　　　　　　　　D. 景德镇名瓷

5. 既是我国当代著名陶器产地，也是我国当代瓷器主要产地的是 _____ 。

A. 江苏宜兴　　　B. 浙江丽水　　　C. 河北唐山　　　D. 甘肃天水

6. 制瓷工艺被列入《人类非物质文化遗产代表作名录》的是 _____ 。

A. 德化白瓷　　　　　　　　　B. 龙泉青瓷

C. 醴陵釉下彩瓷　　　　　　　D. 景德镇名瓷

7. 丝绸起源于中国，在 _____ 后由"丝绸之路"远销中亚、西亚、地中海各地。

A.汉代 　　　　B.两晋 　　　　C.隋唐 　　　　D.宋元

8.云锦，产于 _____ ，因锦纹美丽如云彩，故名。

A.南京 　　　　B.成都 　　　　C.苏州 　　　　D.长沙

9.中国当代三大名锦中，被列入《人类非物质文化遗产代表作名录》的是 _____ 。

A.云锦 　　　　B.宋锦 　　　　C.蜀锦 　　　　D.壮锦

10.产于江苏苏州一带的丝织工艺品，与苏绣中的双面绣有异曲同工之妙的是 _____ 。

A.织锦 　　　　B.缂丝 　　　　C.刺绣 　　　　D.名茶

11.《猫》《狮》《熊猫》《百鸟朝凤》分别是 _____ 的代表作。

A.苏绣、湘绣、蜀绣、粤绣 　　　　B.湘绣、粤绣、苏绣、蜀绣

C.蜀绣、湘绣、粤绣、苏绣 　　　　D.苏绣、粤绣、湘绣、蜀绣

12. _____ ，别名重锦，在图案花纹上继承了古代规矩锦的传统，主要用于装裱书画和礼品装饰。

A.云锦 　　　　B.蜀锦 　　　　C.宋锦 　　　　D.缂丝

13. _____ 是粤绣中具有特色的工种之一，它使绣上的景物形象富有立体感。

A.双面绣 　　　　　　　　　B.通经断纬

C.使用大量金线装饰 　　　　D.金银线垫绣

14.龙泉青瓷产品有两种，其中白胎和朱砂胎青瓷产于 _____ 。

A.弟窑 　　　　B.哥窑 　　　　C.钧窑 　　　　D.景窑

15.湘绣的传统题材以 _____ 最为多见。

A.狮 　　　　B.虎 　　　　C.松鼠 　　　　D.猫

二、多项选择题

1.中国著名的三大特产是 _____ 。

A.陶瓷器 　　　　B.中药 　　　　C.丝绸 　　　　D.茶叶 　　　　E.名酒

2.下列关于宜兴紫砂器的选项，错误的有 _____ 。

A.创始于宋代，具有"天下神品"之称

B.色彩一般呈黄、绿、褐，具有浓郁的民族风格

C.紫砂陶茶具耐热性能好，传热较快

D.用质地细腻、含铁量高的特殊陶土制成的无釉细陶器

E. 宜兴是我国的"瓷都"

3. 下列不属于景德镇四大传统名瓷的选项有 _____。

A. 雨点釉瓷　　　B. 茶叶末釉瓷　C. 釉下彩瓷　　D. 唐三彩瓷　　E. 颜色釉瓷

4. 下列关于我国著名瓷器的正确描述有 _____。

A. 景德镇早在汉代就生产陶器，魏晋南北朝时发展到生产瓷器，唐代出现了有"假玉器"之称的白瓷，宋景德年间，影青刻花瓷诞生

B. 醴陵釉下彩瓷釉面犹如罩上一层透明的玻璃罩，无铅毒、耐酸碱、耐摩擦，洁白如玉，晶莹润泽

C. 福建德化是中国著名的白瓷产地，明嘉靖、万历年间的何朝宗特别擅长雕塑观音，有"何氏观音"之美誉

D. 浙江龙泉青瓷由于釉色多呈青色，故名

E. 宜兴紫砂器是用质地细腻、含铁量高的特殊陶土制成的无釉细瓷器

5. 并称为中国三大瓷都的是 _____。

A. 浙江龙泉　　　B. 江西景德镇　C. 湖南醴陵　　D. 福建德化　　E. 江苏宜兴

6. 山东淄博市现以生产传统的名贵色釉 _____ 等的美术陶瓷著称。

A. 高温颜色釉　　B. 釉下彩瓷　　C. 雨点釉　　　D. 茶叶末釉　　E. 粉彩瓷

7. 以下选项中，陶瓷器与产地搭配正确的有 _____。

A. 宜兴紫砂陶—江苏　　　B. 景德镇名瓷—江西　　C. 龙泉青瓷—福建

D. 德化白瓷—湖南　　　　E. 釉下彩瓷—浙江

8. 粤绣题材广泛，其中以 _____ 等最具特色的题材，重复体现了当地人民的审美情趣。

A. 龙　　　　　　B. 凤　　　　　D. 博古　　　D. 狮虎　　　　E. 万寿

9. 我国四大名绣是 _____。

A. 苏绣　　　　　B. 湘绣　　　　C. 粤绣　　　　D. 蜀绣　　　　E. 顾绣

10. 下列丝织刺绣品中，产于江苏苏州一带的有 _____。

A. 顾绣　　　　　B. 宋锦　　　　C. 缂丝　　　　D. 苏绣　　　　E. 云锦

第三节 漆器、金属工艺品和玉石木竹雕刻

一、单项选择题

1. 中国漆器制作始于 _____ 以前。

A. 四五千年　　　B. 七八千年　　　C. 六七千年　　　D. 三四千年

2. 明朝的著名漆工 _____ ，将绝技传至吴越，开其地漆作之先声，并著成 _____ ，对漆器制作工艺的阐述极为精辟。

A. 黄大成　《髹漆录》　　　　　　B. 朱翼中　《髹漆录》

C. 黄大成　《齐民要术》　　　　　D. 朱翼中　《齐民要术》

3. 以雕嵌填彩技术制作精美漆器的是 _____ 。

A. 福建福州　　　B. 江苏扬州　　　C. 四川成都　　　D. 山西平遥

4. 福建脱胎漆器已有 _____ 多年的历史，被誉为"真正的中国民族艺术"。

A. 200　　　　　B. 150　　　　　C. 300　　　　　D. 180

5. 扬州漆器历史悠久，其产品以 _____ 最具特色。

A. 推光　　　　　B. 雕填　　　　　C. 镶嵌螺钿　　　D. 镶嵌玉石

6. 早在战国时代就已生产，在明朝达到全盛，成为全国漆器制作中心的是 _____ 。

A. 北京　　　　　B. 福州　　　　　C. 扬州　　　　　D. 成都

7. 花丝镶嵌工艺于 _____ 已渐具雏形，至 _____ 已有相当的规模。

A. 汉　两晋　　　B. 秦　宋元　　　C. 周　南北朝　　D. 唐　明清

8. 新疆和田玉中的最佳品是 _____ 。

A. 羊脂玉　　　　B. 昆玉　　　　　C. 墨玉　　　　　D. 岫玉

9. 北京团城的元朝大玉瓮《渎山大玉海》和故宫的清朝《大禹治水图》都是用整块 _____ 雕琢而成的。

A. 硬玉　　　　　B. 独山玉　　　　C. 和田玉　　　　D. 岫玉

10. 有"水晶之乡""水晶王国"之称的是 _____ 。

A.东海县　　　　B.海南省　　　C.连云港　　　D.澎湖

11.珊瑚产量占世界产量的 _____ ，有"珊瑚王国"之誉的是 _____ 。

A.80%　海南　　　　　　　B.70%　台湾

C.80%　台湾　　　　　　　D.70%　海南

12.珊瑚产量占台湾省的 _____ ，有"珊瑚之乡"美称的是 _____ 。

A.70%　澎湖　　　　　　　B.80%　澎湖

C.70%　高雄　　　　　　　D.80%　高雄

13.台湾珊瑚，以 _____ 品种为最优。

A.红色　　　　　B.桃色　　　　C.白色　　　　D.蓝色

14.有"金银有价玉无价"之称的玉雕是 _____ 。

A.北京玉雕　　　B.江苏玉雕　　C.上海玉雕　　D.甘肃玉雕

15.扬州玉雕匠人在元代又创 _____ ，将三雕技术结合为一体。

A.玛瑙雕　　　　B.山子雕　　　C.象牙雕　　　D.猫眼雕

16.最珍贵的玛瑙石称水胆玛瑙，古时称 _____ 。

A.冻石　　　　　B.空青石　　　C.田黄石　　　D.鸡血石

17.我国第一件水胆玛瑙作品《水帘洞》产于 _____ 。

A.哈尔滨　　　　B.牡丹江　　　C.锦州　　　　D.齐齐哈尔

18.福建寿山石中最名贵的是 _____ 。

A.空青石　　　　B.田黄石　　　C.叶蜡石　　　D.冻石

19.寿山石雕源于 _____ ，盛行于 _____ 两代。

A.南朝　明清　　　　　　　B.东晋　宋元

C.汉朝　隋唐　　　　　　　D.宋朝　明清

20.青田石以 _____ 最为名贵。

A.图章石　　　　B.冻石　　　　C.田黄石　　　D.鸡血石

21.青田石雕创始于 _____ ，雕刻技法以 _____ 见长。

A.南宋　镂雕　　B.五代　圆雕　C.北宋　浮雕　D.辽金　浅刻

22.有"木雕之乡"美誉的是 _____ 。

A.乐清　　　　　B.永康　　　　C.东阳　　　　D.昌化

23. 浙江东阳木雕以 _____ 见长，平面镂空和多层镂空独具特色。

A. 浮雕　　　　B. 镂雕　　　　C. 薄雕　　　　D. 圆雕

24. 清末嘉定、金陵两个中心逐渐衰落，受其影响下，_____ 逐渐兴起，取而代之。

A. 黄岩　　　　B. 杭州　　　　C. 苏州　　　　D. 上海

25. 浙江台州市的黄岩 _____ 竹刻，为清同治年间木雕艺人所创造，是浙江著名的传统工艺品之一。

A. 留青　　　　B. 翻黄　　　　C. 根雕　　　　D. 青皮雕

26. 青铜由于经过长期腐蚀表面所生成的铜锈呈 _____ ，而得名。

A. 青绿色　　　　B. 金黄色　　　　C. 青红色　　　　D. 青黄色

27. 中国青铜时代从原始社会末期开始，到 _____ 末年结束，经历了 _____ 多年时间。

A. 夏朝　1000　　B. 西周　1500　C. 战国　2000　D. 春秋　2500

28. 商代到春秋的青铜器铭文一般是 _____ 成的，战国时代的铭文大都是 _____ 成的。

A. 刻　铸　　　　B. 铸　刻　　　　C. 铸　写　　　　D. 写　刻

29. 现存最长的青铜器铭文见于西周晚期的 _____ ，计 _____ 行，_____ 字。

A. 司母戊大方鼎　32　499　　　　B. 毛公鼎　52　699

C. 毛公鼎　32　499　　　　　　　D. 司母戊大方鼎　52　699

30. 中国锡器始于 _____ 年间。

A. 明洪武　　　　B. 清顺治　　　　C. 清康熙　　　　D. 明永乐

31. 从古至今被公认为茶叶长期保鲜的最佳器皿是 _____ 。

A. 锡罐　　　　B. 铁罐　　　　C. 银罐　　　　D. 木罐

32. 被称作"绿色环保金属"的是 _____ 。

A. 金　　　　B. 锡　　　　C. 银　　　　D. 铜

33. 锡制工艺品是云南 _____ 市生产的传统工艺品。

A. 昆明　　　　B. 大理　　　　C. 丽江　　　　D. 个旧

34. 个旧锡制品中，_____ 于 1984 年获得中国工艺美术品百花奖优秀创作设计二等奖。

A. 铜花锡盘　　　　B. 银鸟盘　　　　C. 锡制酒具　　　D. 锡罐

35. 湖北仙桃淡水贝雕以 _____ 的制作最具特色。

A. 贝雕人物　　　　B. 贝雕船　　　　C. 贝雕山水　　　D. 贝雕花鸟

二、多项选择题

1. 中国工艺美术三长是 _____ 。

A. 贵州大方皮胎漆器　　　B. 北京雕漆　　　　　　C. 江西景德镇瓷器

D. 湖南长沙湘绣　　　　　E. 杨柳青木版年画

2. 以下属于北京的方物特产有 _____ 。

A. 景泰蓝　　　　B. 雕漆　　　　C. 玉雕　　　　D. 石雕　　　　E. 竹刻

3. 下列选项中，漆器工艺和产地搭配正确的有 _____ 。

A. 推光—贵州大方　　　　B. 雕嵌填彩—四川成都

C. 皮胎—山西平遥　　　　D. 雕填—甘肃天水　　　E. 脱胎漆器—福建

4. 金银花丝镶嵌工艺品主要产于 _____ 。

A. 河北大厂　　　B. 北京　　　C. 四川成都　　　D. 河北香河　　　E. 河北廊坊

5. 中国主要玉石产地有 _____ 。

A. 新疆和田　　　B. 河南独山　　　C. 辽宁岫岩　　　D. 江苏东海　　　E. 海南省

6. 我国主要的水晶产地有 _____ 。

A. 东海县　　　B. 海南省　　　C. 台湾地区　　　D. 江苏省　　　E. 广东省

7. 我国著名的珊瑚产地有 _____ 。

A. 台湾　　　B. 江苏　　　C. 海南　　　D. 广东　　　E. 福建

8. 扬州玉雕珍品有 _____ 。

A. 渎山大玉海　　　B. 水帘洞　　　C. 会昌九老图　　D. 大禹治水图　　E. 鸟兽图

9. 下列木雕工艺与产地搭配正确的有 _____ 。

A. 龙眼木雕—福建　　　B. 红木雕—江苏苏州　　　C. 金漆木雕—广东潮州

D. 木雕船—山东曲阜　　　E. 楷木雕—湖北

10. 以下被誉为"浙江三雕"的有 _____ 。

A. 东阳木雕　　　　　　B. 乐清黄杨木雕　　　　C. 昌化石雕

D. 青田石雕　　　　　　E. 寿山石雕

11. 以下属于浙江省的木雕工艺品有 _____ 。

A. 东阳木雕　　　B. 龙眼木雕　　　C. 黄杨木雕　　　D. 金漆木雕　　　E. 楷木雕

12. 竹刻品种繁多，有 _____ 等。

A. 漆雕　　　B. 留青　　　C. 翻黄　　　D. 根雕　　　E. 印纽

13. 竹刻的主要产地有 _____ 。

A. 上海市　　　B. 浙江省　　　C. 江苏省　　　D. 湖北省　　　E. 湖南省

14. 明嘉靖至清乾隆年间，竹刻艺术在江南一带达到鼎盛，形成 _____ 两个中心，各为流派。

A. 上海　　　B. 嘉定　　　C. 台州　　　D. 金陵　　　E. 黄岩

15. 嘉定派竹刻名家，被誉为"嘉定三朱"的是 _____ 。

A. 朱鹤　　　B. 朱缨　　　C. 朱大松　　　D. 朱稚征　　　E. 朱翼中

16. 制造青铜器的浇铸方法包括 _____ 。

A. 浑铸法　　　B. 分铸法　　　C. 叠铸法　　　D. 失蜡法　　　E. 塑模法

17. 古代青铜器的装饰手段除雕铸纹饰外，还有 _____ 。

A. 烘烤法　　　B. 线刻工艺　　　C. 镶嵌技术　　　D. 错金银　　　E. 镏金法

18. 古代青铜器上所铸刻的文字一般称为 _____ 。

A. 青铜器铭文　　　B. 金文　　　C. 钟鼎文　　　D. 篆文　　　E. 甲骨文

19. 中国锡器主要产地有 _____ 等地。

A. 云南　　　B. 广东　　　C. 山东　　　D. 河北　　　E. 福建

20. 贝雕的主要产地有 _____ 。

A. 海南三亚　　　B. 山东青岛　　　C. 辽宁大连　　　D. 广西北海　　　E. 河北北戴河

第四节　文房四宝、工艺画、年画、剪纸和风筝

一、单项选择题

1. 文房四宝中被赞为"毛硕之冠"的是 _____ 。

A. 湖笔　　　B. 徽墨　　　C. 宣纸　　　D. 端砚

2. 文房四宝中，素有"落纸如漆，万载存真"之誉的是 _____ 。

A. 湖笔　　　　　B. 徽墨　　　　　C. 宣纸　　　　　D. 端砚

3. 湖笔、徽墨、端砚、宣纸被称为文房四宝之首，其产地依次为 _____ 。

A. 湖北、安徽、山西、江苏　　　　　B. 湖南、浙江、山东、广东

C. 浙江、安徽、江苏、湖北　　　　　D. 浙江、安徽、广东、安徽

4. 中国四大名砚之首是 _____ 。

A. 端砚　　　　　B. 歙砚　　　　　C. 洮砚　　　　　D. 澄泥砚

5. 四大名砚中，被称为"艺林瑰宝"的是 _____ 。

A. 端砚　　　　　B. 歙砚　　　　　C. 洮砚　　　　　D. 澄泥砚

6. 山西 _____ 的澄泥砚最著名。

A. 晋城　　　　　B. 绛县　　　　　C. 新绛　　　　　D. 太原

7. 中国著名的年画产地很多，被誉为"家家会科班，人人善丹青"的是 _____ 。

A. 天津杨柳青　　　　　B. 江苏苏州桃花坞

C. 山东潍坊杨家埠　　　　　D. 广东佛山

8. 风筝，古称"纸鸢"，江南称"鹞"，相传 _____ 是中国风筝的发源地。

A. 北京　　　　　B. 山东　　　　　C. 天津　　　　　D. 江苏

9. 中国的 _____ 技艺已被列入《人类非物质文化遗产代表作名录》。

A. 木版水印　　　　　B. 内画　　　　　C. 雕版印刷　　　　　D. 风筝制作

10. 除山东潍坊外， _____ 的风筝哈和 _____ 的风筝魏也很著名。

A. 洛阳　福州　　　B. 开封　佛山　　　C. 淄博　衡水　　　D. 北京　天津

11. 四川绵竹年画以 _____ 见长，具有浓厚的民族特色和鲜明的地方特色。

A. 构图　　　　　B. 线条　　　　　C. 彩绘　　　　　D. 造型

12. 在 _____ 时期，已经出现了以剪纸为职业的行业艺人。

A. 南宋　　　　　B. 北朝　　　　　C. 唐代　　　　　D. 明清

13. _____ 有"活化石"之称，它较完整地传承了中华民族阴阳哲学思想和生殖繁衍崇拜的观念。

A. 山西剪纸　　　　　B. 陕西剪纸　　　　　C. 河北剪纸　　　　　D. 浙江剪纸

14. 扬州剪纸题材广泛，尤以 _____ 见长。

A. 人物花卉　　　　B. 鸟兽虫鱼　　　　C. 奇山异景　　　　D. 四时花卉

15. 浙江剪纸,各地风格不同,用途各异。_____ 一带送礼时放在礼物上的"圈盆花"最有特色。

A. 金华　　　　　　B. 乐清　　　　　　C. 平阳　　　　　　D. 杭州

二、多项选择题

1. 以下属于文房四宝之首的选项有 _____ 。

A. 湖笔　　　　　B. 徽墨　　　　　C. 澄泥砚　　　　D. 宣纸　　　　E. 端砚

2. 湖笔具有 _____ 的特点，被赞为"毛硕之冠"。

A. 尖　　　　　　B. 齐　　　　　　C. 圆　　　　　　D. 健　　　　　E. 紫

3. 徽墨创始人是河北易州制墨名家 _____ 。

A. 奚超　　　　　B. 李煜　　　　　C. 胡开文　　　　D. 奚廷圭　　　　E. 朱小松

4. 我国四大名砚及其产地搭配正确的选项有 _____ 。

A. 端砚—广东　　　　　　B. 歙砚—安徽　　　　　　C. 洮砚—山西

D. 澄泥砚—甘肃　　　　　E. 台砚—河北

5. 内画壶的主要产地有 _____ 。

A. 上海市　　　　　　B. 北京市　　　　　　C. 山东淄博市博山区

D. 河北衡水市　　　　E. 天津

6. 木版水印画为我国独有的绘画与木刻、印刷技艺相结合的工艺美术品,最著名的有 _____ 。

A. 四川德阳绵竹市　　　　B. 北京荣宝斋　　　　　C. 上海朵云轩

D. 河南开封朱仙镇　　　　E. 山东淄博市

7. 下列工艺画及其产地搭配错误的有 _____ 。

A. 烙花画—河南洛阳　　　　B. 软木画—辽宁沈阳　　　C. 羽毛画—辽宁大连

D. 贝雕画—福建福州　　　　E. 木版水印画—北京

8. 下列文房四宝中,产于安徽的有 _____ 。

A. 徽墨　　　　　B. 歙砚　　　　　C. 宣纸　　　　　D. 端砚　　　　E. 湖笔

9. 中国四大名砚中,属于石砚的有 _____ 。

A. 端砚　　　　　B. 歙砚　　　　　C. 澄泥砚　　　　D. 洮砚　　　　E. 台砚

10. 湖笔分 _____ 等四大类。

A. 羊毫　　　　B. 狼毫　　　　C. 发毫　　　　D. 紫毫　　　　E. 兼毫

11. 剪纸从具体用途看，大致可分为 _____ 四类。

A. 单色剪纸　　B. 彩色剪纸　　C. 立体剪纸　　D. 平面剪纸　　E. 套色剪纸

12. 中国工艺美术大师、扬州剪纸艺人张永寿的代表作有 _____ 。

A.《百花齐放》　　　　B.《百凤朝阳图》　　　　C.《百菊图》

D.《名胜古迹图》　　　E.《百蝶恋花图》

13. 剪纸从具体用途看，大致可分为四类，其中张贴用的剪纸有 _____ 。

A. 斗香花　　　B. 窗花　　　　C. 背带花　　　D. 门笺　　　　E. 重阳旗

14. 中国风筝的技艺概括起来只有四个字，即 _____ 。

A. 扎　　　　　B. 糊　　　　　C. 硬　　　　　D. 绘　　　　　E. 放

15. 风筝的种类主要分为 _____ 。

A. 硬翅　　　　B. 人物　　　　C. 花彩　　　　D. 动物　　　　E. 软翅

第10章 中国旅游诗词、楹联、游记鉴赏

第一节 中国汉字的起源、演变及其规律

一、单项选择题

1. 汉字是世界上最古老的文字之一，属于 _____ 文字系统。

A. 表音 　　　B. 表意 　　　C. 表形 　　　D. 表记

2. 由表音的符号和指示字义的符号一起组成的字，就是文字学上所说的 _____ 。

A. 记号字 　　　B. 假借字 　　　C. 形声字 　　　D. 象形字

3. 形声字出现后，原始文字还经过了多方面的改进，才最终发展成为能够完整地记录汉语的文字体系，这段时间，很可能在 _____ 之际。

A. 夏商 　　　B. 商周 　　　C. 春秋 　　　D. 战国

4. 汉字是形、音、义统一于一体的文字，下列说法正确的是 _____ 。

A. 字义是字形和字音的依托　　　B. 字音是字义和字形的依托

C. 字音、字形、字义互为依托　　　D. 字形是字义和字音的依托

5. _____ 时代，汉字的结构还处于变化活跃的阶段，是汉字发展早期特征的体现。

A. 战国文字 　　　B. 金文 　　　C. 甲骨文 　　　D. 隶书

6. _____ 又称钟鼎文，是古代铸刻在青铜器物上的文字。

A. 金文 　　　B. 甲骨文 　　　C. 隶书 　　　D. 楷书

7. 秦始皇统一六国后，推行 _____ 为标准字体。

A. 隶书 　　　B. 小篆 　　　C. 金文 　　　D. 楷书

8. _____ 是古文字的终结。

A. 隶书 　　　B. 楷书 　　　C. 小篆 　　　D. 金文

9. 小篆的主要特点是固定了 _____ 的位置和写法，基本上做到了定型化。

A. 偏旁部首　　　　B. 汉字构型　　　C. 汉字笔画　　　D. 书写形式

10. 湖北云梦县睡虎地秦墓出土了大量秦简，字体是 _____ 的形式。

A. 隶书　　　　　　B. 楷书　　　　　C. 小篆　　　　　D. 金文

11. 楷书产生于 _____ ，盛行于 _____ ，一直沿用至今。

A. 秦末　五代十国　　　　　　　　B. 汉末　魏晋南北朝

C. 隋末　宋元明清　　　　　　　　D. 唐末　明清

12. 汉字点画结构的最典型字体是 _____ 。

A. 隶书　　　　　　B. 小篆　　　　　C. 行书　　　　　D. 楷书

13. 明代万历皇帝的"万历"的繁体字应写作 _____ 。

A. 滿豐　　　　　　B. 滿澧　　　　　C. 萬曆　　　　　D. 萬歷

14. 秦朝在推行小篆的同时，也大量使用了 _____ 。

A. 战国文字　　　　B. 隶书　　　　　C. 金文　　　　　D. 楷书

15. 下列书法真迹中， _____ 是楷书。

A. 峄山刻石　　　　　　　　　　　B. 九成宫醴泉铭

C. 睡虎地秦简　　　　　　　　　　D. 郭店楚简

二、多项选择题

1. 汉字的形体是指汉字的 _____ 三个方面的综合体现。

A. 构型　　　　B. 笔道形态　　　C. 书写体势　　　D. 形体演变　　　E. 汉字字义

2. 下列关于汉字形体演变过程的正确选项有 _____ 。

A. 商代甲骨文　　B. 夏代金文　　　C. 战国文字　　　D. 秦代小篆　　　E. 汉代楷书

3. 鼎盛时期的西周金文，以 _____ 等青铜器铭文为代表。

A. 司母戊大方鼎　　B. 晋姜鼎　　　C. 大盂鼎　　　　D. 毛公鼎　　　E. 史墙盘

4. 战国时期文字的种类非常丰富，有 _____ 。

A. 泥板文字　　　　B. 简册文字　　　C. 盟书　　　　D. 石刻文字　　　E. 羊皮书

5. 秦始皇实行"书同文"政策，具体是由 _____ ，在秦国原有文字的基础上省改整饬，形成小篆。

A. 李斯作《仓颉篇》　　　　B. 赵高作《爰历篇》　　　C. 李斯作《泰山刻石》

D. 胡毋敬作《博学篇》　　　E. 秦始皇作《琅琊台》

6. 隶书也称 _____ ，是以点、横、掠、波磔等点画结构取代篆书的线条结构的一种字体。

A. 钟鼎文　　　　B. 正书　　　　C. 真书　　　　D. 佐书　　　　E. 八分

7. 楷书的特点有 _____ 。

A. 彻底摆脱了篆书的影响，构型单一、标准

B. 文字书写随意性过大，无规律可循

C. 点画形态比隶书更丰富

D. 字形结构趋于稳定

E. 象形、表意字较多，形声字较少

8. 汉字的简化包含 _____ 两个内容。

A. 简化偏旁部首　　　　B. 简化字形　　　　C. 削减常用字的字数

D. 简化字义　　　　E. 简化字音

9. 金文始于 _____ ，盛于 _____ ，一直延续至 _____ 。

A. 原始社会末　　B. 夏商　　　　C. 两周　　　　D. 春秋战国　　E. 秦汉

10. 汉字的发展变化同时表现在 _____ 三个方面。

A. 字体　　　　B. 字符　　　　C. 字形　　　　D. 字音　　　　E. 字义

第二节　中国对联与古诗词格律常识
第四节　中国旅游名联赏析

一、单项选择题

1. 对联的出现时期是 _____ 。

A. 唐代　　　　B. 五代　　　　C. 宋元　　　　D. 明清

2. 如果追本溯源，对联源于古人镇邪驱灾的 _____ 。

A. 挂桃符　　　　B. 画像　　　　C. 桃树　　　　D. 扮桃人

3. 据《宋史》记载，我国对联发展史上的第一幅对联是 _____ 所撰。

A. 苏轼   B. 王安石   C. 朱熹   D. 孟昶

4. 据《宋史》记载，我国对联发展史上的第一幅对联的内容是 ＿＿＿＿＿ 。

A. 云雾扫开天地憾；波涛洗尽古今愁

B. 安富尊荣公府第；文章道德圣人家

C. 新年纳余庆；嘉节号长春

D. 柳暗花明春正半；珠联璧合影成双

5. 对联史上出现最早、应用最广泛的一种类型是 ＿＿＿＿＿ 。

A. 门联   B. 喜联   C. 寿联   D. 春联

6. 最早对对联进行系统分类的，是清代学者 ＿＿＿＿＿ 。

A. 郑燮   B. 何绍基   C. 梁章钜   D. 彭玉麟

7. 对联的最大特点是 ＿＿＿＿＿ 。

A. 写意   B. 对仗   C. 互补   D. 相等

8. 南京明远楼联：矩令若霜严，看多士俯伏低回，群嚣尽息；襟期同月朗，喜此地江山人物，一览无遗。上下联中的领词分别是 ＿＿＿＿＿ 。

A. 多、此   B. 群、一   C. 严、朗   D. 看、喜

9. 苏州寒山寺联：尘劫历一千余年，重复旧观，幸有名贤来做主；诗人题二十八字，长留胜迹，可知佳句不需多。此联中的"诗人题二十八字"暗含 ＿＿＿＿＿ 。

A. 张继《枫桥夜泊》   B. 杜牧《寄扬州韩绰判官》

C. 王勃《滕王阁序》   D. 崔颢《黄鹤楼》

10. "松声、竹声、钟磬声，声声自在；山色、水色、烟霞色，色色皆空"是 ＿＿＿＿＿ 的名联。

A. 杭州灵隐寺   B. 南京燕子矶

C. 扬州二十四桥   D. 泰山孔子岩

11. 按照上下联之间的内容关系，"青山有幸埋忠骨，白铁无辜铸佞臣"是 ＿＿＿＿＿ 。

A. 正对   B. 反对   C. 串对   D. 并对

12. "无边晴雪天山出，不断风云地极来"是描写 ＿＿＿＿＿ 的对联。

A. 玉门关   B. 六盘山   C. 居庸关   D. 山海关

13. 故宫太和殿（中殿）对联的作者是 ＿＿＿＿＿ 。

A. 康熙　　　　　B. 雍正　　　　　C. 乾隆　　　　　D. 顺治

14. 承德避暑山庄万壑松风联、山东曲阜孔府大门联的作者均是 _____ 。

A. 梁章钜　　　　B. 江湘岚　　　　C. 唐英　　　　D. 纪昀

15. 内蒙古呼和浩特昭君墓联的内容是 _____ 。

A. 青冢有情犹识路；平沙无处可招魂

B. 万壑烟岚春雨后；一峰苍翠夕阳中

C. 爽借清风明借月；动观流水静观山

D. 峰高华岳三千丈；险据秦关白二重

二、多项选择题

1. 下列对联中，属于门联的有 _____ 。

A. 三十年戎幕同胞，六载别离成永诀；五千里云天在望，一腔热血为招魂

B. 与国咸休，安富尊荣公府第；同天并老，文章道德圣人家

C. 未晚先投宿；鸡鸣早看天

D. 君子之交淡如；醉翁之意不在

E. 春随香草千年艳；人与梅花一样清

2. 东林寺联：桥跨虎溪，三教三源流，三人三笑语；莲开僧舍，一花一世界，一叶一如来。此联中三位古人是 _____ 。

A. 慧远　　　　　B. 陆修静　　　　C. 陶渊明　　　　D. 唐英　　　　　E. 纪昀

3. 一副完整的对联有上下联和横额。横额与对联的关系有 _____ 。

A. 对联写意，横额题名　　　　　　B. 对联画龙，横额点睛

C. 词性相同，结构相应　　　　　　D. 联额互补，相辅相成

E. 内容相关，平仄相谐

4. 山海关孟姜女庙联中的"朝""长"两字的读法有 _____ 。

A. zhàng　　　　B. zhāo　　　　C. cháo　　　　D. cháng　　　　E. zhǎng

5. 下列名胜古迹对联中，_____ 的作者均为清代撰联高手彭玉麟。

A. 仰之弥高，钻之弥坚，可以语上也；

　　出乎其类，拔乎其萃，宜若登天然

B. 异代不同时，问如此江山，龙蟠虎卧几诗客

先生亦流寓，有长留天地，月白风清一草堂

C. 凭栏看云影波光，最好是红蓼花疏，白蘋秋老；

把酒对琼楼玉宇，莫孤负天心月到，水面风来

D. 几千劫，危楼尚存，问谁摘斗摩霄，目空古今；

五百载，故侯安在，只我凭栏看剑，泪洒英雄

E. 能攻心则反侧自消，从古知兵非好战；

不审势即宽严皆误，后来治蜀要深思

第三节　中国旅游诗词名篇赏析
第五节　中国游记名篇赏析

一、单项选择题

1. 可资凭信的最早的诗歌，就是收集在 ＿＿＿＿＿ 里的 300 多首诗。

A.《诗经》　　　　B.《乐府》　　　C.《全唐诗》　　D.《全宋诗》

2.《诗经》里的作品大部分是 ＿＿＿＿＿ ，是我国诗歌最早出现的形式之一。

A. 四言诗　　　　　B. 杂言诗　　　　C. 五言诗　　　　D. 七言诗

3. 我国古代诗歌中，形式最活泼、体裁最多样、句法和韵脚的处理最自由，而且抒情叙事最富有表现力的一种形式是 ＿＿＿＿＿ 。

A. 四言诗　　　　　B. 五言诗　　　　C. 七言诗　　　　D. 杂言诗

4. 现存最早的完全成熟的七言诗，是 ＿＿＿＿＿ 的两首 ＿＿＿＿＿ 。

A. 鲍照　《行路难》　　　　　　B. 曹丕　《燕歌行》

C. 曹丕　《行露》　　　　　　　D. 鲍照　《古诗十九首》

5. 我国第一个大量写七言诗的诗人是 ＿＿＿＿＿ 。

A. 曹丕　　　　　B. 屈原　　　　　D. 谢庄　　　　　D. 鲍照

6. 最长的古体诗是 ＿＿＿＿＿ ，共有 ＿＿＿＿＿ 句。

A.《孔雀东南飞》　357　　　　　B.《古诗十九首》　256

C.《行路难》 123　　　　　　D.《莺啼序》 240

7. 下列不属于近体诗的选项有 _____ 。

A. 绝句　　　　B. 谣谚　　　　C. 律诗　　　　D. 长律

8. 每首八句，在押韵、平仄、对仗等方面有严格规定的近体诗，叫 _____ ，而每首四句的近体诗称为 _____ 。

A. 绝句　律诗　　　　　　　　B. 律诗　长律

C. 律诗　绝句　　　　　　　　D. 长律　绝句

9. 词调中有些特殊用字，一般带"引""近"字的，属于 _____ 。

A. 小令　　　　B. 慢曲子　　　　C. 长调　　　　D. 中调

10. 长调慢词中有少数是分三段，甚至四段的，称"三叠""四叠"。四叠词极少，今仅见 _____ 一调，共 _____ 字，是最长的词调。

A. 李清照　《如梦令》 54　　　　B. 吴文英　《莺啼序》 240

C. 柳永　《摸鱼儿》 150　　　　D. 张孝祥　《念奴娇》 305

11. 北宋第一个致全力于词作的文人是 _____ 。

A. 苏轼　　　　B. 姜夔　　　　C. 陆游　　　　D. 柳永

12. 把词境推向唐五代词的最高峰的是 _____ 。

A. 柳永　　　　B. 冯延巳　　　　C. 李煜　　　　D. 李璟

13. 宋代词人中，存词数量最多、题材风格也最为多样的是 _____ 。

A. 周邦彦　　　　B. 李清照　　　　C. 陆游　　　　D. 辛弃疾

14. 元代以后，词这一体裁趋于衰落，仅在清代有短暂复兴，出现了 _____ 等一批较有成就的词人。

A. 纳兰性德　　　　B. 萨迎阿　　　　C. 蒋捷　　　　D. 周密

15. 南朝齐最有成就的山水诗人，"永明体"的主要代表人物是 _____ 。

A. 谢朓　　　　B. 谢惠连　　　　C. 谢庄　　　　D. 鲍照

16. 唐代最伟大的现实主义诗人，被尊为"诗圣"的是 _____ 。

A. 李白　　　　B. 杜甫　　　　C. 张继　　　　D. 白居易

17. "月落乌啼霜满天，江枫渔火对愁眠。姑苏城外寒山寺，夜半钟声到客船"，这首诗是唐代诗人 _____ 的 _____ 。

A. 白居易 《钱塘湖春行》   B. 温庭筠 《商山早行》

C. 张继 《枫桥夜泊》   D. 刘禹锡 《望洞庭》

18. "乱花渐欲迷人眼" "水光潋滟晴方好" 这两句诗的下句分别是 _____。

A. 浅草才能没马蹄　山色空蒙雨亦奇

B. 万里归船弄长笛　淡妆浓抹总相宜

C. 英雄已死嗟何及　鸟去鸟来山色里

D. 谁家新燕啄春泥　晋代衣冠成古丘

19. 在杜甫七律诗中最负盛名，明代的胡应麟称之为"古今七言律第一"的是 _____。

A. 《望岳》   B. 《次北固山下》

C. 《鲁山山行》   D. 《登高》

20. 北宋词人柳永的《望海潮》中，"三秋桂子，十里荷花"是描写 _____ 景色的名句。

A. 洞庭湖   B. 西湖   C. 钱塘江   D. 汉江

21. 《观沧海》的作者 _____ 长于作诗，诗风豪迈刚劲，开建安风骨之先河。

A. 曹操   B. 曹丕   C. 曹植   D. 曹冲

22. 元好问的《台山杂吟》诗，描写了 _____ 的瑰奇雄伟。

A. 云台山   B. 五台山   C. 长白山   D. 阴山

23. _____ 达到了两宋以观览都市风光，描写城市风物为主要题材的词作的最高成就。

A. 姜夔《扬州慢》   B. 苏轼《赤壁怀古》

C. 陆游《游山西村》   D. 柳永《望海潮》

24. 请补充唐代诗人杜牧的《寄扬州韩绰判官》诗句，"青山隐隐水迢迢，秋尽江南草未凋。_____ ，玉人何处教吹箫。"

A. 姑苏城外寒山寺   B. 二十四桥明月夜

C. 吴宫花草埋幽径   D. 洣水发源天下无

25. 安徽九华山，因 _____ 游览此地，改九子山为九华山，开始名声远播。

A. 杜甫   B. 白居易   C. 苏轼   D. 李白

26. 《居庸关铭》除了极力描写居庸关的重要和险峻外，更蕴含警戒之意，作者是 _____。

A. 郝经　　　　B. 龚自珍　　　C. 乔宇　　　　D. 薛瑄

27. 现代作家李健吾的著名游记是 ＿＿＿＿＿＿ 。

A.《游龙门记》　　B.《雨中登泰山》C.《说天寿山》D.《虎丘记》

28.《岳阳楼记》的作者是 ＿＿＿＿＿＿ 。

A. 徐弘祖　　　　B. 袁枚　　　　C. 范仲淹　　　D. 张岱

29.《晚游六桥待月记》的作者袁宏道撇开一般所共赏的湖光山色，着重描写 ＿＿＿＿＿＿ 六桥一带的春月景色。

A. 西湖孤山　　　B. 西湖湖心亭　C. 西湖白堤　　D. 西湖苏堤

30.《峨眉山佛光记》的作者是 ＿＿＿＿＿＿ 。

A. 范成大　　　　B. 范仲淹　　　C. 龚自珍　　　D. 乔宇

二、多项选择题

1. 中国古代的诗歌可分为 ＿＿＿＿＿＿ 两大类。

A. 古体诗　　　　B. 近体诗　　　C. 乐府诗　　　D. 律诗　　　　E. 绝句

2. 下列不属于古体诗的选项有 ＿＿＿＿＿＿ 。

A. 古风　　　　　B. 诗经　　　　C. 楚辞　　　　D. 乐府诗　　　E. 古谣谚

3. 下列著名词人中，属于五代的大词家是 ＿＿＿＿＿＿ 。

A. 李璟　　　　　B. 冯延巳　　　C. 温庭筠　　　D. 李煜　　　　E. 姜夔

4. 词的发展期是 ＿＿＿＿＿＿ 。

A. 隋　　　　　　B. 元　　　　　C. 晚唐　　　　D. 五代　　　　E. 宋

5. 宋代词人中，豪放派的代表有 ＿＿＿＿＿＿ 。

A. 吴文英　　　　B. 苏轼　　　　C. 辛弃疾　　　D. 李清照　　　E. 柳永

6. 唐代山水田园诗派的代表人物有 ＿＿＿＿＿＿ 。

A. 孟浩然　　　　B. 张旭　　　　C. 王维　　　　D. 李白　　　　E. 杜甫

7. 以下导游常用难字中，读音正确的有 ＿＿＿＿＿＿ 。

A. 摩诃（hē）　　　　　B. 苑囿（yuànyòu）　　　C. 珐琅（fàláng）

D. 阿訇（hòng）　　　　E. 窨（yìn）制

8. 以下导游常用难字中，读音错误的有 ＿＿＿＿＿＿ 。

A. 氤氲（yìnyūn）　　　B. 达斡（hàn）尔族　　　C. 獬豸（xièzhì）

D. 螭（lí）　　　　　　　E. 伽（qié）蓝

9. 描写杭州西湖景色的著名诗句有 _____。

A. 水光潋滟晴方好，山色空蒙雨亦奇

B. 接天莲叶无穷碧，映日荷花别样红

C. 乱花渐欲迷人眼，浅草才能没马蹄

D. 湖光秋月两相和，潭面无风镜未磨

E. 月落乌啼霜满天，江枫渔火对愁眠

10. 南宋雅词的代表人物有 _____。

A. 姜夔　　　B. 张孝祥　　　C. 吴文英　　　D. 蒋捷　　　E. 周邦彦

11. 下列旅游诗词中，属于唐代诗人杜甫的作品有 _____。

A.《望岳》　　　　　　B.《登岳阳楼》　　　　　C.《登快阁》

D.《桃花溪》　　　　　E.《望洞庭》

12. 下列关于唐代诗人李商隐的《瑶池》诗，正确的选项有 _____。

A. 诗人游历瑶池之作

B. 讽刺晚唐帝王迷信求仙的荒唐行为

C. 揭示了神仙也不能免于一死的事实

D. 深入描写了西王母的心理活动

E. 歌颂西王母与周穆王的爱情传说

13. 以下不属于宋代诗人王安石作品的选项有 _____。

A.《登飞来峰》　　　　　B.《游山西村》　　　　　C.《趵突泉》

D.《游少林寺》　　　　　E.《登金陵凤凰台》

14. 以下关于《出嘉峪关感赋》及其作者林则徐的正确选项有 _____。

A. 史学界称林则徐为近代中国"开眼看世界的第一人"

B. 本诗是林则徐虎门销烟后被贬伊犁途径嘉峪关时所写

C. 诗中"卢龙山海"是指天下第一雄关嘉峪关

D. 诗中热情歌颂了博望侯卫青的历史功绩

E. 抒发了个人抗敌御侮、安定国家的政治抱负

15. 唐代诗人白居易的旅游诗歌有 _____。

A.《咏华山》   B.《登衡岳祝融峰》   C.《春题湖上》

D.《夜入瞿唐峡》   E.《长安秋望》

16. 明代著名文学家袁宏道的著名游记有 _____ 。

A.《西湖七月半》   B.《晚游六桥待月记》   C.《游桂林诸山记》

D.《恒山记》   E.《虎丘记》

17. 明代著名地理学家徐霞客的游记有 _____ 。

A.《游黄山记》   B.《游桂林诸山记》   C.《黄果树瀑布记》

D.《岳阳楼记》   E.《西湖七月半》

18. 下列关于范仲淹的《岳阳楼记》的正确选项有 _____ 。

A. 范仲淹，唐代著名政治家、军事家，文学家

B. 本文用简练优美的语言描绘了鄱阳湖的四时景色

C. 湖南岳阳楼与滕王阁、黄鹤楼并称为江南三大名楼

D. 体现出豁达磊落和乐观向上的处世态度

E. 抒发了"先天下之忧而忧，后天下之乐而乐"的政治抱负

19. 南宋"中兴四大诗人"是 _____ 。

A. 范成大   B. 尤袤   C. 杨万里   D. 陆游   E. 王建

20. 下列描写山西著名景观的游记有 _____ 。

A.《说天寿山》   B.《恒山记》   C.《游龙门记》 D.《虎丘记》   E.《居庸关铭》

第11章　主要旅游客源国（地区）概况

第一节　港澳台地区概况

一、单项选择题

1. 台湾人去杭州旅游，你能推荐的礼品是 _____ 。

A. 张小泉剪刀　　　B. 西湖绸伞　　　C. 西湖龙井茶　D. 纸扇

2. _____ ，清政府正式在台湾设省。

A. 1684 年　　　　　B. 1885 年　　　　C. 1894 年　　　　D. 1949 年

3. 台北 101 大楼是一个地标式建筑，高 _____ 米。

A. 101　　　　　　　B. 509　　　　　　C. 580　　　　　　D. 110

4. 安平古堡和赤崁楼原为 _____ 殖民者所建，现为台湾省一级重点文物保护单位。

A. 西班牙　　　　　B. 葡萄牙　　　　C. 英国　　　　　D. 荷兰

5. 台湾当局最高的"立法机关"是 _____ ，权限很大。

A. "国民大会"　B. "总统府"　C. "行政院"　D. "立法院"

6. 为庆祝 1999 年澳门主权移交而设立的广场是 _____ 。

A. 金莲花广场　　B. 金紫荆广场　C. 大三巴广场　D. 维多利亚港广场

7. 香港为全球最有竞争力的经济体系，经济自由度居全球 _____ 。

A. 第四位　　　　　B. 第三位　　　　C. 第二位　　　　D. 首位

8. 台湾的"天池"指的是 _____ 。

A. 阿里山　　　　　B. 日月潭　　　　C. 阳明山　　　　D. 北投温泉

9. 世界第一大露天铜佛像是 _____ 。

A. 香港天坛大佛　　　　　　　B. 无锡灵山大佛

C. 四川乐山大佛　　　　　　　D. 普陀山观音像

10. 1941 年 12 月至 1945 年 8 月，香港一度被 _____ 占领。

A. 英国　　　　　B. 美国　　　　C. 葡萄牙　　　　D. 日本

11. 香港绝大多数家庭恪守 _____ 传统饮食方式。

A. 英式　　　　　　B. 粤式　　　　　　C. 闽式　　　　　　D. 台式

12. 香港的区花是 _____ 。

A. 荷花　　　　　　B. 牡丹　　　　　　C. 梅花　　　　　　D. 紫荆花

13. 在香港，民间第一大神是 _____ 。

A. 黄大仙　　　　　B. 妈祖　　　　　　C. 耶稣　　　　　　D. 观音菩萨

14. 下列说法中，关于香港民俗说法错误的有 _____ 。

A. 香港人热衷博彩活动，如打麻雀、赌马、六合彩等

B. 不能送扇子、雨伞给香港人

C. 宴请时，不能"飞象过河"，不能"美人照镜"

D. 宴请喝汤时不要出声，餐毕碗中不要留食

15.1842 年，英国通过 _____ 割据香港。

A.《北京条约》　　　　　　　　B.《展拓香港界址专条》

C.《天津条约》　　　　　　　　D.《南京条约》

16. 香港的最高点是 _____ 。

A. 太平山　　　　　B. 天坛大佛　　　C. 西望洋山　　　D. 东望洋山

17. _____ 为澳门最大的赌场。

A. 大炮台　　　　　B. 葡京游乐场　　C. 观音堂　　　　D. 东望洋山

18. _____ ，中国恢复对澳门行使主权，并建立澳门特别行政区。

A.1999 年 12 月 20 日　　　　　B.1999 年 12 月 31 日

C.1997 年 12 月 20 日　　　　　D.1997 年 7 月 1 日

19. "购物天堂""东方蒙特卡洛"分别指 _____ 。

A. 澳门、台湾　　B. 澳门、香港　　C. 香港、澳门　　D. 香港、泰国

20. _____ 是中国境内现存最古老、规模最大、保存最完整、最集中的中西特色建筑共存的历史城区。

A. 大三巴牌坊　　　　　　　　B. 澳门历史城区

C. 葡京娱乐场　　　　　　　　D. 妈祖阁

二、多项选择题

1. "新台湾八景"包括 _____ 。

A. 日月潭　　　　B. 阳明山　　　　C. 高雄爱河　　D. 太鲁阁峡谷　E. 安平古堡

2. 台湾的景点很多，以下说法正确的有 _____ 。

A. 日月潭是台湾最大的天然湖，有"天池"之称

B. 高雄爱河是台湾本岛唯一热带区域的"国家公园"

C. 台北 101 大楼，高 101 米，是台北的地标建筑

D. 台北故宫博物院收藏历代文物精品 69.6 余万件

E. 海洋公园是世界最大的海洋公园之一

3. 台湾是我们祖国不可分割的一部分，以下说法表述正确的是 _____ 。

A. 台湾是世界上出产樟脑最多的地方

B. 1662 年戚继光赶走荷兰人，台湾回到祖国的怀抱

C. 1895 年清政府与日本签订《马关条约》，将台湾岛及其附属岛屿、澎湖列岛割让给日本

D. 1949 年 8 月 15 日，日本无条件投降，台湾岛及其附属岛屿和澎湖列岛回归祖国

E. 台湾的少数民族主要是高山族

4. 因粤语谐音问题，香港人送花时不能送 _____ 。

A. 玫瑰　　　　　B. 剑兰　　　　　C. 茉莉花　　　D. 菊花　　　　E. 梅花

5. 世界三大金融中心是 _____ 。

A. 伦敦　　　　　B. 上海　　　　　C. 纽约　　　　D. 澳门　　　　E. 香港

6. 香港由 _____ 三大区域组成，另有 262 个离岛。

A. 香港岛　　　　B. 路环岛　　　　C. 九龙半岛　　D. 凼仔岛　　　E. 新界

7. 以下不适合送给香港人的礼物有 _____ 。

A. 时钟　　　　　B. 镜子　　　　　C. 毯子　　　　D. 甜点　　　　E. 书籍

8. 香港的区旗是紫荆花红旗，采用 _____ 不同颜色，象征"一国两制"。

A. 黄　　　　　　B. 绿　　　　　　C. 红　　　　　D. 白　　　　　E. 金

9. 澳门的区旗是绘有 _____ 图案的绿色旗帜。

A. 五星　　　　　B. 莲花　　　　　C. 紫荆花　　　D. 大桥　　　　E. 海水

10. 以下属于澳门的景点有 _____ 。

A. 天坛大佛　　　B. 大三巴　　　　C. 西望洋山　　D. 太平山　　　E. 阳明山

第二节 亚洲主要客源国概况

一、单项选择题

1. 日常交往中有送礼物的习俗，最不适合送给日本人的礼物是 _____ 。

A. 松鹤延年图　　B. 夕阳风景画　C. 龟背图　　　D. 富士山樱花图

2. 759 年由唐代高僧鉴真和尚创建的 _____ ，为日本佛教律宗总本山。

A. 唐招提寺　　　B. 东大寺　　　C. 玉佛寺　　　D. 卧佛寺

3. 新加坡、日本的象征分别是 _____ 。

A. 圣淘沙岛、桂离宫　　　　B. 鱼尾狮塑像、富士山

C. 鱼尾狮塑像、樱花　　　　D. 帕提亚、济州岛

4. 某旅游团想参观人妖表演，你建议他们去 _____ 旅游。

A. 泰国　　　　　B. 美国　　　　C. 新加坡　　　D. 澳大利亚

5. "椰城"是 _____ 的别称。

A. 碧瑶　　　　　B. 巴厘岛　　　C. 椰子宫　　　D. 雅加达

6. _____ 以佛教为国教，故忌对佛教、佛像、寺庙和和尚有不敬言行。

A. 韩国　　　　　B. 日本　　　　C. 泰国　　　D. 菲律宾

7. 茉莉花是 _____ 的国花，因此他们喜爱带茉莉花图案的商品。

A. 马来西亚　　　B. 印度尼西亚　C. 菲律宾　　　D. 泰国

8. 考虑到韩国人的口味，下列四道菜中，他们爱吃的是 _____ 。

A. 西湖醋鱼　　　B. 羊方藏鱼　　C. 三套鸭　　　D. 麻婆豆腐

9. 韩国、日本的国花分别是 _____ 。

A. 玫瑰、菊花　　　　　　　B. 木槿花、樱花

C. 鸢尾花、扶桑　　　　　　D. 胡姬花、葵花

10. 日本人的见面礼是 _____ 。

A. 握手　　　　　B. 脱帽鞠躬　　C. 双手合十　　D. 拥抱

11. 日本的艺术形式很多，其中反映宫廷及武士生活的历史剧目是 _____ 。

    A. 大和绘　　　　　B. 浮世绘　　　　　C. 歌舞伎　　　　D. 猿乐

12. _____ 的建筑和庭园，堪称日本民族建筑的精华。不少人认为它是"日本之美"的代表。

    A. 桂离宫　　　　　B. 岚山　　　　　C. 唐招提寺　　　D. 江户城遗址

13. 世界上穆斯林人口最多的国家是 _____ 。

    A. 马来西亚　　　B. 新加坡　　　　C. 菲律宾　　　　D. 印度尼西亚

14. _____ 的人口有 12.59 亿，居世界第二位。

    A. 印度　　　　　B. 中国　　　　　C. 日本　　　　　D. 美国

15. 菲律宾的"夏都"是 _____ 。

    A. 塔尔湖　　　　B. 碧瑶　　　　　C. 椰子宫　　　　D. 马荣火山

16. _____ 崇拜蛇，视蛇为善良、智慧、本领的象征。

    A. 菲律宾人　　　B. 新加坡人　　　C. 马来西亚人　　D. 印度尼西亚人

17. 印度教奉 _____ 为神明，进入印度教寺庙时，身上决不可穿戴 _____ 皮制造的衣物。

    A. 牛　　　　　　B. 蛇　　　　　　C. 羊　　　　　　D. 猪

18. _____ 不强调守时，社交活动守时会被认为过分热衷，所以一般要迟到 15—30 分钟。

    A. 马来人　　　　B. 新加坡人　　　C. 韩国人　　　　D. 菲律宾人

19. 电影《贫民窟的百万富翁》的舞蹈场景曾在 _____ 取景，被评为"世界文化遗产"。

    A. 德里印度门

    B. 德里巴哈伊教莲花庙

    C. 孟买的贾特拉帕蒂·西瓦吉火车站

    D. 泰姬陵

20. 马来西亚的首都是 _____ 。

    A. 曼谷　　　　　B. 吉隆坡　　　　C. 大马尼拉市　　D. 雅加达

21. _____ 是伊斯坦布尔最具代表性的大清真寺。

    A. 圣索菲亚大教堂　　　　　　　B. 地下水宫

    C. 蓝色清真寺　　　　　　　　　D. 泰姬陵

22. 泰国的 _____ 有"东方夏威夷""海滩度假天堂"之美誉。

A. 普吉岛　　　　　B. 济州岛　　　　　C. 北海道　　　　　D. 芭提雅

23. 马来西亚典型的纪念品是 _____ 。

A. 地毯　　　　　　B. 沙丽布　　　　　C. 兰花　　　　　　D. 风筝

24. _____ 常在自家门口挂几瓣蒜，用它来逢凶化吉。

A. 新加坡人　　　　B. 土耳其人　　　　C. 印度人　　　　　D. 马来西亚人

25. 在 _____ 全面禁售、禁食口香糖。

A. 日本　　　　　　B. 新加坡　　　　　C. 韩国　　　　　　D. 印度

二、多项选择题

1. 以下文学艺术中，属于日本的有 _____ 。

A. 大和绘　　　　B. 浮世绘　　　　C. 歌舞伎　　　　D. 长甲舞　　　　E. 假面舞

2. 以下世界之最中属于印度尼西亚的是 _____ 。

A. 世界最大的鸟类公园之一——欲廊飞禽公园

B. 世界最大的鳄鱼饲养场——鳄鱼园

C. 世界最大的佛塔——婆罗浮屠佛塔

D. 世界最大的热带植物园——茂物植物园

E. 世界最大的珊瑚礁群——大堡礁

3. 印度尼西亚的巴厘岛风景如画，有许多雅称。这些雅称是 _____ 。

A. 千岛之国　　　　B. 火山之国　　　　C. 舞之岛　　　　D. 诗之岛　　　　E. 千庙之岛

4. 产生于韩国的教派有 _____ 。

A. 天道教　　　　B. 大宗教　　　　C. 天主教　　　　D. 神道教　　　　E. 圆佛教

5. 新加坡的 _____ 多信奉伊斯兰教。

A. 华人　　　　B. 斯里兰卡人　　C. 马来人　　　　D. 巴基斯坦人　　　E. 印度人

6. 国家政体为君主立宪制的国家有 _____ 。

A. 日本　　　　B. 新加坡　　　　C. 泰国　　　　D. 马来西亚　　　　E. 澳大利亚

7. 东方四大奇迹是 _____ 。

A. 婆罗浮屠佛塔　　B. 泰姬陵　　　　C. 万里长城　　　　D. 金字塔　　　　E. 吴哥窟

8. 以下与明朝郑和有关的景点有 _____ 。

A. 印尼的三宝庙   B. 印尼的三色胡   C. 马来西亚的三宝山

D. 泰国的郑王庙   E. 新加坡的圣淘沙岛

9. 以下 _____ 国家切忌左手吃东西、传递物品。

A. 新加坡   B. 泰国   C. 印度尼西亚 D. 日本   E. 韩国

10. _____ 忌讳数字"4"，在社会生活各方面尽量避免使用"4"。

A. 日本人   B. 菲律宾人   C. 泰国人   D. 中国人   E. 韩国人

11. 世界上人口超过 1 亿的国家有 _____ 。

A. 日本   B. 印度   C. 印度尼西亚 D. 菲律宾   E. 土耳其

12. 世界三大清真寺是 _____ 。

A. 土耳其蓝色清真寺   B. 土耳其圣索菲亚大教堂

C. 印度新德里贾玛清真寺   D. 沙特阿拉伯麦加大清真寺

E. 埃及开罗爱资哈尔大清真寺

13. 日本传统文化的"三道"是 _____ 。

A. 花道   B. 书道   C. 剑道   D. 茶道   E. 武士道

14. 在韩国购物，你会推荐给游客的物品有 _____ 。

A. 清酒系列   B. 化妆品   C. 鳄鱼皮制品

D. 高丽人参   E. 和服娃娃娟人

15. 马来西亚是世界上最大的 _____ 的生产国。

A. 天然橡胶   B. 棕榈油   C. 锡   D. 樟脑   E. 钻石

第三节 欧洲主要客源国概况

一、单项选择题

1. _____ 是英国最古老的大学，以培养高级政界人物而著称。

A. 早稻田大学 B. 哈佛大学 C. 剑桥大学 D. 牛津大学

2. _____ 人讲究喝茶，尤爱饮祁门红茶。

A. 英国   B. 法国   C. 德国   D. 意大利

3. 伦敦和英国的标志是 _____ 。

A. 伦敦塔   B. 大本钟

C. 威斯敏斯特大教堂   D. 大英博物馆

4. 法国文学家大仲马、小仲马的代表作分别是 _____ 。

A.《悲惨世界》《红与黑》   B.《基督山伯爵》《人间喜剧》

C.《伪君子》《小东西》   D.《三个火枪手》《茶花女》

5. 世界上最大的美术馆是 _____ 。

A. 罗浮宫   B. 凡尔赛宫   C. 克里姆林宫   D. 白金汉宫

6. _____ 有"水上都市"之称，是世界上唯一没有汽车的城市。

A. 佛罗伦萨   B. 比萨   C. 威尼斯   D. 梵蒂冈

7.《天鹅湖》《睡美人》是俄罗斯音乐家 _____ 的作品。

A. 普希金   B. 柴可夫斯基   C. 屠格涅夫   D. 托尔斯泰

8. 世界上面积最大的国家是 _____ 。

A. 俄罗斯   B. 中国   C. 美国   D. 加拿大

9. 意大利物理学家伽利略曾在 _____ 上做自由落体实验。

A. 古罗马竞技场   B. 埃菲尔铁塔   C. 梵蒂冈城国   D. 比萨斜塔

10. 英国 18 世纪的 _____ 著有《鲁滨孙漂流记》和《女混混》两部小说。

A. 杰弗利·乔叟   B. 莎士比亚   C. 笛福   D. 狄更斯

11. 英国人把 _____ 看作是愚蠢的象征。

A. 山羊   B. 大象   C. 孔雀   D. 黑猫

12. 俄罗斯的货币是 _____ 。

A. 卢布   B. 马克   C. 铢   D. 林吉特

13. 19 世纪是俄国文学的鼎盛时期，"俄罗斯戏剧之父"是 _____ 。

A. 普希金   B. 克雷洛夫

C. 奥斯特洛夫斯基   D. 果戈理

14. _____ 是跨越俄苏两个时代的无产阶级作家，苏联社会主义文学的奠基人。

A. 高尔基   B. 列夫·托尔斯泰

C. 契诃夫   D. 伊·叶·列宾

15. 1922 年，墨索里尼上台，实行长达 20 年的法西斯统治。墨索里尼是 _____ 人。

A. 法国   B. 德国   C. 日本   D. 意大利

16. 忌用核桃、菊花、玫瑰、蔷薇送礼的是 _____ 人。

A. 日本   B. 德国   C. 澳大利亚   D. 西班牙

17. 贝多芬、德彪西、柴可夫斯基分别是 _____ 的音乐家。

A. 德国、法国、俄罗斯   B. 德国、英国、美国

C. 韩国、菲律宾、美国   D. 法国、日本、俄罗斯

18. 英国、泰国的国花分别是 _____ 。

A. 玫瑰、菊花   B. 玫瑰、睡莲

C. 鸢尾花、扶桑   D. 胡姬花、葵花

19. _____ 是世界上第一个完成工业革命的国家。

A. 英国   B. 德国   C. 美国   D. 日本

20. 1914 年挑起第一次世界大战，1939 年又发动第二次世界大战，该国是 _____ 。

A. 美国   B. 苏联   C. 德国   D. 日本

21. _____ 年，苏联解体，俄罗斯联邦成为独立国家。

A. 1991   B. 1990   C. 1989   D. 2000

22. 日常交往中，法国最盛行的馈赠物品是鲜花。下列各种鲜花中，_____ 比较适合送给法国人。

A. 红玫瑰   B. 杜鹃花   C. 菊花   D. 百合花

23. "英国诗歌之父"是 _____ ，其代表作是短篇故事集《坎特伯雷故事集》。

A. 杰弗利·乔叟   B. 笛福   C. 狄更斯   D. 威廉·莎士比亚

24. 位于 _____ 西北角的梵蒂冈城国，面积 0.44 平方千米，是世界上最小的国家。

A. 伦敦   B. 柏林   C. 罗马   D. 巴黎

25. _____ 忌讳核桃，忌食核桃。

A. 法国人   B. 日本人   C. 德国人   D. 英国人

26. "欧洲夏都"指的是 _____ 。

A. 巴登—巴登   B. 夏威夷   C. 威尼斯   D. 爱琴海

27. 英国人视 _____ 为"荣誉的宝塔尖"。

A. 西敏寺   B. 威斯敏斯特宫

C. 伦敦塔   D. 白金汉宫

28. _____ 被称为"20 世纪法国文学史中首屈一指的人物",代表作为《背德者》《伪币制造者》。

A. 马塞尔·普鲁斯特   B. 安德烈·纪德

C. 罗曼·罗兰   D. 罗歇·马丁·杜伽尔

29. 枫丹白露是意大利文艺复兴式和 _____ 传统风格交融的宫廷建筑,已列入《世界遗产名录》。

A. 美国   B. 德国   C. 法国   D. 英国

30. 俄罗斯的 _____ 被誉为"工科学校的楷模"。

A. 莫斯科大学   B. 鲍曼国立技术大学

C. 彼得堡国立大学   D. 慕尼黑大学

31. _____ 位于法国南部海滨,因每年 5 月在此举办的电影节而闻名于世。

A. 尼斯   B. 夏纳   C. 蒙特卡洛   D. 马赛

32. 在 _____ ,中小企业占企业总数的 98% 以上,堪称"中小企业王国"。

A. 瑞士   B. 西班牙   C. 意大利   D. 法国

33. _____ 女士出门上街均戴耳环,视不戴耳环如同不穿衣服。

A. 意大利   B. 荷兰   C. 法国   D. 西班牙

34. _____ 的兰布拉大街是欧洲最美的林荫大道之一,来自世界各地的流浪艺人云集此地,把"街头艺术"演绎得淋漓尽致。

A. 巴塞罗那   B. 马德里   C. 巴黎   D. 鹿特丹

35. "世界橄榄油王国"是 _____ ,产量和出口均居世界之首。

A. 西班牙   B. 瑞士   C. 荷兰   D. 意大利

36. 荷兰的首都是 _____ ,城区大部分低于海平面 1-5 米,称得上是一座"水下城市"。

A. 苏黎世   B. 海牙   C. 鹿特丹   D. 阿姆斯特丹

37. 阿姆斯特丹的市标是 _____ ,分别象征驱水、灭火、避黑死病。

A. ○○○   B. ×××　 C. √√√   D. ☉☉☉

38. 圣彼得堡的标志性建筑是 _____ 。

A. 青铜骑士　　　　B. 红场　　　　C. 喀山大教堂　D. 克里姆林宫的红星

39. 瑞士最大的城市苏黎世有 _____ 之称。

A. "郁金香国度"　　　　　　　　B. "北方威尼斯"

C. "欧洲百万富翁都市"　　　　　D. "博物馆之城"

40. 布谷鸟钟、泰迪熊玩具分别是 _____ 的著名特产。

A. 德国、意大利　　　　　　　　B. 荷兰、俄罗斯

C. 德国、英国　　　　　　　　　D. 法国、英国

二、多项选择题

1. 德国素有"诗人和哲人的国度"之称誉，以下属于著名的哲学家的有 _____ 。

A. 歌德、席勒　　　　B. 贝多芬、舒伯特　　　C. 康德、黑格尔

D. 费尔巴哈、尼采　　　E. 巴赫、门德尔松

2. 下列各国关于动物禁忌正确的有 _____ 。

A. 澳大利亚人忌讳兔子及兔子图案，喜爱袋鼠、琴鸟的图案

B. 英国人忌用山羊、大象、孔雀、黑猫、蝙蝠等图案

C. 德国人忌带有猪、龟图案的物品

D. 绝大多数新加坡人忌讳猪的图案和猪制品

E. 日本人讨厌狐、獾、金眼猫或银眼猫图案，喜欢乌龟、仙鹤图案

3. 世界四大博物馆是 _____ 。

A. 故宫博物院　　　　B. 大英博物馆　　　　C. 罗浮宫

D. 大都会博物馆　　　E. 艾尔米塔奇博物馆

4. 在中国，蝙蝠的谐音是"福"，有"五福齐来""五福捧寿"等图案，但在一些西方国家却是吸血鬼的象征，这些国家有 _____ 。

A. 德国　　　　B. 法国　　　　C. 英国　　　　D. 美国　　　　E. 加拿大

5. 西欧文学史上的三大天才巨匠是 _____ 。

A. 但丁　　　　B. 莎士比亚　　　C. 歌德　　　　D. 达·芬奇　　　E. 拉斐尔

6. 贝多芬对近代西洋音乐的发展有深远的影响，主要作品有 _____ 。

A.《天鹅湖》　　B.《英雄》　　C.《命运》　　D.《田园》　　E.《合唱》

7. 德国有许多著名的景点，列入《世界遗产名录》的有 _____ 。

A. 科隆大教堂　　　B. 亚琛大教堂　C. 巴登－巴登　D. 特里尔古城　E. 巨石阵

8. 以下作家中，获得诺贝尔奖的有 ＿＿＿＿＿＿ 。

A. 日本的川端康成　　　　B. 法国的罗歇·马丁·杜伽尔

C. 美国的托尼·莫里森　　D. 意大利的但丁　　　E. 俄罗斯的普希金

9. 墨绿色曾经是纳粹军服，因此 ＿＿＿＿＿＿ 人忌讳、厌恶。

A. 德国　　　　　B. 英国　　　　　C. 法国　　　　D. 俄罗斯　　　E. 意大利

10. 列夫·托尔斯泰的代表作有 ＿＿＿＿＿＿ 。

A.《战争与和平》　　　　B.《安娜·卡列尼娜》　C.《老人与海》

D.《大雷雨》　　　　　　E.《漂亮朋友》

11. 意大利文艺复兴盛期美术三杰是 ＿＿＿＿＿＿ 。

A. 丢勒　　　　　B. 达·芬奇　　　C. 米开朗琪罗　D. 拉斐尔　　　E. 马奈

12. 维克多·雨果的代表作有 ＿＿＿＿＿＿ 。

A.《红与黑》　　　　　　B.《茶花女》　　　　C.《悲惨世界》

D.《巴黎圣母院》　　　　E.《三个火枪手》

13. 罗浮宫有三件藏品被列为国宝，它们是 ＿＿＿＿＿＿ 。

A.《胜利女神》雕像　　　B.《维纳斯》雕像　　　C.《向日葵》油画

D.《蒙娜丽莎》油画　　　E.《最后的晚餐》油画

14. 以下关于俄罗斯，说法正确的是 ＿＿＿＿＿＿ 。

A. 主要宗教为东正教，其次为伊斯兰教

B. 讨厌兔子、白猫玩具，喜爱猪的图案

C. 俄罗斯人见面礼是拥抱、亲吻或握手

D. 忌称呼长者加"老"字，忌说别人白、胖

E. 打碎镜子预兆疾病或灾难

15. 英国的景点中，被列为《世界遗产名录》的有 ＿＿＿＿＿＿ 。

A. 白金汉宫　　　　　　　B. 伦敦塔　　　　　　C. 威斯敏斯特宫

D. 汉德里安防御墙　　　　E. 大英博物馆

16. 法国的首都为巴黎，它有 ＿＿＿＿＿＿ 之誉称。

A."世界花都"　　B."欧洲夏都"　C."香水之都"　D."时装之都"　E."世界会议城"

17. 巴黎的三大地标建筑是 _____ 。

A. 罗浮宫　　　B. 巴黎圣母院　　C. 凡尔赛宫　　D. 凯旋门　　　E. 埃菲尔铁塔

18. 科隆位于德国西部莱茵河畔，_____ 被称为科隆三宝。

A. 香水　　　　B. 啤酒　　　　C. 巧克力　　　D. 狂欢节　　　E. 教堂

19. 欧洲三大教堂是 _____ 。

A. 米兰大教堂　　　　　　　　B. 罗马的圣彼得大教堂

C. 佛罗伦萨的佛罗伦萨大教堂　　D. 巴塞罗那圣家族大教堂

E. 科隆大教堂

20. 罗马是意大利的首都，_____ 并称为罗马三大古迹。

A. 凯旋门　　　　　B. 比萨斜塔　　　　C. 万神殿

D. 古罗马竞技场　　E. 地下墓穴

21. 荷兰是发达的资本主义国家，_____ 号称荷兰四宝。

A. 风车　　　　B. 木鞋　　　　C. 风筝　　　D. 奶酪　　　E. 郁金香

22. 柴可夫斯基是最伟大的俄罗斯音乐家，他的传世之作有 _____ 。

A. 芭蕾舞《天鹅湖》　　B. 歌剧《黑桃皇后》　　C. 交响乐《命运》

D. 交响幻想曲《罗密欧与朱丽叶》　　　　E. 芭蕾舞《睡美人》

23. 去瑞士旅游，你推荐给游客的特产有 _____ 。

A. 套娃　　　　B. 不锈钢刀具　　C. 威士军刀　　D. 手表　　　E. 巧克力

24. 以下国家与国花搭配正确的有 _____ 。

A. 荷兰—郁金香　　B. 西班牙—康乃馨　　C. 英国—矢车菊

D. 法国—玫瑰　　　E. 俄罗斯—葵花

25. 以下历史名人与所在国搭配错误的有 _____ 。

A. 恩格斯—英国　　B. 萧伯纳—英国　　C. 大仲马—美国

D. 普希金—俄罗斯　　E. 但丁—意大利

第四节　美洲主要客源国概况
第五节　大洋洲、非洲主要客源国概况

一、单项选择题

1. 电影行业是美国文化的标志性行业，_____ 是世界闻名的电影之都。

A. 纽约　　　　　B. 旧金山　　　　C. 夏威夷　　　　D. 好莱坞

2. 加拿大的象征是 _____ 。

A. 槐树　　　　　B. 菩提树　　　　C. 枫树　　　　　D. 合欢树

3. 美国原为 _____ 人的聚居地。

A. 因纽特人　　　B. 印第安人　　　C. 犹太人　　　　D. 阿菲利坎人

4. 自由女神像，1886 年落成，是 _____ 赠送给美国人民的礼物。

A. 英国　　　　　B. 法国　　　　　C. 新西兰　　　　D. 俄罗斯

5. 美国历史上第一位总统是 _____ 。

A. 华盛顿　　　　B. 林肯　　　　　C. 奥巴马　　　　D. 里根

6. _____ 7 月 4 日美国通过《独立宣言》，正式宣布成立美利坚合众国。

A.1492 年　　　　B.1775 年　　　　C.1776 年　　　　D.1861 年

7. 加拿大人忌讳 _____ 色，因其象征死亡。

A. 白　　　　　　B. 黑　　　　　　C. 红　　　　　　D. 绿

8. 加拿大实行 _____ 。

A. 总统内阁制　　B. 联邦议会制　　C. 议会共和制　　D. 君主立宪制

9. 根据美国人的爱好，他们不喜欢吃 _____ 。

A. 快餐　　　　　B. 麻婆豆腐　　　C. 淮扬菜　　　　D. 猪下水

10. 美国的国鸟是 _____ 。

A. 白色秃鹰　　　B. 天鹅　　　　　C. 仙鹤　　　　　D. 孔雀

11. _____ 的著名作家帕特里克·怀特 1973 年获得诺贝尔文学奖。

A. 澳大利亚　　　B. 新加坡　　　　C. 日本　　　　　D. 韩国

12. 美国和加拿大最大的城市分别是 _____ 。

A. 华盛顿、渥太华　　　　　　B. 旧金山、温哥华

C. 洛杉矶、蒙特利尔　　　　　D. 纽约、多伦多

13. 世界上最长的河流是 _____ 。

A. 长江　　　　B. 密西西比河　　C. 尼罗河　　　D. 亚马孙河

14. 在 _____ ，不可竖大拇指表示赞扬，切忌对人眨眼。

A. 马来西亚　　　B. 菲律宾　　　C. 澳大利亚　　　D. 日本

15. 巴西的首都是 _____ ，是按照"飞机形总体规划"而成的新城市。

A. 里约热内卢　　B. 巴西利亚　　C. 圣保罗　　　D. 惠灵顿

16. 新西兰的土著人是 _____ 。

A. 印第安人　　B. 阿拉伯人　　C. 有色人　　　D. 毛利人

17. 著名的钻石品牌"永恒印记"是 _____ 的特产。

A. 南非　　　　B. 埃及　　　　C. 美国　　　　D. 法国

18. 中国的国宝是熊猫，但是 _____ 厌恶大熊猫图案或造型的工艺品，因其外形与猪相似。

A. 澳大利亚人　　B. 南非人　　　C. 巴西人　　　D. 埃及人

19. 埃及的"母亲河"及"生命之河"是 _____ 。

A. 恒河　　　　B. 尼罗河　　　C. 亚马孙河　　　D. 莱茵河

20. 与 _____ 交谈，切忌使用"OK"手势，被视为下流动作。

A. 澳大利亚人　　B. 巴西人　　　C. 新西兰人　　　D. 埃及人

二、多项选择题

1. 加拿大是一个移民国家，主要有 _____ 移民。

A. 埃及　　　B. 日本　　　C. 德国　　　D. 英国　　　E. 法国

2. 美国拥有数目众多的世界名校，著名的有 _____ 。

A. 剑桥大学　　　　B. 哈佛大学　　　　C. 斯坦福大学

D. 麻省理工学院　　E. 哥伦比亚大学

3. 以下描述中符合美国人的习俗的有 _____ 。

A. 不论男士、女士，都应主动向对方伸手

B. 忌食动物内脏，不喜欢蛇一类的异常食物

C. 忌讳百合花图案，喜爱枫叶图案

D. 忌把盐弄撒

E. 街上走路忌啪啪作响

4. 海明威的小说有 _____ 。

A.《所罗门之歌》   B.《战地钟声》   C.《老人与海》

D.《嘉莉妹妹》   E.《大街》

5. 尼亚加拉大瀑布，位于 _____ 两国交界的尼亚加拉河上。

A. 美国   B. 墨西哥   C. 加拿大   D. 俄罗斯   E. 澳大利亚

6. 与南非人交谈，有 _____ 四个话题不能涉及。

A. 不要说"针"

B. 不要为白人评功摆好

C. 不要评论不同黑人部族或派别之间的关系

D. 不要非议黑人的古老习惯

E. 不要为对方生了男孩表示祝贺

7. 世界上有"赌城"之称的城市有 _____ 。

A. 法国的尼斯   B. 瑞士的苏黎世   C. 南非的太阳城

D. 美国的拉斯维加斯   E. 澳门

8. 大洋洲的国家主要有 _____ 。

A. 巴西   B. 南非   C. 澳大利亚   D. 新西兰   E. 埃及

9. 巴西著名的特产有 _____ 。

A. 篮球鞋   B. 咖啡   C. 纸莎草画   D. 天然蜂胶   E. 蝴蝶标本

10. 以下城市与其美誉搭配错误的有 _____ 。

A. 蒙特利尔—帆船之都   B. 温哥华—西部天堂   C. 洛杉矶—天使之城

D. 奥克兰—尖塔之城   E. 约翰内斯堡—赌城

第三编　仿真模拟题四套

模拟题一

一、单项选择题（每题 0.5 分，共 15 分）

1. _____ 的托马斯·库克创办了世界上第一家旅行社。

A. 英国　　　　　B. 美国　　　　　C. 法国　　　　　D. 德国

2. 旅游活动的主体、客体、中介体（媒介）分别是 _____。

A. 旅游者　旅游资源　旅游业　　　B. 旅游者　旅游业　旅游资源

C. 旅游资源　旅游者　旅游业　　　D. 旅游资源　旅游业　旅游者

3. 世界旅游组织在 1979 年将每年的 _____ 定为"世界旅游日"。

A.4 月 4 日　　　B.9 月 27 日　　C.11 月 22 日　　D.12 月 15 日

4. 明代的 _____ 是世界上第一个研究岩溶地貌的人。

A. 李时珍　　　　B. 徐光启　　　　C. 宋应星　　　　D. 徐弘祖

5. 科举考试在中国历时 1300 多年，影响巨大。以明清科举考试为据，以下说法错误的是 _____。

A. 乡试是每三年一次在各省省城举行的考试，考中者称"秀才"

B. 会试考中者称"贡士"，第一名称"会元"

C. 殿试是皇帝在殿廷亲自对会试考中的贡士所进行的面试

D. 殿试按成绩分为"三甲"，其中"二甲"若干名，赐"进士出身"

6. 世界上规模最大、风景最优美的岩溶风景区是 _____。

A. 漓江山水　　　B. 云南石林　　　C. 贵州荔波　　　D. 广东星湖

7. 以下选项中，地点和天气景观搭配错误的是 _____。

A. 江西——庐山云雾　　　　　　　B. 嘉兴——南湖烟雨

C. 洛阳——曲院风荷　　　　　　　D. 北京——香山红叶

8. 生物型自然保护区重点保护珍稀动植物，_____ 自然保护区保护的是大熊猫。

A. 金佛山　　　　B. 庞泉沟　　　　C. 花坪　　　　　D. 卧龙

9. "海日生残夜，江春入旧年"选自 _____ 的 _____。

A. 杜甫　《望岳》　　　　　　　　B. 王湾　《次北固山下》

C. 陆游 《游山西村》　　　　　　 D. 王维 《汉江临泛》

10. 龙门石窟奉先寺中的 _____ 为龙门石窟最大的造像，也是龙门石窟的象征。

A. 飞天　　　　　　　　　　　 B. 弥勒坐像

C. 第 20 窟露天大佛　　　　　　 D. 卢舍那大佛

11. _____ 铸造使用铜鼓已有 2000 多年历史，素有"铜鼓之乡"的美誉。

A. 土家族　　　　 B. 苗族　　　　 C. 壮族　　　　 D. 黎族

12. 中国四大宗教中，_____ 是本土宗教。

A. 道教　　　　　 B. 佛教　　　　 C. 基督教　　　 D. 伊斯兰教

13. 全真道第一丛林、全真道最大派别龙门派的祖庭是 _____ 。

A. 崂山太清宫　　 B. 北京白云观　 C. 成都青羊宫　 D. 苏州玄妙观

14. 基督教第一次传入中国，是在 _____ 时，指流行于中亚的基督教聂斯托利派从波斯来华传教。

A. 元朝　　　　　 B. 明清　　　　 C. 唐朝　　　　 D. 清末

15. 明南京城墙的 _____ ，是我国现存最大、最完整的堡垒瓮城。

A. 聚宝门　　　　 B. 石城门　　　 C. 神策门　　　 D. 清凉门

16. 以下古代帝王陵墓的封土采用"以山为陵"形式的是 _____ 。

A. 汉茂陵　　　　 B. 唐乾陵　　　 C. 明定陵　　　 D. 清孝陵

17. 根据文献记载，早在 _____ 时期，我国就已经开始了初期的造园活动。

A. 商周　　　　　　　　　　　 B. 秦汉

C. 魏晋南北朝　　　　　　　　　 D. 唐宋

18. 在园林中，从甲观赏点观赏乙观赏点，从乙观赏点观赏甲观赏点的构景方法，叫 _____ 。

A. 添景　　　　　 B. 夹景　　　　 C. 对景　　　　 D. 借景

19. 苏州四大名园之首是 _____ 。

A. 留园　　　　　 B. 狮子林　　　 C. 沧浪亭　　　 D. 拙政园

20. 以下菜肴中，_____ 是山东菜的代表。

A. 宫保鸡丁　　　 B. 九转大肠　　 C. 羊方藏鱼　　 D. 脆皮乳猪

21.《随园食单》的作者是 _____ 。

A. 曹雪芹　　　　B. 袁枚　　　　C. 谭宗浚　　　D. 谭瑑青

22. 苏绣、湘绣、粤绣、蜀绣被誉为我国四大名绣。粤绣的代表作是 _____ 。

A. 猫　　　　　　B. 虎　　　　　C. 百鸟朝凤　　D. 熊猫

23. 被誉为"真正的中国民族艺术"的漆器是 _____ 。

A. 北京漆器　　　　　　　　　B. 平遥推光漆器

C. 福州脱胎漆器　　　　　　　D. 扬州镶嵌漆器

24. 山东潍坊市从 1980 年开始，每年 _____ 举行国际风筝赛会。

A. 3 月 1 日　　　B. 4 月 1 日　　C. 5 月 10 日　　D. 6 月 1 日

25. _____ 是高工资、高福利、高消费的国家，号称世界上"最富有"的国家。

A. 瑞士　　　　　B. 瑞典　　　　C. 法国　　　　D. 荷兰

26. 以下著名景点中属于香港的是 _____ 。

A. 清水断崖　　　B. 大炮台　　　C. 黄大仙祠　　D. 阳明山

27. 非洲的 _____ 是世界四大文明古国之一。

A. 南非　　　　　B. 巴西　　　　C. 印度　　　　D. 埃及

28. 根据德国人的饮食特点，德国游客不喜欢中国的 _____ 。

A. 京菜　　　　　B. 鲁菜　　　　C. 淮扬菜　　　D. 川菜

29. 世界建立最早的国家公园是 _____ 。

A. 费城国家独立历史公园　　　B. 黄石国家公园

C. 大峡谷国家公园　　　　　　D. 夏威夷火山国家公园

30. "野旷天低树""三山半落青天外"，这两句古诗的下句分别是 _____ 。

A. 日暮客愁新　长安不见使人愁　　B. 江清月近人　二水中分白鹭洲

C. 山色有无中　凤去台空江自流　　D. 齐鲁青未了　白银盘里一青螺

二、多项选择题（每题 1 分，共 35 分）

1. 从对旅游业的发展和经营管理具有现实意义角度出发，旅游活动的特点有

_____ 。

A. 普及性　　　B. 季节性　　　C. 地理集中性　D. 暂时性　　　E. 非就业性

2. 下列属于事务性旅游的有 _____ 。

A. 海滨城市度假　　　　B. 因公务出访他乡　　　C. 因商务需要出访异国

D. 宗教圣地朝拜　　　　　　E. 他乡探亲访友

3. 禅宗的伽蓝七堂制度中的"七堂"是指：佛殿、法堂、厨库和 _____ 。

A. 西净　　　　　B. 山门　　　　　C. 讲堂　　　　　D. 浴室　　　　　E. 僧堂

4. 以下关于中国古代医学成就的正确选项是 _____ 。

A. 西汉编订的《黄帝内经》是我国现存最早的药物学著作

B. 西晋王叔和写的《脉经》是我国现存的第一部脉学专著

C. 唐代医学家孙思邈著《唐本草》，被誉为"药王"

D. 南宋人宋慈写的《洗冤录》是我国第一部系统的法医学著作

E. 东汉名医华佗发明"麻沸散"，被后世尊为"医圣"

5. 下列属于谥号的选项有 _____ 。

A. 汉武帝　　　　　B. 明成祖　　　　　C. 乾隆帝　　　　　D. 忠武侯　　　　　E. 清高宗

6. 以下关于五行的说法，错误的选项有 _____ 。

A. 木生火　金克木　　　　　B. 土配黄色和西方　　　　　C. 土克水　水配黑色

D. 水生木　金配黄色和春季　　　　　E. 火配春季　土配冬季

7. 以下湖泊中属于我国五大淡水湖的有 _____ 。

A. 鄱阳湖　　　　　B. 洞庭湖　　　　　C. 巢湖　　　　　D. 青海湖　　　　　E. 西湖

8. 道教的法术众多，主要有 _____ 。

A. 服食与外丹　　　　　B. 念经　　　　　C. 占验术　　　　　D. 内丹术　　　　　E. 禅定

9. 下列属于泰山四大自然名景的选项有 _____ 。

A. 水帘洞之奇　　　　　B. 云海玉盘　　　　　C. 云海温泉　　　　　D. 晚霞夕照　　　　　E. 峰奇石峭

10. 以下地貌景观中属于流纹岩地貌的有 _____ 。

A. 浙江雁荡山　　　　　　B. 浙江仙都峰　　　　　　C. 杭州西湖宝石山

D. 江西龙虎山　　　　　　E. 甘肃鸣沙山

11. "春节"是中国最隆重的传统节日，过此节的民族有 _____ 。

A. 汉族　　　　　B. 维吾尔族　　　　　C. 蒙古族　　　　　D. 壮族　　　　　E. 傣族

12. 下列选项中，属于满族民俗的有 _____ 。

A. 信奉藏传佛教

B.《十二木卡姆》是满族的大型民族音乐舞蹈史诗

C. 住房俗称"口袋房，曼子炕"，一般东南开门，结构形似口袋

D. 最为人们喜爱的点心是"萨其马"

E. 在肉食中，满族人爱吃牛肉或狗肉

13. 春秋时期，出现了"百家争鸣"的繁荣景象，道家的代表人物有 _____。

A. 老子   B. 庄周   C. 孔子   D. 荀子   E. 韩非子

14. 信仰藏传佛教的少数民族有 _____。

A. 藏族   B. 蒙古族   C. 满族   D. 裕固族   E. 白族

15. "四谛"是佛教的基础教义，指明人生解脱的归宿和解脱之路的是 _____。

A. 苦   B. 集   C. 灭   D. 道   E. 业

16. 伊斯兰教的经典主要有 _____。

A.《大藏经》   B.《古兰经》   C.《圣训》   D.《新经》   E.《圣经》

17. 以下景观中属于岩溶山水的有 _____。

A. 石钟乳   B. 石笋   C. 石柱   D. 断崖   E. 峡谷

18. 汉茂陵是汉武帝刘彻的陵墓，周围有 _____ 等 20 余个陪葬墓。

A. 霍去病   B. 司马光   C. 卫青   D. 寇准   E. 包拯

19. 古代江南三大名楼是 _____。

A. 黄鹤楼   B. 岳阳楼   C. 鹳雀楼   D. 滕王阁   E. 秋风楼

20. 中国古代园林特色有 _____。

A. 造园艺术，师法自然   B. 分隔空间，融于自然

C. 园林建筑，顺应自然   D. 树木花卉，表现自然

E. 天人合一，创造自然

21. 园林中的花木往往与园主追求的精神境界有关，不是象征荣华富贵的植物有 _____。

A. 兰花   B. 玉兰   C. 牡丹   D. 桂花   E. 紫薇

22. 下列中国现存著名园林中，位于扬州的有 _____。

A. 寄畅园   B. 何园   C. 可园   D. 个园   E. 豫园

23. 下列属于上海的著名小吃有 _____。

A. 南翔小笼包   B. 擂沙圆   C. 面筋百页   D. 黄桥烧饼   E. 幸福双

24. "十大菜系"即"八大菜系"加上 _____ 等两个菜系。

A. 河南　　　　　　B. 北京　　　　　　C. 陕西　　　　　　D. 上海　　　　　　E. 安徽

25. 下列少数民族及其独特小吃，搭配正确的有 ＿＿＿＿＿＿ 。

A. 白族—手抓饭　　　　　　B. 回族—馕　　　　　　C. 满族—萨其马

D. 朝鲜族—打糕　　　　　　E. 蒙古族—油香

26. 景德镇四大传统名瓷有 ＿＿＿＿＿＿ 。

A. 釉下彩瓷　　　　B. 青花瓷　　　　C. 青花玲珑瓷　　D. 粉彩瓷　　　　E. 青瓷

27. 中国的三大国粹是 ＿＿＿＿＿＿ 。

A. 中医中药　　　　B. 国画　　　　　C. 京剧　　　　　D. 陶瓷　　　　　E. 刺绣

28. 我国三大佳石是 ＿＿＿＿＿＿ 。

A. 昌化鸡血石　　　　　　B. 东北空青石　　　　　　C. 青田冻石

D. 寿山田黄石　　　　　　E. 锦州玛瑙石

29. 东林寺的三笑亭与 ＿＿＿＿＿＿ 三位历史名人有关。

A. 陶渊明　　　　　B. 陆修静　　　　C. 慧远　　　　　D. 李白　　　　　E. 玄奘

30. 关于香港著名景点的正确描述是 ＿＿＿＿＿＿ 。

A. 太平山是港岛最高点，山顶可俯览香港全貌及维多利亚港景色

B. 101 大楼是香港的地标建筑

C. 大炮台，原为耶稣会士的祭祀台，1626 年改建成炮台

D. 浅水湾为香港著名海滨浴场

E. 宝莲寺外的天坛大佛是世界第二大露天铜佛像，仅次于无锡灵山大佛

31. 在台湾，送礼忌送 ＿＿＿＿＿＿ 。

A. 毯子　　　　　　B. 镜子　　　　　C. 甜果　　　　　D. 刀剪　　　　　E. 手巾

32. 韩国被列入《世界遗产名录》的著名景点有 ＿＿＿＿＿＿ 。

A. 景福宫　　　　　B. 石窟庵　　　　C. 海印寺　　　　D. 佛国寺　　　　E. 济州岛

33. 意大利文艺复兴文学三杰是 ＿＿＿＿＿＿ 。

A. 但丁　　　　　　B. 彼得拉克　　　C. 薄伽丘　　　　D. 丢勒　　　　　E. 罗西尼

34. 对联的鼎盛时期是 ＿＿＿＿＿＿ 。

A. 宋代　　　　　　B. 元代　　　　　C. 明代　　　　　D. 清代　　　　　E. 唐代

35. 近体诗包括 ＿＿＿＿＿＿ 。

A. 乐府　　　　　　B. 律诗　　　　　C. 绝句　　　　　D. 长律　　　　　E. 古风

模拟题二

一、单项选择题（每题 0.5 分，共 15 分）

1. 世界旅游组织在 _____ 年承认中华人民共和国为中国唯一合法代表。

A.1975　　　　　B. 1983　　　　　C.1987　　　　　D.1991

2. 世界六大旅游市场中最大的是 _____ 。

A. 美洲市场　　　　　　　　　　B. 东亚和太平洋市场

C. 南亚市场　　　　　　　　　　D. 欧洲市场

3. 迄今发现的世界上最大的青铜器—司母戊大方鼎是 _____ 时期的文物。

A. 夏朝　　　　　B. 商朝　　　　　C. 周朝　　　　　D. 战国

4. 中国历史上的国号名称由来中，根据发迹地定国名的是 _____ 。

A. 商　　　　　B. 汉　　　　　C. 辽　　　　　D. 陈

5. "依法治国"的主张和观念是春秋战国时期 _____ 提出来的。

A. 儒家　　　　　B. 道家　　　　　C. 法家　　　　　D. 墨家

6. 长江三峡中，以雄伟著称的是 _____ 。

A. 巫峡　　　　　B. 瞿塘峡　　　　　C. 西陵峡　　　　　D. 虎跳峡

7. 扬州著名剪纸艺人 _____ 有"神剪"之称。

A. 奚廷圭　　　　　B. 张永寿　　　　　C. 包钧　　　　　D. 胡开文

8. 某旅行社部门经理吩咐你替日本旅客预订房间，按日本人的习俗，最好预定 _____ 。

A. 4005 号　　　　　B. 8019 号　　　　　C. 6048 号　　　　　D. 7023 号

9. 我国人口最多的少数民族是 _____ 。

A. 满族　　　　　B. 回族　　　　　C. 壮族　　　　　D. 珞巴族

10. 蒙古族最具民族特色的传统盛会是 _____ 。

A. 敖包祭祀　　　　　B. 小年　　　　　C. 大年　　　　　D. 那达慕大会

11. 属于纳西族的特色服饰是 _____ 。

A. 金花帽　　　　B. 披星戴月　　　C. 天菩萨　　　D. 筒裙

12. 中国支派最多的佛教宗派，也是中国佛教史上流传最久远、对中国文化思想影响最广泛的宗派是 _____ 。

A. 禅宗　　　　　B. 净土宗　　　　C. 华严宗　　　D. 密宗

13. 中国穆斯林最大的节日是 _____ 。

A. 开斋节　　　　B. 古尔邦节　　　C. 圣纪节　　　D. 肉孜节

14. "窗含西岭千秋雪，门泊东吴万里船"，在构景上属于 _____ 。

A. 漏景　　　　　B. 夹景　　　　　C. 对景　　　　D. 框景

15. 历代帝王登基后的重要活动之一是皇帝必须亲自去天坛祭天。祭天在 _____ ，时间是 _____ 。

A. 北郊　夏至日　　　　　　　B. 南郊　冬至日

C. 北郊　冬至日　　　　　　　D. 南郊　夏至日

16. 塔形为密檐式的中国佛塔是 _____ 。

A. 西安大雁塔　　　　　　　　B. 北京妙应寺白塔

C. 河南嵩岳寺塔　　　　　　　D. 山西应县木塔

17. 唐代王维的 _____ 中养鹿放鹤，以寄托"一生几经纬伤心事，不向空门何处销"的解脱情趣。

A. 辋川别业　　　B. 艮岳　　　　　C. 上林苑　　　D. 灵囿

18. 我国现存占地面积最大的帝王宫苑是 _____ 。

A. 颐和园　　　　　　　　　　B. 承德避暑山庄

C. 北海公园　　　　　　　　　D. 拙政园

19. 素食从 _____ 开始形成流派，到 _____ 形成宫廷、寺院、民间三大流派。

A. 南朝梁　清代　　　　　　　B. 北魏　明代

C. 两晋　明清　　　　　　　　D. 唐宋　元

20. 以下著名面点小吃中，属于北京的是 _____ 。

A. 油炸臭豆腐　　B. 黄豆肉馃　　　C. 豌豆黄　　　D. 肉夹馍

21. _____ 是陕西关中地区的一种传统特色面食，有悠久的历史。

A. 水晶柿子饼　　B. 苦荞饸饹　　C. 金线油塔　　D. 臊子面

22. 下列名酒中，清香型名酒的代表是 _____ 。

A. 茅台酒　　　　B. 汾酒　　　C. 三花酒　　　D. 泸州老窖

23. "水晶之乡""珊瑚之乡"分别是指 _____ 。

A. 东海　澎湖　　　　　　　B. 和田　独山

C. 岫岩　海南　　　　　　　D. 连云港　台湾

24. 我国第一大岛是 _____ 。

A. 海南岛　　　B. 台湾岛　　　C. 舟山岛　　　D. 钓鱼岛

25. 台湾和香港的民间送礼禁忌中，都忌送 _____ 。

A. 伞　　　　　B. 书　　　　C. 扇　　　　D. 钟

26. 澳门的标志是 _____ 。

A. 妈祖阁　　　　　　　　　B. 葡京游乐场

C. 大三巴牌坊　　　　　　　D. 澳门历史城区

27. _____ 的婆罗浮屠佛塔，是世界最大佛塔，与中国万里长城、埃及金字塔、柬埔寨吴哥窟，并称为东方四大奇迹。

A. 泰国　　　B. 印度尼西亚　C. 日本　　　D. 蒙古

28. 俄国文坛名家辈出，下列选项中的俄罗斯作家是 _____ 。

A. 普希金　　B. 雨果　　　C. 笛福　　　D. 海涅

29. "一楼萃三楚精神，云鹤俱空横笛在；二水汇百川支派，古今无尽大江流"，此联描绘的是 _____ 。

A. 武汉黄鹤楼　　　　　　　B. 广州镇海楼

C. 南昌滕王阁　　　　　　　D. 湖南岳阳楼

30. "般若""桲""耄耋"的正确读音是 _____ 。

A. bān ròu　hēng　mào zhì　　B. bō rě　hēng　mào dié

C. bō rě　guǒ　mào dié　　　D. bō ruò　guǒ　máo zhì

二、多项选择题（每题 1 分，共 35 分）

1. 旅游活动的中介体是指为游客提供各种便利性旅游服务的旅游业，其主要三大支柱包括 _____ 。

A. 旅游行政部门　　　B. 交通客运业　　　C. 旅行社业

D. 饭店住宿业　　　E. 旅游景区

2. 历史上中国古代有著名的十大名医，以下古人中属于十大名医的有 _____。

A. 东晋的顾恺之　　　B. 明代的李时珍　　　C. 战国的扁鹊

D. 北宋的钱乙　　　E. 西晋的葛洪

3. 补子是指古代官员所穿官服的前胸和后背上用金丝和彩丝绣成的标志其品级的图饰。以下文官的补子有 _____。

A. 仙鹤　　　B. 麒麟　　　C. 孔雀　　　D. 狮子　　　E. 云雀

4. 诸子百家中，道家的作品很多，主要有 _____。

A.《论语》　　B.《韩非子》　　C.《道德经》　　D.《庄子》　　E.《孙子兵法》

5. 下列选项中，均为天干的有 _____。

A. 甲乙戊庚　　　B. 丙丁丑寅　　　C. 丁己辛癸

D. 午申壬亥　　　E. 子卯辰巳

6.《世界遗产名录》中属于文化与自然双重遗产的项目有 _____。

A. 泰山　　　B. 黄山　　　C. 青城山

D. 峨眉山——乐山大佛　　　E. 武夷山

7. 下列白酒中，产地为四川的有 _____。

A. 剑南春　　B. 郎酒　　C. 五粮液　　D. 全兴大曲　　E. 三花酒

8. 俄罗斯的芭蕾舞艺术享有很高的声誉，著名的剧目有 _____。

A.《天鹅湖》　　　B.《蝴蝶夫人》　　　C.《罗密欧与朱丽叶》

D.《茶花女》　　　E.《吉赛尔》

9. 以下名山中，属于丹霞地貌的名山有 _____。

A. 江西三清山　　　B. 江西龙虎山　　　C. 安徽齐云山

D. 广东金鸡岭　　　E. 福建冠豸山

10. 我国古代的科学技术成就很高，以下对应正确的有 _____。

A. 李善兰《水经注》　　B. 沈括《梦溪笔谈》　　C. 李诚《营造法式》

D. 祖冲之《齐民要术》　　E. 宋应星《天工开物》

11. 广州怀圣寺，又名 _____。

A. 麒麟寺 　　　B. 凤凰寺 　　　C. 狮子寺 　　　D. 光塔寺 　　　E. 圣友寺

12. 下列民俗中，与黎族有关的是 _____。

A. 喜吃腌制的酸食，以生鱼片为佳肴

B. 摆手舞是比较流行的一种古老的舞蹈

C. 竹筒烧饭是黎族日常生活中独特的野炊方法

D. 妇女有文面文身的习俗，称为"雕题"

E. 特色民居是船型屋建筑

13. 少数民族文学艺术中，已被收入《人类非物质文化遗产代表作名录》的有 _____。

A. 纳西族的《创世纪》和东巴文化

B. 蒙古族的长调与呼麦

C. 维吾尔族的木卡姆艺术

D. 藏族的藏戏、热贡艺术和《格萨尔王》

E. 壮族的花山原始崖壁画

14. 北京雍和宫是我国内地城市中最大的一座藏传佛教寺院，雍和宫三绝是指 _____。

A. 五百罗汉山 　　　B. 堆绣 　　　C. 檀木大佛

D. 金丝楠木佛龛 　　　E. 酥油花

15. 全真道三大祖庭是 _____。

A. 青城山常道观 　　　B. 终南山重阳宫 　　　C. 北京白云观

D. 芮城永乐宫 　　　E. 龙虎山上清宫

16. 中国著名的天主教教堂和遗迹有 _____。

A. 北京南堂 　　　B. 广州圣心大教堂 　　　C. 上海景灵堂

D. 哈尔滨圣索菲亚大教堂 　　　E. 天津老西开教堂

17. 长城是一处特殊的防御工程，最早修筑长城的是 _____。

A. 秦国 　　　B. 齐国 　　　C. 赵国 　　　D. 楚国 　　　E. 燕国

18. 帝王陵园的地面建筑主要有 _____。

A. 封土 　　　B. 祭祀建筑区 　　　C. 神道 　　　D. 护陵监 　　　E. 地宫

19. 北京故宫分为前朝和内廷两部分，属于前朝的宫殿有 _____。

A. 太和殿　　　　　B. 乾清宫　　　　　C. 中和殿　　　　　D. 保和殿　　　　　E. 养心殿

20. 园林中的舫是仿造舟船造型的建筑物，以下属于舫的建筑物有 _____ 。

A. 南京煦园的不系舟　　　　B. 拙政园的远香堂　　　　C. 狮子林的荷花厅

D. 拙政园的香洲　　　　　　E. 沧浪亭的沧浪亭

21. 下列园林造景中，属于抑景的是 _____ 。

A. 山重水复疑无路，柳暗花明又一村

B. 站在颐和园昆明湖南岸的垂柳下欣赏万寿山时，万寿山因有倒挂的柳丝作为装饰而生动有趣

C. 园林的围墙或走廊的墙上，常常设以各种几何图形或动植物形状的漏窗，通过窗隙，可见园外美景

D. 在园林入口处常迎门挡以假山

E. 两侧用建筑物或树木花卉屏障起来，使远方的风景点更显诗情画意

22. 菩萨指自觉、觉他者，三大士是指 _____ 。

A. 普贤菩萨　　　　B. 地藏菩萨　　　　C. 大势至菩萨　　D. 观世音菩萨　　E. 文殊菩萨

23. 世界三大烹饪流派的代表是 _____ 。

A. 日本烹饪　　　　B. 中国烹饪　　　　C. 法国烹饪　　　D. 土耳其烹饪　　E. 意大利烹饪

24. 四川风味菜肴主要由 _____ 为主组成 。

A. 徐海　　　　　　B. 成都　　　　　　C. 重庆　　　　　D. 自贡　　　　　　E. 吉首

25. 下列属于川式流派风味的小吃有 _____ 。

A. 龙抄手　　　　　B. 钟水饺　　　　　C. 太湖船点　　　D. 三虾饺　　　　　E. 水晶柿子饼

26. 世界三大高香名茶是 _____ 。

A. 祁门红茶　　　　　　　B. 印度大吉岭茶　　　　　　C. 斯里兰卡乌伐茶

D. 云南滇红　　　　　　　E. 武夷岩茶

27. 中国传统工艺三绝是 _____ 。

A. 北京景泰蓝　　　　　　B. 福建脱胎漆器　　　　　　C. 新疆和田玉雕

D. 江西景德镇瓷器　　　　E. 金银花丝镶嵌

28. 中国三大木版年画产地有 _____ 。

A. 广东佛山　　　　B. 天津杨柳青　　C. 江苏桃花坞　　D. 山东杨家埠　　E. 河南朱仙镇

29. 澳门东望洋山三大名胜古迹是 _____ 。

A. 东望洋炮台　　　　B. 圣母雪地殿　　C. 灯塔　　　　　D. 观音堂　　　　E. 葡京游乐场

30. 世界三大金融中心是 _____ 。

A. 伦敦　　　　　　　B. 纽约　　　　　C. 上海　　　　　D. 香港　　　　　E. 巴黎

31. 新加坡人忌讳的数字有 _____ 。

A. 4　　　　　　　　B. 7　　　　　　　C. 9　　　　　　D. 13　　　　　　E. 8

32. 法国巴黎罗浮宫藏品中，被列为国宝的是 _____ 。

A. 萨莫色雷斯的《胜利女神》雕像　B. 铜版画《骑士、死神、魔鬼》

C. 米洛斯岛的《维纳斯》雕像　　　D. 达·芬奇的《蒙娜丽莎》油画

E. 拉斐尔的《西斯廷圣母》

33. 加拿大官方语言有 _____ 。

A. 俄语　　　　　　　B. 英语　　　　　C. 德语　　　　　D. 法语　　　　　E. 意大利语

34. 描写杭州著名景观的对联有 _____ 。

A. 不雨山常润，无云水自阴

B. 龙涧风回，万壑松涛连海气；鹫峰云敛，千岩桂月印湖光

C. 四面荷花三面柳，一城山色半城湖

D. 凭栏看云影波光，最好是红蓼花疏，白蘋秋老；

　　把酒对琼楼玉宇，莫孤负天心月到，水面风来

E. 青山有幸埋忠骨；白铁无辜铸佞臣

35. 词是一种依照乐谱曲调来填词的诗歌体裁。宋代是词的鼎盛时期。以下选项中，宋代词人有 _____ 。

A. 李煜　　　　　　　B. 柳永　　　　　C. 李清照　　　　D. 温庭筠　　　　E. 韦庄

模拟题三

一、单项选择题（每题 0.5 分，共 15 分）

1. 人类最初外出旅行的目的是 _____ 。

A. 寻找新的居住地　B. 宗教朝圣　　C. 消遣　　　　D. 交换产品

2. 目前在世界六大旅游市场中，发展速度最快的是 _____ 。

A. 欧洲市场　　　B. 美洲市场　　C. 中东市场　　D. 东亚和太平洋市场

3. _____ 是最古老的茶叶品种。

A. 绿茶　　　　　B. 红茶　　　　C. 花茶　　　　D. 乌龙茶

4. 截至目前，世界公认的关于哈雷彗星最早的记录出自 _____ 。

A.《诗经》　　　　B.《春秋》　　　C.《甘石星经》D.《孙子兵法》

5. 世界最早的纸币"交子"出现在 _____ 。

A. 唐代　　　　　B. 隋代　　　　C. 北宋　　　　D. 元代

6. 在我国古代每月的十五日称为 _____ 。

A. 朔　　　　　　B. 晦　　　　　C. 朏　　　　　D. 望

7. 古代科举考试中，参加 _____ 考中者称"举人"，有做官资格。

A. 院试　　　　　B. 乡试　　　　C. 会试　　　　D. 殿试

8. 以干支纪年通行于 _____ 时期。

A. 秦　　　　　　B. 西汉后期　　C. 东汉后期　　D. 三国

9. 截至 2015 年 7 月，我国已有 _____ 处世界文化遗产，仅次于意大利，位居世界第二。

A.43　　　　　　B.45　　　　　C.48　　　　　D.50

10. 汉族是以先秦华夏为核心，在 _____ 时形成的统一的、稳定的民族。

A. 夏商　　　　　B. 春秋　　　　C. 战国　　　　D. 秦汉

11. 文房四宝之首中，仅 _____ 被列入《人类非物质文化遗产代表作名录》。

A. 湖笔　　　　　B. 徽墨　　　　C. 宣纸　　　　D. 端砚

12. 乌冬、罗丹是享誉世界的 _____ 雕塑艺术家。

A. 德国　　　　　B. 美国　　　　C. 英国　　　　D. 法国

13. 藏族一年一度庆祝丰收的节日是 _____ 。

   A. 藏历年　　　　B. 望果节　　　　C. 雪顿节　　　　D. 采花节

14. 我国现存最早的木构建筑实物仅有唐代的五台山南禅寺和 _____ 部分建筑。

   A. 佛光寺　　　　B. 报国寺　　　　C. 普济寺　　　　D. 祇园寺

15. "丹山碧水，精巧玲珑"描述的是 _____ 。

   A. 岩溶山水　　　B. 丹霞地貌　　　C. 花岗岩名山　　D. 火山地貌

16. 释迦牟尼预言 _____ 将在56.7亿年以后降生印度，在华林园龙华树下得到成佛接班，并分批超度一切众生，故称未来世佛。

   A. 药师佛　　　　B. 弥勒佛　　　　C. 燃灯佛　　　　D. 阿弥陀佛

17. 手持宝剑，身骑狮子的菩萨是 _____ ，其道场在 _____ 。

   A. 文殊菩萨　山西五台山　　　　　B. 普贤菩萨　四川峨眉山

   C. 文殊菩萨　浙江普陀山　　　　　D. 地藏菩萨　四川峨眉山

18. 我国唯一一处兼有汉地佛教和藏传佛教道场的佛教圣地是 _____ 。

   A. 五台山　　　　B. 普陀山　　　　C. 峨眉山　　　　D. 九华山

19. 我国的古代建筑在 _____ 时期开始出现砖和彩画。

   A. 战国　　　　　B. 秦汉　　　　　C. 南北朝　　　　D. 隋唐

20. 山西剪纸最常见的是 _____ 。

   A. 喜花　　　　　B. 灯花　　　　　C. 礼花　　　　　D. 窗花

21. 古代帝王有祭祀天地日月等活动，其中每年的夏至日 _____ 。

   A. 祭天　　　　　B. 祭地　　　　　C. 祭日　　　　　D. 祭月

22. 世界现存最大的敞肩桥是 _____ 。

   A. 河北安济桥　　B. 苏州宝带桥　　C. 泉州洛阳桥　　D. 程阳永济桥

23. 中国传统艺术历来讲究含蓄，在园林造景中常常采用"先藏后露"的手段，将最好的景色留在后面，这是采取了 _____ 办法。

   A. 抑景　　　　　B. 夹景　　　　　C. 漏景　　　　　D. 添景

24. "青如玉、明如镜、声如磬"是 _____ 瓷的特点。

   A. 龙泉青瓷　　　　　　　　　　　B. 德化白瓷

   C. 醴陵釉下彩瓷　　　　　　　　　D. 淄博美术陶瓷

25. _____ 被誉为中国三大名锦。

A. 云锦 蜀锦 宋锦 　　　　　　B. 云锦 蜀锦 壮锦

C. 云锦 宋锦 壮锦 　　　　　　D. 蜀锦 宋锦 壮锦

26. 被誉为"天下一品"的苏式流派著名小吃是 _____ 。

A. 蟹壳黄 　　　B. 三丁包 　　　C. 马蹄酥 　　　D. 片儿川

27. 欧洲文艺复兴的发源地是 _____ 。

A. 俄罗斯 　　　B. 西班牙 　　　C. 德国 　　　D. 意大利

28. 清代学者梁章钜在《楹联丛话》中将对联分为 _____ 类。

A. 五 　　　　　B. 八 　　　　　C. 十 　　　　　D. 十五

29. 中国四大名砚端砚、歙砚、洮砚、澄泥砚分别产于 _____ 。

A. 安徽、甘肃、广东、山西 　　　B. 广东、甘肃、安徽、山西

C. 广东、安徽、甘肃、山西 　　　D. 安徽、广东、山西、甘肃

30. 古代纪月方法中仲春、季夏、仲秋、孟冬依次指 _____ 。

A. 二月、五月、八月、十月 　　　B. 正月、五月、七月、十二月

C. 二月、六月、八月、十月 　　　D. 正月、六月、七月、十一月

二、多项选择题（每题1分，共35分）

1. 旅游资源的吸引力大小取决于 _____ 因素。

A. 资源特色 　　　　　B. 市场认知 　　　　　C. 与客源地的距离

D. 游客的数量 　　　　E. 可进入程度

2. _____ 是父系氏族公社著名的文化代表。

A. 河姆渡文化 　　　　B. 大汶口文化中晚期 　　　C. 仰韶文化

D. 龙山文化 　　　　　E. 良渚文化

3. 被称为蒙古族的三大历史巨著的是 _____ 。

A.《蒙古秘史》 　　　　B.《蒙古黄金史》 　　　　C.《江格尔》

D.《蒙古源流》 　　　　E.《创世纪》

4. 佛教基本教义"四谛"中的"道谛"主要是"六度"和"八正道"，以下属于"六度"的有 _____ 。

A. 布施 　　　B. 忍辱 　　　C. 正语 　　　D. 精进 　　　E. 忏法

5. 香港的主要民俗有 _____ 。

A. 香港绝大多数家庭恪守粤式传统饮食方式

B. 上鱼时鱼头要对着主人方向

C. 吃鱼时忌翻转鱼身

D. 送礼时忌送时钟、书籍、手帕

E. 港人相约饮茶时常互相斟茶

6. 曲阜三孔是 _____ ，1994 年 12 月被正式列入《世界遗产名录》。

A. 孔陵　　　　B. 孔府　　　　C. 孔庙　　　　D. 孔宅　　　　E. 孔林

7. 我国有许多风景名山，以下属于花岗岩名山有 _____ 。

A. 庐山　　　　B. 泰山　　　　C. 黄山　　　　D. 普陀山　　　E. 雁荡山

8. 历史上曾有 _____ 泉被命名为"天下第一泉"。

A. 杭州虎跑泉　　B. 济南趵突泉　C. 无锡惠山泉　D. 北京玉泉　　E. 镇江中泠泉

9. 我国少数民族居住形式多样，采用"三房一照壁"的结构形式的有 _____ 。

A. 壮族　　　　B. 白族　　　　C. 维吾尔族　　D. 纳西族　　　E. 苗族

10. 月光菩萨、药师佛、日光菩萨合称 _____ 。

A. 释迦三尊　　B. 西方三圣　　C. 东方三圣　　D. 华严三圣　　E. 药师三尊

11. 禅宗共同的祖庭有 _____ 。

A. 少林寺　　　B. 五祖寺　　　C. 国清寺　　　D. 玉泉寺　　　E. 南华禅寺

12. 道教全真教信奉的主要经典有 _____ 。

A.《道德经》　　　　　　B.《老子五千文》　　　　　C.《般若波罗蜜多心经》

D.《孝经》　　　　　　　E.《正一经》

13. 下列不属于伊斯兰教经典的选项是 _____ 。

A.《三藏经》　　B.《古兰经》　C.《道德经》　D.《圣训》　　E.《圣经》

14. 我国古代宫殿布局一般为 _____ 。

A. 中轴对称　　　　　　　B. 左祖右社　　　　　　　C. 前朝后寝

D. 左道观右寺院　　　　　E. 左文庙右武庙

15. 我国大约在周代开始，出现了"封土为坟"的做法，其中"宝城宝顶"的形式主要出现在 _____ 时期。

A. 秦汉　　　　B. 唐代　　　　C. 宋代　　　　D. 明代　　　　E. 清代

16. 关于中国风物特产，下列说法正确的有 _____ 。

A. 江西景德镇是我国"瓷都"

B. 云南的云锦被列入《人类非物质文化遗产代表作名录》

C. 福建寿山田黄石、浙江青田冻石、浙江昌化鸡血石是我国三大佳石

D. 浙江东阳有"木雕之乡"的美誉

E. 苏州桃花坞有"家家会刻板,人人善丹青"之誉

17. 我国现存著名的私家园林有 _____ 。

A. 北京北海公园　　B. 北京恭王府　　C. 苏州拙政园　　D. 上海豫园　　　E. 苏州留园

18. _____ 是蜀绣的代表作。

A. 《猫》　　　　　　B. 《熊猫》　　　　C. 《狮》　　　　　D. 《百鸟朝凤》E. 《芙蓉鲤鱼》

19. 日本人忌讳的数字有 _____ 。

A. 3　　　　　　　　B. 4　　　　　　　C. 6　　　　　　　D. 9　　　　　　E. 13

20. 法国优秀的批判主义作家莫泊桑的代表作有 _____ 。

A. 《羊脂球》　　　　　　　B. 《米隆老爹》　　　　　　C. 《漂亮的朋友》

D. 《悲惨世界》　　　　　　E. 《巴黎圣母院》

21. 下列湖泊中 _____ 是堰塞湖。

A. 滇池　　　　　　B. 洱海　　　　　　C. 五大连池　　　D. 镜泊湖　　　E. 长白山天池

22. 纳西族拥有灿烂的民族文化,主要包括 _____ 。

A. 丽江古城　　　B. 《创世纪》等三部史诗

C. 东巴画　　　　　D. 丽江古乐　　　E. 十二木卡姆

23. 下列关于佛教寺院中大雄宝殿的描述正确的有 _____ 。

A. 大雄宝殿是佛寺正殿

B. 有供奉一佛、三佛、五佛、七佛等情况,以五佛或七佛同殿居多

C. 释迦牟尼像背面为韦驮

D. 大殿东西两侧常供奉十六或十八罗汉

E. 正中供奉大肚弥勒佛

24. 塔尔寺的艺术三绝是 _____ 。

A. 泥塑　　　　　　B. 酥油花　　　　　C. 堆绣　　　　　D. 绘画　　　　　E. 建筑

25. "十三经"是儒家十三部经典,其中的"三礼"指的是 _____ 。

A. 《仪礼》　　　　B. 《大学》　　　　C. 《周礼》　　　D. 《孝经》　　　E. 《礼记》

26. 下列关于岩溶地貌的描述正确的有 _____ 。

A. 主要发育在碳酸盐类岩石地区

B. 世界上规模最大、风景最优美的的岩溶风景区是广西桂林至阳朔的漓江两岸

C. 岩溶地貌的基本特征是奇峰林立，造型生动，沟谷纵横、植被茂密

D. 云南石林是我国著名的岩溶风景区

E. 岩溶地貌，国际上称喀斯特地貌

27. 三国两晋南北朝是我国历史上又一个纷乱时期，其中"两晋"指的是 _____ 。

A. 晋国　　　　　B. 西晋　　　　　C. 东晋　　　　　D. 前晋　　　　　E. 后晋

28. 草书的特点是结构简省，笔画连绵，书写便捷，彰显个性。以下作品中为草书的杰出代表的有 _____ 。

A.《石鼓文》　　　B.《千字文》　　C.《洛神赋》　　D.《兰亭集序》E.《自叙帖》

29. 四川峨眉山重要寺庙有 _____ 。

A. 报国寺　　　　B. 伏虎寺　　　　C. 万年寺　　　　D. 普济寺　　　　E. 普光殿

30. 古体诗体制的特点有 _____ 。

A. 句数不限　　　B. 字数不限　　　C. 不用对仗　　　D. 讲究平仄　　　E. 用韵比较自如

31. 下列 _____ 作品均出自北宋。

A.《梦溪笔谈》　　　　　B.《营造法式》　　　　　C.《洗冤录》

D.《清明上河图》　　　　E.《西厢记》

32. 以下属于人文风景类型的风景名胜区有 _____ 。

A. 杭州西湖　　　B. 麦积山石窟　　C. 临潼骊山　　　D. 厦门鼓浪屿　　E. 西双版纳

33. 佛教最高礼节"五体投地"，五体是指 _____ 。

A. 两肘　　　　　B. 两腿　　　　　C. 两膝　　　　　D. 两手　　　　　E. 头

34. 下列建筑中 _____ 是我国现存的宋代建筑。

A. 山西晋祠圣母殿　　　　B. 山西五台山南禅寺大殿

C. 河北正定隆兴寺　　　　D. 浙江宁波保国寺　　　　E. 福建泉州清净寺

35. 中国当代漆器主要分布在 _____ 。

A. 北京市　　　　　　　　B. 福建省福州市　　　　　C. 江苏省扬州市

D. 山西省五台县　　　　　E. 贵州省毕节地区大方县

模拟题四

一、单项选择题（每题 0.5 分，共 15 分）

1. 旅游业在国际上被称为旅游产业，即旅游业在性质上是一个 _____ 产业。

A. 社会性　　　　B. 政治性　　　C. 经济性　　　D. 文化性

2. 通过发展国内旅游可以使国内财富在地区间转移，这体现了旅游业的 _____ 作用。

A. 拓宽货币回笼渠道　　　　　　B. 平衡地区经济发展

C. 增加税收　　　　　　　　　　D. 带动相关产业

3. "气蒸云梦泽，波撼岳阳城"是描写 _____ 的名句。

A. 杭州西湖　　　B. 鄱阳湖　　　C. 洞庭湖　　　D. 太湖

4. 在我国被誉为"诗圣""书圣""画圣"的分别是 _____ 。

A. 李白、王羲之、王维　　　　　B. 杜甫、苏轼、阎立本

C. 李白、怀素、吴道子　　　　　D. 杜甫、王羲之、吴道子

5. _____ 是完整保存下来最古老的农书，反映了封建社会小农经济与家庭手工业合一的自然经济状况。

A. 元代王祯的《农书》　　　　　B. 北魏贾思勰的《齐民要术》

C. 元代郭守敬的《授时历》　　　D. 明代徐光启的《农政全书》

6. 我国最大的咸水湖、淡水湖分别是 _____ 。

A. 青海湖、鄱阳湖　　　　　　　B. 鄱阳湖、青海湖

C. 洞庭湖、鄱阳湖　　　　　　　D. 察尔汗盐湖、太湖

7. 北京"都一处"烧卖距今已有 _____ 余年的历史，因 _____ 皇帝曾品尝而出名。

A. 350　乾隆　　　B. 250　康熙　　　C. 250　乾隆　　　D. 350　康熙

8. 我国大陆海岸线北起鸭绿江口，南至北仑河口，全长 _____ 公里。

A. 10000　　　B. 18000　　　C. 23000　　　D. 28000

9. 在藏族的礼俗中，欢迎亲友 _____ 是最普遍的一种礼节。

A. 互递名片　　　B. 鞠躬　　　C. 握手　　　D. 互献哈达

10. 婚礼中有"哭嫁"习俗的是 _____ 。

　　A. 黎族　　　　　B. 纳西族　　　　C. 苗族　　　　D. 土家族

11. 素有"火山地貌博物馆"之称的是 _____ 。

　　A. 黄龙风景区　　　　　　　　B. 武陵源风景区

　　C. 九寨沟风景区　　　　　　　D. 五大连池火山地貌景区

12. 中国少数民族中，_____ 没有自己的文字，通用汉文。

　　A. 土家族　　　　　B. 白族　　　　C. 纳西族　　　　D. 傣族

13. 《望海潮》是描写杭州的词，其中的名句是"三秋桂子，十里荷花"。这首词的作者是 _____ 。

　　A. 苏东坡　　　　　B. 辛弃疾　　　　C. 柳永　　　　D. 李清照

14. 15 世纪初宗喀巴创立了藏传佛教的 _____ 教派。

　　A. 宁玛派　　　　　B. 萨迦派　　　　C. 格鲁派　　　　D. 噶举派

15. 根据天台宗的说法佛有三身，分别是法身佛 _____ 、报身佛 _____ 、应身佛 _____ 。

　　A. 毗卢遮那佛　　卢舍那佛　　释迦牟尼佛

　　B. 卢舍那佛　　毗卢遮那佛　　释迦牟尼佛

　　C. 毗卢遮那佛　　释迦牟尼佛　　卢舍那佛

　　D. 释迦牟尼佛　　卢舍那佛　　毗卢遮那佛

16. 花之圣母大教堂是 _____ 最著名的一组建筑，被列入世界文化遗产，是天才建筑师鲁内莱基斯的绝世之作。

　　A. 佛罗伦萨　　　　B. 罗马　　　　C. 威尼斯　　　　D. 梵蒂冈

17. 佛教寺院的山门中东、中、西分别是 _____ 。

　　A. 无作门　空门　无相门　　　　B. 空门　无相门　无作门

　　C. 无相门　空门　无作门　　　　D. 无相门　无作门　空门

18. 道教、基督教的标记是 _____ 。

　　A. 八卦、新月　　　　　　　　B. 法轮、十字架

　　C. 太极图、新月　　　　　　　D. 太极八卦图、十字架

19. 中国古建中等级最高的彩画是 _____ 。

A. 梁枋彩画　　　　B. 旋子彩画　　　C. 和玺彩画　　　D. 苏式彩画

20. 嘉量是我国古时的标准量器，从大到小依次为 _____ 。

A. 斛、斗、升、合、龠　　　　　　　B. 斛、斗、升、合、龠

C. 斛、斗、合、升、龠　　　　　　　D. 斛、斗、升、龠、合

21. 唐高宗李治和女皇武则天的合葬墓是 _____ 。

A. 献陵　　　　　B. 昭陵　　　　　C. 乾陵　　　　　D. 定陵

22. _____ 在造园艺术中的广泛应用，标志着园林建筑在空间上的突破，其集中了中国古代建筑最富民族形式的精华。

A. 楼阁　　　　　B. 榭　　　　　C. 轩　　　　　D. 亭

23. 瓷器的烧制温度必须在 _____ ℃以上。

A. 500　　　　　B. 800　　　　　C. 1000　　　　　D. 1200

24. 洛阳唐三彩因 _____ 三色常见而得名。

A. 蓝、黄、白　　　　　　　　　　B. 绿、蓝、褐

C. 黄、绿、褐　　　　　　　　　　D. 白、褐、绿

25. 我国的白酒，可分为五种香型，贵州茅台是 _____ 的代表。

A. 清香型　　　　B. 窖香型　　　　C. 酱香型　　　　D. 米香型

26. 以"南方之秀"为主，兼有"北方之雄"的玉雕是 _____ 。

A. 广东玉雕　　　B. 扬州玉雕　　　C. 苏州玉雕　　　D. 上海玉雕

27. "购物天堂"指 _____ 。

A. 台湾　　　　　B. 香港　　　　　C. 澳门　　　　　D. 泰国

28. _____ 被后世誉为"词家之冠"，他十分注意锻炼词句、严整格律，艺术技巧很高，被人称之为格律派。

A. 柳永　　　　　B. 周邦彦　　　　C. 苏轼　　　　　D. 辛弃疾

29. 《清高宗实录》、"文景之治"、《永乐大典》三个专名中的"高宗""文景""永乐"依次分别是 _____ 。

A. 庙号、谥号、年号　　　　　　　B. 庙号、尊号、年号

C. 谥号、年号、庙号　　　　　　　D. 尊号、谥号、庙号

30. 在八卦中，象征天、地、水、火的四卦分别是 _____ 。

A. 艮、兑、坤、巽　　　　　B. 巽、乾、震、离

C. 坎、艮、兑、震　　　　　D. 乾、坤、坎、离

二、多项选择题（每题 1 分，共 35 分）

1. 以下说法中有关我国旅游市场的正确叙述的有 _____ 。

A. 我国入境旅游市场由外国人、华侨组成

B. 外国人在入境游客中占绝大部分

C. 我国出境旅游市场由边境游、港澳台地区游、出国游三部分组成

D. 国内旅游市场以散客旅游为主

E. 亚洲是我国重要的国际旅游客源市场

2. 与其他行业相比，旅游业的主要特征有 _____ 。

A. 综合性　　　B. 劳动密集型　　C. 垄断性　　D. 脆弱性　　E. 高风险性

3. 汉代文学成就最显著的是赋和乐府诗，下列作品出自司马相如的是 _____ 。

A.《二京赋》　　B.《子虚赋》　　C.《上林赋》　　D.《鹏鸟赋》　　E.《两都赋》

4. 中国历史上的国号名称的取名总有某种依据，以下 _____ 等国的国号名称是根据封爵为依据的。

A. 晋　　　　　B. 隋　　　　　C. 唐　　　　　D. 明　　　　　E. 魏

5. 下列 _____ 是用来形容漓江山水的。

A."甲天下"　　　　　B."石海洞乡"　　　　　C."曲曲山回转，峰峰水报流"

D."碧莲玉笋世界"　　　E."阳川百里尽是画，碧莲笋里住人家"

6. 除汉族外还有 _____ 过中秋节。

A. 蒙古族　　　B. 回族　　　C. 布依族　　　D. 朝鲜族　　　E. 黎族

7. 官府菜是古代官宦之家所制的馔肴。主要有 _____ 。

A. 孔府菜　　　B. 谭家菜　　　C. 清宫菜　　　D. 随园菜　　　E. 红楼菜

8. 我国著名的道教名山有 _____ 。

A. 武当山　　　B. 峨眉山　　　C. 青城山　　　D. 崂山　　　E. 三清山

9. 维吾尔族一年一度的节日中以 _____ 最为隆重。

A. 春节　　　B. 中秋节　　　C. 古尔邦节　　　D. 肉孜节　　　E. 圣诞节

10. 傣族青年婚前社交自由，主要有 _____ 等表达爱情的方式。

A. 串姑娘　　　　B. 游方　　　　C. 串寨子　　　　D. 抛绣球　　　　E. 丢包

11. 佛教中著名的护法天神有 _____。

A. 二王尊　　　　B. 四大天王　　　C. 韦陀　　　　D. 十八罗汉　　　E. 伽蓝神

12. 三枚仅存于世的释迦牟尼真身舍利的分别在 _____。

A. 陕西华严寺　　　　　　　B. 陕西法门寺　　　　　　　C. 北京西山八大处

D. 洛阳白马寺　　　　　　　E. 斯里兰卡康提市佛牙寺

13. 以下景观被列入《世界遗产名录》的有 _____。

A. 青海湖　　　　B. 福建土楼　　　C. 黄果树瀑布　　　D. 九寨沟　　　E. 布达拉宫

14. 许多国家都有自己的国花，_____ 的国花是玫瑰。

A. 美国　　　　B. 法国　　　　C. 澳大利亚　　　D. 意大利　　　E. 英国

15. 北京故宫的宫殿分前后两部分，其中以 _____ 为中心的前朝是皇帝举行大典、召见群臣、行使权力的场所。

A. 养心殿　　　　B. 太和殿　　　C. 交泰殿　　　D. 中和殿　　　E. 保和殿

16. 道教中符箓派三大名山是 _____。

A. 龙虎山　　　　B. 葛仙岭　　　C. 罗浮山　　　D. 阁皂山　　　E. 茅山

17. 香港基本法体现了 _____ 的方针。

A. 一国两制　　　B. 港人治港　　　C. 自由平等　　　D. 高度自由　　　E. 高度自治

18. 下列属于广东风味的面点小吃有 _____。

A. 三丁包子　　　B. 鸡仔饼　　　C. 夫妻肺片　　　D. 冻顶乌龙　　　E. 君山银针

19. 下列茶品中 _____ 属乌龙茶。

A. 西湖龙井　　　B. 武夷岩茶　　　C. 铁观音　　　D. 冻顶乌龙　　　E. 君山银针

20. 下列教堂风格属于哥特式建筑的有 _____。

A. 德国科隆大教堂　　　　　B. 德国亚琛大教堂　　　　　C. 英国圣保罗大教堂

D. 英国威斯敏斯特大教堂　　E. 法国巴黎圣母院

21. 下列忌送菊花的国家有 _____。

A. 澳大利亚　　　B. 德国　　　　C. 英国　　　　D. 法国　　　　E. 韩国

22. 我国原始社会向奴隶社会过渡时期，_____ 是通过"禅让制"担任首领的。

A. 黄帝　　　　B. 尧帝　　　　C. 大禹　　　　D. 夏启　　　　E. 舜帝

23. 下列对于中国古建筑屋顶说法正确的有 _____ 。

A. 庑殿顶：又称四阿顶

B. 歇山顶：重檐歇山顶是传统中国屋顶最高级别

C. 悬山顶：屋面有一条正脊和四条垂脊

D. 硬山顶：屋面双坡、两侧山墙同屋面齐平，或高于屋面

E. 卷棚顶：没有明显的正脊

24. 中国佛寺殿堂大多中轴对称，主要殿堂往往采用 _____ 的屋顶形式。

A. 庑殿式　　　　B. 歇山式　　　　C. 攒尖式　　　　D. 卷棚顶　　　　E. 硬山顶

25. 下列中国代表菜肴中，安徽名菜是 _____ 。

A. 黄山炖鸽　　　B. 炒软兜　　　　C. 火方银鱼　　　D. 问政山竹　　　E. 红烧划水

26. 下列对佛教石窟的描述，正确的有 _____ 。

A. 我国佛教石窟第一个高潮时期是北朝，代表是云冈石窟

B. 莫高窟是我国也是世界规模最大的佛教艺术宝库

C. 龙门石窟的象征是第 20 窟露天大佛

D. 克孜尔千佛洞有"戈壁明珠"之誉

E. 麦积山石窟有塑像馆之美誉

27. 厦门海滨风景区兼有山、岛、海之胜，主要景观有 _____ 。

A. 南普陀寺　　　B. 鼓浪屿　　　　C. 栈桥　　　　　D. 日光岩　　　　E. 回澜阁

28. 以下世界遗产中全部位于云南的有 _____ 。

A. 皖南古村落　　　　　　B. 澄江化石地　　　　　　C. 元上都遗址

D. 丽江古城　　　　　　　E. 红河哈尼梯田

29. 以下对中国旅游日描述正确的是 _____ 。

A. 每年的 5 月 19 日为"中国旅游日"

B. "中国旅游日"是我国法定假日

C. "中国旅游日"是以徐霞客第一次出行日确定的

D. "中国旅游日"形象宣传口号是"爱旅游、爱生活"

E. "中国旅游日"自 2011 年开始

30. 道教全真教的主要特征有 _____ 。

A. 重内丹修炼，以修身养性为正道

B. 主张道、佛、儒三教合一

C. 道教必须出家住宫观，不得蓄妻室，有严格的清规戒律

D. 主要流行在江南和台湾

E. 全真教是元代形成的道教宗派

31. 汉武帝即位后推行的政策有 _____ 。

A. 颁布了"推恩令"　　　　B. 统一使用"五铢"钱　　　　C. 焚书坑儒，统一思想

D. 统一度量衡　　　　E. 铸币和盐铁买卖权收归中央

32. 以下景观中，中国之最表述正确的有 _____ 。

A. 镜泊湖是中国最大的火山堰塞湖

B. 南沙群岛是中国最大的群岛

C. 长白山天池是中国最深的湖泊

D. 台湾的蛟龙瀑布是中国落差最大的瀑布

E. 纳木错是中国最大的咸水湖

33. 白族的节日主要有 _____ 。

A. 火把节　　　　B. 三月街　　　　C. 绕三灵　　　　D. 耍海节　　　　E. 芦笙节

34. 嘉定竹刻已有 400 多年的历史，被誉为"嘉定三朱"的是 _____ 。

A. 朱棣　　　　B. 朱熹　　　　C. 朱松邻　　　　D. 朱小松　　　　E. 朱三松

35. 以下对中国古建描述错误的有 _____ 。

A. 穿斗式结构多用于宫殿、寺庙等大型建筑物

B. 明、清时期规定朱、黄为至尊至贵之色

C. 建筑特别注意与周围大自然环境的协调

D. 旋子彩画是等级最高的彩画

E. 有"墙倒屋不塌"的结构特点

参考答案

第二编　章节模拟题集锦

第1章　旅游活动与旅游业

一、单项选择题

1. B	2. C	3. A	4. C	5. C	6. B	7. B	8. A	9. D	10. C
11. D	12. B	13. C	14. B	15. A	16. D	17. C	18. A	19. C	20. C
21. B	22. A	23. C	24. D	25. B	26. D	27. B	28. A	29. D	30. D

二、多项选择题

1. ABCE	2. BCE	3. ABC	4. CD	5. ADE
6. BCD	7. CDE	8. ADE	9. ACDE	10. BCD
11. ACE	12. BCD	13. BDE	14. ABCE	15. ABCE
16. ABDE	17. ACE	18. ABDE	19. CE	20. BDE

第2章　中国历史文化
第一节　中国历史概述

一、单项选择题

1. D	2. D	3. C	4. A	5. D	6. B	7. A	8. D	9. C	10. C
11. D	12. B	13. C	14. D	15. D	16. A	17. C	18. D	19. C	20. D
21. A	22. B	23. D	24. B	25. D	26. B	27. D	28. C	29. B	30. A
31. C	32. D	33. B	34. C	35. C	36. B	37. A	38. B	39. C	40. A

二、多项选择题

1. ABC	2. ACD	3. CDE	4. CD	5. ACD
6. ABC	7. AB	8. ABC	9. BCDE	10. BCDE

| 11. ABCE | 12. CE | 13. BD | 14. ACD | 15. CD |
| 16. BCD | 17. ABCD | 18. BCD | 19. BCDE | 20. AB |

第二节　中国科技文化

一、单项选择题

1. C	2. D	3. C	4. B	5. D	6. C	7. A	8. C	9. A	10. B
11. A	12. A	13. B	14. B	15. A	16. B	17. B	18. C	19. D	20. C
21. B	22. D	23. A	24. A	25. B	26. A	27. B	28. B	29. B	30. C
31. B	32. D	33. A	34. C	35. B					

二、多项选择题

1. BCDE	2. AC	3. CDE	4. AB	5. BC
6. ABCD	7. BD	8. ABC	9. ACD	10. CD
11. AE	12. BC	13. BCDE	14. ABD	15. BD
16. BCE	17. AC	18. BCDE	19. BCE	20. ACE

第三节　中国哲学与文学

一、单项选择题

1. C	2. A	3. B	4. B	5. A	6. C	7. D	8. A	9. C	10. D
11. A	12. B	13. A	14. A	15. D	16. D	17. A	18. A	19. B	20. C
21. C	22. D	23. B	24. A	25. C					

二、多项选择题

1. ABDE	2. AB	3. ABCD	4. ABCD	5. BDE
6. BCD	7. ABE	8. ABCE	9. ABCD	10. DE
11. AC	12. BCD	13. ABC	14. BC	15. ACE
16. ABDE	17. BC	18. CE	19. ABCD	20. BD

第四节　中国书画艺术

一、单项选择题

| 1. B | 2. C | 3. C | 4. A | 5. B | 6. A | 7. D | 8. A | 9. A | 10. C |

11. B   12. B   13. B   14. C   15. D   16. A   17. C   18. C   19. A   20. A

二、多项选择题

1. CE   2. ABDE   3. ABCE   4. BE   5. ACDE

6. AC   7. BCDE   8. ACE   9. BCDE   10. ABC

11. AB   12. BC   13. ABC   14. CD   15. AC

第五节　中国历史文化常识

一、单项选择题

1. A   2. D   3. B   4. B   5. B   6. D   7. C   8. C   9. C   10. A

11. B   12. C   13. B   14. B   15. C   16. D   17. D   18. B   19. C   20. C

21. B   22. A   23. D   24. C   25. A   26. A   27. A   28. D   29. A   30. C

31. B   32. C   33. A   34. C   35. D   36. B   37. A   38. A   39. D   40. D

二、多项选择题

1. BC   2. ACD   3. BE   4. ABC   5. ABCD

6. BCDE   7. BCE   8. ADE   9. AB   10. DE

11. BDE   12. BCE   13. ABD   14. BDE   15. BCD

16. ABC   17. ACD   18. BC   19. BCD   20. BDE

第3章　中国旅游景观

第一节　中国旅游地理概况
第二节　地貌旅游景观

一、单项选择题

1. D   2. D   3. A   4. C   5. B   6. D   7. A   8. B   9. D   10. C

11. A   12. D   13. C   14. C   15. A   16. A   17. D   18. A   19. D   20. B

21. D   22. B   23. A   24. C   25. A

二、多项选择题

1. BCD   2. AB   3. AC   4. ABC   5. ABCE

6. ACE   7. ABCD   8. ABDE   9. AE   10. CDE

11. BCDE   12. BCD   13. BCE   14. AE   15. CD

第三节　水体旅游景观

一、单项选择题

1. C	2. B	3. A	4. C	5. A	6. B	7. D	8. B	9. C	10. B
11. B	12. C	13. B	14. D	15. A	16. A	17. C	18. A	19. A	20. C
21. A	22. C	23. B	24. D	25. A					

二、多项选择题

1. AC	2. BCDE	3. BCD	4. CD	5. ABC
6. ABE	7. BD	8. ACD	9. BCDE	10. BCDE

第四节　气象、气候和天象旅游景观
第五节　动植物旅游景观

一、单项选择题

1. D	2. C	3. A	4. B	5. A	6. C	7. B	8. A	9. D	10. D

二、多项选择题

1. ABC	2. ABCE	3. BCD	4. ACDE	5. AE

第六节　中国的世界遗产及其他

一、单项选择题

1. C	2. A	3. B	4. B	5. A	6. C	7. D	8. C	9. D	10. B
11. A	12. C	13. B	14. D	15. A	16. C	17. D	18. B	19. D	20. C

二、多项选择题

1. ABCD	2. BC	3. ABDE	4. ABCE	5. ACDE
6. BC	7. ACE	8. BCDE	9. DE	10. AD

第4章　中国的民族与民俗

一、单项选择题

1. C	2. A	3. D	4. A	5. D	6. A	7. B	8. B	9. B	10. D

11. D	12. A	13. B	14. B	15. C	16. D	17. C	18. C	19. A	20. B
21. D	22. A	23. A	24. B	25. A	26. B	27. D	28. B	29. B	30. A
31. C	32. A	33. D	34. C	35. B	36. B	37. A	38. D	39. B	40. A
41. D	42. D	43. A	44. C	45. B	46. D	47. B	48. B	49. C	50. C

二、多项选择题

1. AB	2. ACDE	3. AE	4. AC	5. CD
6. AC	7. CD	8. ACD	9. AD	10. BD
11. ACDE	12. ABE	13. BCD	14. ABD	15. ABCD
16. AC	17. ABE	18. BCE	19. BD	20. ABDE
21. CDE	22. ACD	23. AE	24. ABD	25. ADE
26. BD	27. BC	28. CDE	29. CD	30. ABC
31. BD	32. ABCE	33. ABC	34. BDE	35. CDE

第5章　中国的宗教文化

第一节　中国宗教概述
第二节　佛教

一、单项选择题

1. C	2. D	3. B	4. C	5. B	6. D	7. D	8. C	9. A	10. D
11. D	12. D	13. D	14. C	15. A	16. B	17. C	18. C	19. B	20. B
21. D	22. D	23. C	24. A	25. A	26. B	27. C	28. A	29. B	30. A
31. C	32. B	33. A	34. C	35. B	36. D	37. D	38. B	39. C	40. C
41. D	42. B	43. B	44. A	45. A					

二、多项选择题

1. CD	2. ACD	3. BCD	4. ABCE	5. ABCE
6. BD	7. BCD	8. ACD	9. ACD	10. BCDE
11. ABD	12. ABDE	13. ABE	14. ABE	15. BCDE
16. ABCE	17. ACE	18. DE	19. ACD	20. ABC
21. ABCD	22. BCDE	23. ABCE	24. ABDE	25. AB
26. ABC	27. BCDE	28. BC	29. ABDE	30. BCD

第三节　道教

一、单项选择题

1. A　　　2. D　　　3. D　　　4. B　　　5. C　　　6. B　　　7. A　　　8. B　　　9. A　　　10. D

11. A　　　12. D　　　13. A　　　14. C　　　15. C　　　16. D　　　17. D　　　18. C　　　19. A　　　20. A

21. B　　　22. D　　　23. A　　　24. A　　　25. C

二、多项选择题

1. CDE　　　　2. AB　　　　3. BC　　　　4. ABD　　　　5. BCDE

6. BDE　　　　7. ABD　　　　8. ABCD　　　　9. AB　　　　10. CDE

11. BDE　　　　12. ABDE　　　　13. AD　　　　14. ABD　　　　15. BCD

第四节　基督教

一、单项选择题

1. C　　　2. D　　　3. B　　　4. C　　　5. B　　　6. A　　　7. A　　　8. B　　　9. C　　　10. D

11. D　　　12. D　　　13. A　　　14. D　　　15. C

二、多项选择题

1. ABD　　　　2. AB　　　　3. BD　　　　4. BCD　　　　5. BCE

6. ACE　　　　7. BCD　　　　8. DE　　　　9. BC　　　　10. DE

第五节　伊斯兰教

一、单项选择题

1. C　　　2. B　　　3. C　　　4. A　　　5. A　　　6. A　　　7. D　　　8. B　　　9. B　　　10. C

11. B　　　12. A　　　13. B　　　14. A　　　15. C

二、多项选择题

1. ACE　　　　2. BCE　　　　3. BE　　　　4. BDE　　　　5. BE

6. BCDE　　　　7. ADE　　　　8. ABE　　　　9. AB　　　　10. ABD

第6章　中国的古代建筑

第一节　中国古代建筑概述

一、单项选择题

1. A　　2. D　　3. C　　4. C　　5. D　　6. D　　7. B　　8. B　　9. D　　10. A

11. D　　12. C　　13. B　　14. D　　15. B　　16. C　　17. C　　18. C　　19. A　　20. D

21. D　　22. D　　23. C　　24. B　　25. C

二、多项选择题

1. ACE　　　　2. ACDE　　　3. BCDE　　　4. ABC　　　5. AC

6. AC　　　　7. ABC　　　　8. BCDE　　　9. ABCD　　　10. AC

第二节　中国古代城市规划与城防建筑

一、单项选择题

1. B　　2. D　　3. C　　4. A　　5. B　　6. B　　7. A　　8. B　　9. A　　10. A

二、多项选择题

1. ABC　　　　2. AB　　　　3. BCD　　　　4. ACE　　　　5. ABD

第三节　宫殿与坛庙

一、单项选择题

1. D　　2. C　　3. C　　4. D　　5. D　　6. B　　7. C　　8. D　　9. D　　10. C

11. B　　12. A　　13. D　　14. B　　15. C　　16. A　　17. B　　18. D　　19. B　　20. B

21. B　　22. C　　23. B　　24. A　　25. A

二、多项选择题

1. AC　　　　2. ACDE　　　3. ABE　　　4. AB　　　5. ABCD

6. BCDE　　　7. ABDE　　　8. ABCD　　　9. BCD　　　10. AC

第四节　陵墓建筑

一、单项选择题

1. A	2. C	3. D	4. A	5. D	6. A	7. C	8. B	9. C	10. D
11. C	12. A	13. B	14. B	15. A	16. A	17. B	18. C	19. D	20. C

二、多项选择题

1. ABC	2. ACE	3. ACD	4. ABE	5. ABCD
6. CD	7. ACDE	8. AE	9. AE	10. ACDE

第五节　中国著名的楼阁、佛塔、古桥

一、单项选择题

1. D	2. A	3. C	4. C	5. B	6. D	7. A	8. D	9. D	10. C
11. C	12. D	13. D	14. A	15. B	16. A	17. B	18. A	19. C	20. A

二、多项选择题

1. ABCE	2. ACD	3. ACE	4. ACDE	5. ABCD
6. ADE	7. AC	8. CE	9. BCE	10. BD

第7章　中国的古代园林

第一节　中国古代园林的起源、特色与分类

一、单项选择题

1. D	2. A	3. A	4. B	5. D	6. D	7. D	8. B	9. D	10. B
11. D	12. B	13. C	14. D	15. A					

二、多项选择题

1. ACDE	2. ACDE	3. AC	4. BCD	5. ABCD
6. ABD	7. ABC	8. ABC	9. BCE	10. AB

第二节　中国古代园林之造园艺术

一、单项选择题

1. B　　2. B　　3. A　　4. D　　5. B　　6. C　　7. A　　8. C　　9. A　　10. B

11. D　　12. A　　13. B　　14. C　　15. B　　16. A　　17. A　　18. D　　19. A　　20. C

二、多项选择题

1. BDE　　　2. BC　　　3. ABCD　　　4. ABCD　　　5. AB

6. ABCD　　　7. AB　　　8. ABC　　　9. ACDE　　　10. ABD

第三节　中国古代园林的常见构景手段

一、单项选择题

1. C　　2. B　　3. A　　4. D　　5. A　　6. D　　7. C　　8. C　　9. C　　10. C

第四节　中国现存的著名园林

一、单项选择题

1. C　　2. A　　3. C　　4. B　　5. C　　6. A　　7. A　　8. B　　9. A　　10. B

11. A　　12. B　　13. C　　14. B　　15. C　　16. C　　17. C　　18. B　　19. D　　20. D

二、多项选择题

1. ABCE　　　2. AD　　　3. ABCD　　　4. BCDE　　　5. BCDE

第8章　中国饮食文化

一、单项选择题

1. D　　2. A　　3. A　　4. A　　5. C　　6. A　　7. C　　8. A　　9. A　　10. B

11. C　　12. D　　13. C　　14. B　　15. A　　16. B　　17. C　　18. B　　19. C　　20. D

21. C　　22. A　　23. A　　24. B　　25. D　　26. C　　27. B　　28. A　　29. B　　30. C

31. C　　32. A　　33. C　　34. D　　35. B　　36. A　　37. D　　38. B　　39. A　　40. B

41. B　　42. A　　43. D　　44. C　　45. D　　46. D　　47. A　　48. A　　49. C　　50. B

51. B　　52. A　　53. B　　54. B　　55. B　　56. C　　57. A　　58. B　　59. D　　60. D

二、多项选择题

1. BD	2. AB	3. ABC	4. BCDE	5. BDE
6. CDE	7. ACD	8. BCD	9. ACD	10. BCDE
11. AC	12. ABCE	13. ABDE	14. BC	15. ABCD
16. BCD	17. CDE	18. BD	19. ABC	20. CE
21. BDE	22. BD	23. CD	24. ABD	25. ACD
26. BC	27. BC	28. ACD	29. CD	30. ABCD
31. AC	32. ABC	33. BCD	34. ABE	35. AB
36. ABCD	37. ABCD	38. AB	39. ACD	40. AD

第9章　中国的风物特产

第一节　中国陶瓷器
第二节　中国三大名锦与四大刺绣

一、单项选择题

1. C　　2. B　　3. C　　4. D　　5. C　　6. B　　7. A　　8. A　　9. A　　10. B

11. A　　12. C　　13. D　　14. A　　15. B

二、多项选择题

1. ACD	2. BCE	3. ABCD	4. ABCD	5. BCD
6. CD	7. AB	8. ABC	9. ABCD	10. BCD

第三节　漆器、金属工艺品和玉石木竹雕刻

一、单项选择题

1. C　　2. A　　3. C　　4. D　　5. C　　6. C　　7. D　　8. A　　9. C　　10. A

11. C　　12. A　　13. B　　14. A　　15. B　　16. B　　17. C　　18. B　　19. A　　20. B

21. A　　22. C　　23. A　　24. D　　25. C　　26. A　　27. C　　28. B　　29. C　　30. D

31. A　　32. B　　33. D　　34. A　　35. B

二、多项选择题

1. BCD	2. ABC	3. BDE	4. BC	5. ABC
6. AB	7. AC	8. CD	9. ABC	10. ABD
11. AC	12. BCD	13. ABCE	14. BD	15. ABD
16. ABCD	17. BCDE	18. ABC	19. ABCE	20. BCD

第四节　文房四宝、工艺画、年画、剪纸和风筝

一、单项选择题

1. A　2. B　3. D　4. A　5. B　6. B　7. A　8. B　9. C　10. D
11. C　12. A　13. B　14. D　15. C

二、多项选择题

1. ABDE	2. ABCD	3. AD	4. AB	5. BCD
6. BC	7. BCD	8. ABC	9. ABD	10. ABDE
11. ABC	12. ACE	13. BD	14. ABDE	15. AE

第10章　中国旅游诗词、楹联、游记鉴赏

第一节　中国汉字的起源、演变及其规律

一、单项选择题

1. B　2. C　3. A　4. D　5. C　6. A　7. B　8. C　9. A　10. A
11. B　12. D　13. C　14. B　15. B

二、多项选择题

1. ABC	2. ACD	3. CDE	4. BCD	5. ABD
6. DE	7. AC	8. BC	9. BCE	10. CDE

第二节　中国对联与古诗词格律常识
第四节　中国旅游名联赏析

一、单项选择题

1. B　2. A　3. D　4. C　5. D　6. C　7. B　8. D　9. A　10. B

11. B   12. A   13. C   14. D   15. A

二、多项选择题

1. BC   2. ABC   3. ABD   4. BCDE   5. CD

第三节　中国旅游诗词名篇赏析
第五节　中国游记名篇赏析

一、单项选择题

1. A   2. A   3. C   4. B   5. D   6. A   7. B   8. C   9. D   10. B

11. D   12. C   13. D   14. A   15. A   16. B   17. C   18. A   19. D   20. B

21. A   22. B   23. D   24. B   25. D   26. A   27. B   28. C   29. D   30. A

二、多项选择题

1. AB   2. BCDE   3. ABD   4. CD   5. BC

6. AC   7. ABC   8. ABD   9. ABC   10. ACD

11. AB   12. BC   13. BCDE   14. ABE   15. CD

16. BE   17. AC   18. CDE   19. ABCD   20. BC

第11章　主要旅游客源国（地区）概况

第一节　港澳台地区概况

一、单项选择题

1. C   2. B   3. B   4. D   5. D   6. A   7. D   8. B   9. B   10. D

11. B   12. D   13. A   14. B   15. D   16. A   17. B   18. A   19. C   20. B

二、多项选择题

1. ACD   2. AD   3. ACDE   4. BCE   5. ACE

6. ACE   7. ACE   8. CD   9. ABDE   10. BC

第二节　亚洲主要客源国概况

一、单项选择题

1. B	2. A	3. B	4. A	5. D	6. C	7. B	8. D	9. B	10. B
11. C	12. A	13. D	14. A	15. B	16. D	17. A	18. D	19. C	20. B
21. C	22. D	23. D	24. B	25. B					

二、多项选择题

1. ABC	2. CD	3. CDE	4. ABE	5. CD
6. ACD	7. ACDE	8. AC	9. ABC	10. AE
11. ABCD	12. CDE	13. ABD	14. BCD	15. ABC

第三节　欧洲主要客源国概况

一、单项选择题

1. D	2. A	3. B	4. D	5. A	6. C	7. B	8. A	9. D	10. C
11. B	12. A	13. C	14. A	15. D	16. B	17. A	18. B	19. A	20. C
21. A	22. D	23. A	24. C	25. C	26. A	27. A	28. B	29. C	30. B
31. B	32. C	33. D	34. A	35. A	36. D	37. B	38. A	39. C	40. C

二、多项选择题

1. CD	2. ABDE	3. BCDE	4. ABCD	5. ABC
6. BCDE	7. BD	8. ABC	9. ABC	10. AB
11. BCD	12. CD	13. ABD	14. ACE	15. BCD
16. ACDE	17. BDE	18. ADE	19. ABC	20. CDE
21. ABDE	22. ABDE	23. CDE	24. ABE	25. AC

第四节　美洲主要客源国概况
第五节　大洋洲、非洲主要客源国概况

一、单项选择题

1. D	2. C	3. B	4. B	5. A	6. C	7. B	8. B	9. D	10. A

11. A   12. D   13. C   14. C   15. B   16. D   17. A   18. D   19. B   20. B

二、多项选择题

1. DE   2. BCDE   3. ABE   4. BC   5. AC

6. BCDE   7. CDE   8. CD   9. BDE   10. ADE

第三编　仿真模拟题四套

模拟题一

一、单项选择题

1. A   2. A   3. B   4. D   5. A   6. A   7. C   8. D   9. B   10. D

11. C   12. A   13. B   14. C   15. A   16. B   17. A   18. C   19. D   20. B

21. B   22. C   23. C   24. B   25. A   26. C   27. D   28. D   29. B   30. B

二、多项选择题

1. ABC   2. BCE   3. ABDE   4. BD   5. AD

6. BDE   7. ABC   8. ACD   9. BD   10. ABC

11. ACD   12. CD   13. AB   14. ABD   15. CD

16. BC   17. ABC   18. AC   19. ABD   20. ABCD

21. AE   22. BD   23. ABC   24. BD   25. CD

26. BCD   27. ABC   28. ACD   29. ABC   30. ADE

31. BCDE   32. BCD   33. ABC   34. CD   35. BCD

模拟题二

一、单项选择题

1. A   2. D   3. B   4. B   5. C   6. B   7. C   8. D   9. C   10. D

11. B   12. A   13. B   14. D   15. B   16. C   17. A   18. B   19. A   20. C

21. D   22. B   23. A   24. B   25. D   26. C   27. B   28. A   29. A   30. C

二、多项选择题

1. BCD   2. BCDE   3. ACE   4. CD   5. AC

6. ABDE	7. ABCD	8. ACE	9. BCDE	10. BCE
11. CD	12. CDE	13. BCD	14. ACD	15. BCD
16. ABE	17. BD	18. BCD	19. ACD	20. ABD
21. AD	22. ADE	23. BCD	24. BCD	25. AB
26. ABC	27. ABD	28. BCD	29. ABC	30. ABD
31. ABD	32. ACD	33. BD	34. ABDE	35. BC

模拟题三

一、单项选择题

1. D   2. D   3. A   4. B   5. C   6. D   7. B   8. C   9. A   10. D
11. C   12. D   13. B   14. A   15. B   16. B   17. A   18. A   19. A   20. D
21. B   22. A   23. A   24. A   25. A   26. B   27. D   28. C   29. C   30. C

二、多项选择题

1. ABCE	2. BDE	3. ABD	4. ABD	5. ACE
6. BCE	7. BCD	8. BDE	9. BD	10. CE
11. ABE	12. ACD	13. ACE	14. ABC	15. DE
16. ACD	17. BCDE	18. BE	19. BCDE	20. ABC
21. CD	22. ABCD	23. AD	24. BCD	25. ACE
26. ABE	27. BC	28. BE	29. ABCE	30. ABDE
31. ABD	32. BC	33. ACE	34. ACDE	35. ABCE

模拟题四

一、单项选择题

1. C   2. B   3. C   4. D   5. B   6. A   7. C   8. B   9. D   10. D
11. D   12. A   13. C   14. C   15. A   16. A   17. C   18. D   19. C   20. A
21. C   22. D   23. D   24. C   25. C   26. B   27. B   28. B   29. A   30. D

二、多项选择题

1. CDE	2. ABD	3. BD	4. ABCE	5. ADE

6. ABCD	7. ABDE	8. ACDE	9. CD	10. ACE
11. ABCE	12. BCE	13. BDE	14. AE	15. BDE
16. ADE	17. ABE	18. BD	19. BCD	20. ADE
21. ABCD	22. BCE	23. ACDE	24. AB	25. ADE
26. ABDE	27. ABD	28. BDE	29. ADE	30. ABC
31. ABE	32. ACD	33. BCD	34. CDE	35. AD

附录一

2016年全国导游人员资格考试大纲

一、考试性质

全国导游人员资格考试是为国家和社会选拔合格导游人才的全国统一考试。考试的目标是以公平、公正的考试方式和方法,检验应试人员是否具有从事导游职业的基本知识、素养和技能。根据《中华人民共和国旅游法》规定,参加全国导游人员资格考试成绩合格,与旅行社订立劳动合同或者在相关旅游行业组织注册的人员,可以申请取得导游证。

二、考试科目、语种与要求

全国导游人员资格考试科目包括:科目一"政策与法律法规"、科目二"导游业务"、科目三"全国导游基础知识"、科目四"地方导游基础知识"、科目五"导游服务能力"。

考试语种分为中文和外语两种,其中外语类包括英语、韩语、日语、法语、德语、西班牙语、葡萄牙语、俄语等。

对上述科目内容,应试人员应分别从了解、熟悉、掌握等三个能力层次予以把握:

——了解,要求对导游从业相关知识能够准确再认、再现,即知道"是什么";

——熟悉,在了解基础上,能够深刻领会导游从业相关知识及规定,并借此解释、论证观点,分析现象,辨明正误,即明白"为什么";

——掌握,要求能够灵活运用导游从业相关知识和方法,综合分析、解决理论和实际问题,即清楚"怎么办"。

三、考试方式

考试形式分笔试与现场考试两种,科目一、二、三、四为笔试,科目五为现场考试。笔试科目实行机考,各地使用国家旅游局统一的计算机考试系统进行考试。现场考试以室内模拟考试方式进行,由省级考试单位根据标准组织本行政区域内考试。

科目一、二合并为1张试卷进行测试,考试时间为90分钟,其中科目一、科目二所占比率各50%;科目三、四合并为1张试卷进行测试,考试时间为90分钟,其中科目四所占比率不少于50%。考试题型均为客观题,分单项选择题和多项选择题两种。单项选择题每题有四个选项，有且只有一个选项正确；多项选择题每题有五个选项，可能有二至四个选项正确。每张试卷130题，其中单项选择题60题，每题0.5分，共30分；多项选择题70题，每题1分，共70分。

科目五考试采用现场考试的方式进行，中文类考生一般每人不少于15分钟，外语类考生一般每人不少于25分钟。各省各考区中文考生"景点讲解"考察范围不少于8个，外语类考生"景点讲解"考察范围不少于3个。

考试成绩采用百分制，中文类现场考试分为五大项：语言和礼貌仪态占20%，景点讲解占50%，导游服务规范占10%，应变能力占10%，综合知识占10%。外语类现场考试分为六大项：语言和礼貌仪态占30%，景点讲解占30%，导游服务规范占10%，应变能力占5%，综合知识占5%，口译占20%。

四、各科目考试大纲（略）

附录二

《全国导游基础知识》大纲

一、考试目的

通过本科目的考试，检查考生对旅游和旅游业基本知识的掌握情况，以及对中国旅游业发展概况，中国历史文化，中国旅游景观，中国民族民俗，中国四大宗教，中国古代建筑，中国古典园林，中国饮食文化，中国风物特产，旅游诗词、楹联、游记的选读，中国港澳台地区和主要旅游客源国概况等内容的了解、熟悉和掌握的程度。

二、考试内容

1. 了解旅游活动的类型、主体和客体；熟悉中国旅游业的构成及发展概况；了解入境旅游市场、国内旅游市场和我国出境旅游市场的特点；了解中国旅游业的标识、主要国际性旅游组织的名称与标识；了解世界旅游日、中国旅游日的由来及意义。

2. 了解中国历史的发展轨迹；熟悉中国历史各个发展阶段的主要成就；熟悉中国科技发明主要知识；掌握中国哲学、文学、中医中药、书画艺术和历史文化常识。

3. 熟悉中国旅游地理相关知识；掌握中国地貌类型及代表性地貌景观；掌握山、水、动物、植物、天象等自然景观知识；熟悉中国列入《世界遗产名录》的自然和人文景观；了解我国的历史文化名城、自然保护区、地质公园、风景名胜区和旅游度假区等。

4. 熟悉中国 56 个民族的地理分布与特点；掌握汉族、回族、蒙古族、维吾尔族、朝鲜族、满族、壮族、苗族、土家族、黎族、藏族、彝族、白族、纳西族、傣族的习俗文化。

5. 了解中国宗教的地理分布特征和中国的宗教政策；熟悉佛教、道教、伊斯兰教和基督教的创立、发展和在我国的传播情况；掌握四大宗教的形成、教义、教派、经典和标记、信奉的对象、主要称谓、主要节日与习俗以及各宗教建筑的著名建筑；熟悉宗教旅游景观的相关知识。

6. 了解中国古代建筑的历史沿革；熟悉中国古代建筑的基本构件与特点；掌握宫殿、坛庙、陵墓、古城、古长城、古楼阁、古石桥和佛塔的类型、布局和特点。

7. 了解中国古代园林的起源与发展；熟悉中国古代园林的特色和分类；掌握中国古

代园林的构成要素和造园艺术、构景手段和代表性园林。

8. 了解中国烹饪的发展历史及风味流派的形成；掌握中国"八大菜系"的形成、特点及代表性菜品；熟悉中国风味特色菜——宫廷菜、官府菜、寺院菜的特点和代表菜品；熟悉中国风味小吃与面点；掌握中国传统名茶、名酒的分类与特点。

9. 了解中国陶瓷器的发展简史，熟悉我国陶瓷器的主要产地和特色；掌握我国三大名锦与其特色以及四大刺绣与其代表作；熟悉我国漆器、锡器、铜器的主要产地与特色；掌握玉雕、石雕、贝雕、木雕、竹雕的主要产地、制作方法和特色；熟悉我国文房四宝、年画、剪纸和风筝的主要产地和特色。

10. 了解中国汉字的起源及诗词、楹联格律常识；熟悉楹联的类型和名胜古迹中的著名楹联；掌握古典旅游诗词名篇的内容和艺术特点；熟悉历代游记名篇的内容、艺术特点和作者。

11. 掌握港澳台地区的基本概况、民俗风情和著名景点；熟悉日本、韩国、新加坡、泰国、马来西亚、澳大利亚、英国、法国、德国、意大利、西班牙、俄罗斯、美国、加拿大等国的基本概况、著名景点与风物特产，了解印度、菲律宾、印度尼西亚、新西兰、荷兰、瑞士、巴西、南非、土耳其、埃及等国著名景点、风物特产与民俗。